Die Geschichte der Schrift

Andrew Robinson

Die Geschichte der Schrift

Von Keilschriften, Hieroglyphen, Alphabeten und anderen Schriftformen

Verlag Paul Haupt
Bern · Stuttgart · Wien

Ich widme dieses Buch meiner Mutter, die mich zum Lesen ermunterte.

Anmerkung des Autors

Brian Lapping, ein fortschrittlicher Fernsehproduzent, ermöglichte es mir, von 1989 bis 1990 Schriftsysteme zu erforschen. Dafür schulde ich ihm Dank.

Kein einzelner Mensch könnte Experte für alle Schriften sein, die in diesem Buch beschrieben werden. Ich kann nicht behaupten, Experte auch nur einer Schrift zu sein. Darum habe ich mich auf die Arbeit echter Experten gestützt; doch keiner von ihnen dürfte mit meinen Zusammenfassungen äußerst komplexer und subtiler Probleme völlig zufrieden sein. Ich habe versucht, ihre sachkundige Kritik zu berücksichtigen, muß aber sogleich hinzufügen – eindringlicher als üblich –, daß ich für sämtliche Fehler selbst verantwortlich bin.

Mein aufrichtiger Dank gilt John Chadwick *(Entzifferung des Linear B)*, Michael Coe *(Die Maya-Schrift)*, John DeFrancis *(Chinesische Schrift* und *Sichtbare Sprache)*, Asko Parpola *(Entzifferung der Indus-Schrift)* und J. Marshall Unger *(Der Irrtum der fünften Generation)* für ihre präzisen Kommentare und ihre Ermutigung. Außerdem danke ich Irving Finkel und Carol Andrews, Simon Martin und Nicholas Postgate sowie Emmett Bennett, Ann Brown, Stephen Houston, Mogens Trolle Larsen, Iravatham Mahadevan, David Parsons und John Ray, die mir Quellenmaterial beschafften.

Beim Kapitel über die japanische Schrift war Tetsuo Amaya immer hilfsbereit und kreativ. Er versorgte mich mit mehreren japanischen Schriftproben. Krishna Dutta stellte mir ein bengalisches Schriftstück zur Verfügung.

Was Michael Ventris und die Entzifferung des Linear B betrifft, so bedanke ich mich bei Patrick Hunter, Ventris' ehemaligem Lehrer für klassische Sprachen, der miterlebte, wie Ventris' Besessenheit 1936 begann; bei Prudence Smith, einer Rundfunkproduzentin der BBC, die 1952 Ventris' Durchbruch miterlebte; und bei Oliver Cox, einem Freund und, als Architekt, Kollegen von Ventris. Patrick Hunter gab mir freundlicherweise ein paar persönliche Dinge mit der Handschrift von Ventris – ich werde sie immer in Ehren halten. Während ich dieses Buch schreibe, denke ich gerne daran, daß der aufgeschlossene und großzügige Intellekt Ventris' mich zu Höchstleistungen inspiriert hat.

Die englische Originalausgabe erschien unter dem Titel
„The Story of Writing" von Andrew Robinson

Aus dem Englischen übersetzt von Martin Rometsch, D-Mengen

Satz der deutschen Ausgabe:
Tipress Deutschland GbmH, D-Neunkirchen/In-folio, I-Torino

Die Deutsche Bibliothek - CIP-Einheitsaufnahme

Robinson, Andrew:
Die Geschichte der Schrift : von Keilschriften, Hieroglyphen, Alphabeten und anderen Schriftformen / Andrew Robinson.
[Aus dem Engl. übers. von Martin Rometsch]. - Bern ;
Stuttgart ; Wien : Haupt, 1966
Einheitssacht. : The story of writing <dt.>
ISBN 3-258-05373-1

Inhalt

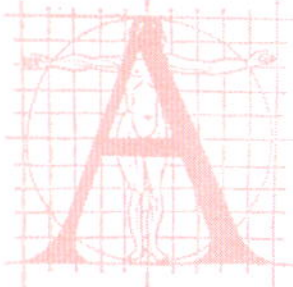

Einführung

Die Schrift ist eine der größten Erfindungen der Geschichte, vielleicht *die* größte, weil sie Geschichte erst möglich macht. Aber die meisten Leute halten sie für etwas Selbstverständliches. In der Schule lernen wir das Alphabet oder, wenn wir in China oder Japan leben, chinesische Schriftzeichen. Als Erwachsene denken wir kaum über den geistig-körperlichen Vorgang nach, der unsere Gedanken in Symbole auf einem Blatt Papier oder einem Bildschirm oder in Bytes auf einer Diskette umwandelt. Meist erinnern wir uns gar nicht mehr daran, wie wir schreiben lernten.

Eine Seite Text in einer fremden Schrift, die uns völlig unverständlich ist, erinnert uns nachdrücklich daran, was wir geleistet haben. Eine tote Schrift, zum Beispiel die ägyptischen Hieroglyphen und die Keilschrift des alten Nahen Ostens, kommt uns fast wie ein Wunder vor. Wie lernten diese Pioniere des Schreibens vor 4000 bis 5000 Jahren ihre Kunst? Wie verschlüsselten sie Sprache und Gedanken mit Symbolen? Wie wurden die Symbole nach Jahrtausenden des Schweigens entziffert? Sind die modernen Schriften etwas völlig anderes als die alten? Ähnelt die chinesische und japanische Schrift den Hieroglyphen? Haben Hieroglyphen den Alphabeten etwas voraus? Und schließlich: Was für Menschen waren die ersten Schreiber, und welche Informationen, Ideen und Gefühle haben sie verewigt?

Dieses Buch versucht, alle Fragen zu beantworten. Es beschreibt viele Kulturen und Sprachen und die meisten Phasen der menschlichen Entwicklung. Dabei stützt es sich auf Ideen und Daten verschiedener Wissenschaften, zum Beispiel Anthropologie, Archäologie, Kunstgeschichte, Volkswirtschaft, Linguistik, Mathematik, Gesellschafts- und Politikgeschichte, Psychologie und Theologie; und es befaßt sich am Rande mit Literatur, Handschriften des Mittelalters und der Renaissance, Kalligraphie, Typographie und Druck. Das ist ein weites Feld – denn die Schrift ist wichtig. Dennoch ist dies kein Geschichtsbuch. Es zeichnet nicht die Geschichte der Schrift von ihren Anfängen bis heute nach, und es geht auch nicht auf jede unbedeutende Schrift der Vergangenheit und der Gegenwart ein (es gibt viel zu viele davon). Es berichtet vielmehr von den Schriften der großen antiken Kulturen, von den wichtigen Schriften, die wir heute benutzen, und von den Gemeinsamkeiten zwischen beiden. Die alten Schriften sind nämlich keine toten Buchstaben oder esoterische Kuriositäten. Im Grunde unterscheidet die Art, wie wir am Ende des 2. Jahrtausends schreiben, sich nicht von der Art, wie die alten Ägypter schrieben. Das ist die einfache und doch überraschende Botschaft dieses Buches.

Ohne Schrift gäbe es keine Geschichte. In allen Kulturen waren Schreiber die Übermittler der Kultur, die ersten Historiker. Die buddhistischen Schreiber (hier auf einem Wandgemälde aus dem 10. Jahrhundert im Kloster Karashahr, China) waren für die chinesische Kultur ebensowichtig wie die europäischen Mönche des Mittelalters und die Schreiber des alten Ägypten.

Schreiben als Propaganda. Am Vorabend der Schlacht von Kadesh, um 1285 v. Chr., erörtert Pharao Ramses II. den Schlachtplan für den Kampf gegen die Hethiter. Er berichtet von einem großen ägyptischen Sieg; eine hethitische Inschrift erklärt dagegen die Hethiter zu Siegern.

Die Funktion der Schrift

Schrift und Schreiben gelten allgemein als nützlich. Wer lesen und schreiben kann, findet im Leben eher Erfüllung als ein Analphabet. Wie die Geschichte zeigt, hat die Ausbreitung der Schrift jedoch auch eine weniger bekannte dunkle Seite. Die Schrift wird benutzt, um die Wahrheit zu sagen, aber auch, um zu lügen; um zu erziehen, aber auch, um zu täuschen und auszubeuten; um den Geist zu schärfen, aber auch, um ihn einzuschläfern.

Sokrates verdeutlichte unsere Ambivalenz gegenüber der Schrift in seiner Geschichte vom ägyptischen Gott Thot, dem Erfinder der Schrift, der den König besuchte, um seinen Dank entgegenzunehmen. Doch der König sagte: «Vater der Buchstaben, du hast diesen Zeichen in deinem Überschwang eine Macht zugeschrieben, die sie in Wahrheit nicht besitzen ... Du hast ein Elixier erfunden, das kein Gedächtnis gibt, sondern erinnert. Du bietest deinen Schülern nur den Schein der Weisheit an, nicht die wahre Weisheit; denn sie werden viele Dinge ohne Anleitung lesen, und darum werden sie scheinbar vieles wissen, obwohl sie zum größten Teil unwissend sind.» In der Welt des zu Ende gehenden 20. Jahrhunderts, die in schriftlichen Informationen ertrinkt und mit erstaunlich schnellen, bequemen und leistungsfähigen datenverarbeitenden Apparaten vollgestopft ist, klingen diese Worte aus alter Zeit sehr vertraut.

Politiker haben die Schrift immer für Propagandazwecke benutzt. Fast 4000 Jahre und eine ganz andere Schrift trennen die berühmten Gesetzesstelen des Hammurabi von den Slogans und Plakatwänden des heutigen Irak – doch die Botschaft ist ähnlich. Hammurabi nannte sich selbst den «mächtigen König von

Babylon, König des gesamten Landes Amurru, König von Sumer und Akkad, König der vier Himmelsrichtungen», und er versprach, alle seine Untertanen würden von der Einhaltung seiner Gesetze profitieren. «Die Schrift», schrieb H. G. Wells in seiner *Kurzen Geschichte der Welt*, «hielt Abmachungen, Gesetze, Befehle fest. Sie ermöglichte die Entwicklung von Staaten, die größer waren als die alten Stadtstaaten. Anordnungen des Priesters oder Königs und sein Siegel reichten viel weiter als sein Auge und seine Stimme und überlebten seinen Tod.»

Ja, leider dienten die babylonische und assyrische Keilschrift sowie ägyptische Hieroglyphen und die Schrift der Mayas an Palast- und Tempelwänden im wesentlichen demselben Zweck wie Plakate mit dem Bild Lenins in der Sowjetunion Stalins: sie erinnerten die Menschen daran, wer ihr Herr, wie groß seine Triumphe und wie erhaben seine Autorität war. Im ägyptischen Karnak finden wir an der Außenwand eines Tempels Darstellungen der Schlacht von Kadesh, in der Ramses II. um 1285 v. Chr. gegen die Hethiter kämpfte. Hieroglyphen berichten von einem Friedensvertrag zischen dem Pharao und dem hethitischen König und feiern einen großen ägyptischen Sieg. Doch eine andere Version desselben Abkommens spricht von einem Sieg der Hethiter!

Der Wunsch nach Unsterblichkeit war für die Schreiber immer vorrangig. Darum waren beispielsweise die meisten der vielen tausend etruskischen Fragmente Grabinschriften. Wir können den Namen, das Datum und den Ort des Todes lesen, weil sie in leicht veränderten griechischen Buchstaben geschrieben sind. Doch das ist so ziemlich alles, was wir von der rätselhaften Sprache dieses bedeutenden Volkes wissen, das ein Alphabet von den Griechen übernahm und an die Römer weiterreichte, die es ihrerseits ganz Europa gaben. Die Entzifferung des Etruskischen gleicht dem Versuch, anhand von Grabinschriften englisch zu lernen. Die Schrift hatte außerdem den Zweck, die Zukunft vorherzusagen. Alle alten Gesellschaften waren davon besessen, und die Schrift ermöglichte es ihnen, ihre Ängste festzuhalten. Die Mayas schufen Bücher aus Rindenpapier, die sie kunstvoll farbig bemalten und in Jaguarhaut einbanden. Ihre Prognosen stützten sich auf einen Kalender, der so ausgeklügelt war, daß er fünf Milliarden Jahre

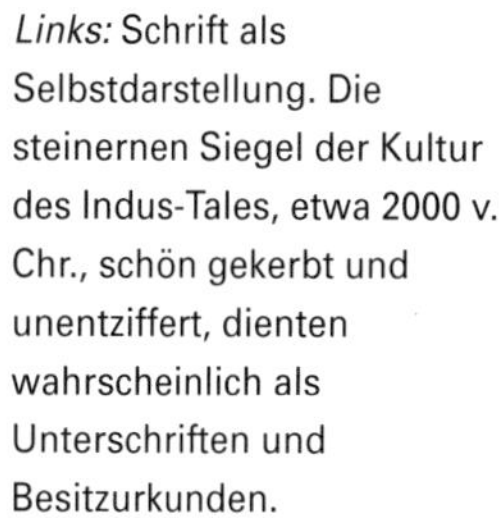

Schreiben als Prophetie. Die ältesten chinesischen Inschriften sind die «Orakelknochen» aus der Shang-Dynastie (um 1200 v. Chr.). Die Symbole sind Vorläufer einiger chinesischer Schriftzeichen.

Links: Schrift als Selbstdarstellung. Die steinernen Siegel der Kultur des Indus-Tales, etwa 2000 v. Chr., schön gekerbt und unentziffert, dienten wahrscheinlich als Unterschriften und Besitzurkunden.

zurückreichte. Nach dem heutigen Stand der Wissenschaft ist die Erde etwas jünger. In China schrieb man während der Shang-Dynastie der Bronzezeit Fragen zur Zukunft auf Schildkrötenschalen und Ochsenknochen, «Orakelknochen» genannt. Der Knochen wurde erhitzt, bis er Sprünge bekam, und aus den Rissen las man die Antworten auf die Fragen und schrieb sie auf. Später wurde mitunter hinzugefügt, was tatsächlich geschah.

Aber in den meisten Texten ging es um vergleichsweise banale Angelegenheiten. Sie waren zum Beispiel antike Personalausweise und Besitzurkunden. Die Kartusche um den Namen Tutenchamun fand man überall in seinem Grab, auf großen Thronen ebenso wie auf kleinen Schatullen. Jeder antike Herrscher, der etwas auf sich hielt, brauchte ein persönliches Siegel, um Tontafeln und andere Inschriften zu signieren. Händler und andere wichtige Leute taten es ihnen nach. (Im heutigen Japan ersetzt üblicherweise ein Siegel auf Dokumenten die westliche Unterschrift.) Solche Namensschildchen findet man an weit voneinander entfernten Orten in Mesopotamien, China und Mittelamerika. Die Steinsiegel der Kultur des Indus-Tals, die um 2000 v. Chr. blühte, sind besonders bemerkenswert: Sie sind nicht nur hervorragend graviert (unter anderem stellen sie ein mysteriöses Einhorn dar), sondern ihre Symbole wurden noch nicht entziffert.

Anders als die babylonischen Inschriften erscheint die Indus-Schrift nicht zur Unterrichtung der Öffentlichkeit auf Wänden. Man entdeckte die Siegel vielmehr überall in den Häusern und Straßen der Hauptstadt. Wahrscheinlich wurden sie an einer Schnur oder einem Riemen getragen und dienten als «Ausweis» oder bezeichneten das Büro einer Person oder ihre gesellschaftliche und berufliche Stellung.

Schriftliche Buchhaltung. Ende des 8. Jahrhunderts v. Chr. begrüßen zwei assyrische Krieger sich nach der Schlacht. Zwei Schreiber zählen die Gefallenen. Der Schreiber vorne schreibt mit einem Pinsel kaiserliches Aramäisch, eine Alphabetschrift, auf Papyrus. Sein bärtiger Kollege schreibt in der traditionellen Keilschrift auf einer Ton- oder Wachstafel.

Viel häufiger schrieb man, um Buch zu führen. Die erste Inschrift überhaupt, auf sumerischen Tontafeln in Mesopotamien, enthält Listen über Rohstoffe und Erzeugnisse wie Gerste und Bier, Listen von Arbeitern und ihren Aufgaben, Listen über Felder und ihre Eigentümer, über Einnahmen und Ausgaben von Tempeln und so weiter – jeweils mit Berechnungen, die Produktion, Lieferumfang, Orte und Schulden betreffen. Das gleiche gilt im wesentlichen für die älteste entzifferte Schrift Europas, dem in Linear B verfaßten vorhomerischen Griechisch und Kretisch. Die Tafel, die 1953 die Entzifferung ermöglichte, war nichts weiter als ein Bestandesverzeichnis von dreifüßigen Kesseln (bei einem waren die Beine abgebrannt) sowie von Kelchen in verschiedenen Größen nebst Anzahl der Griffe.

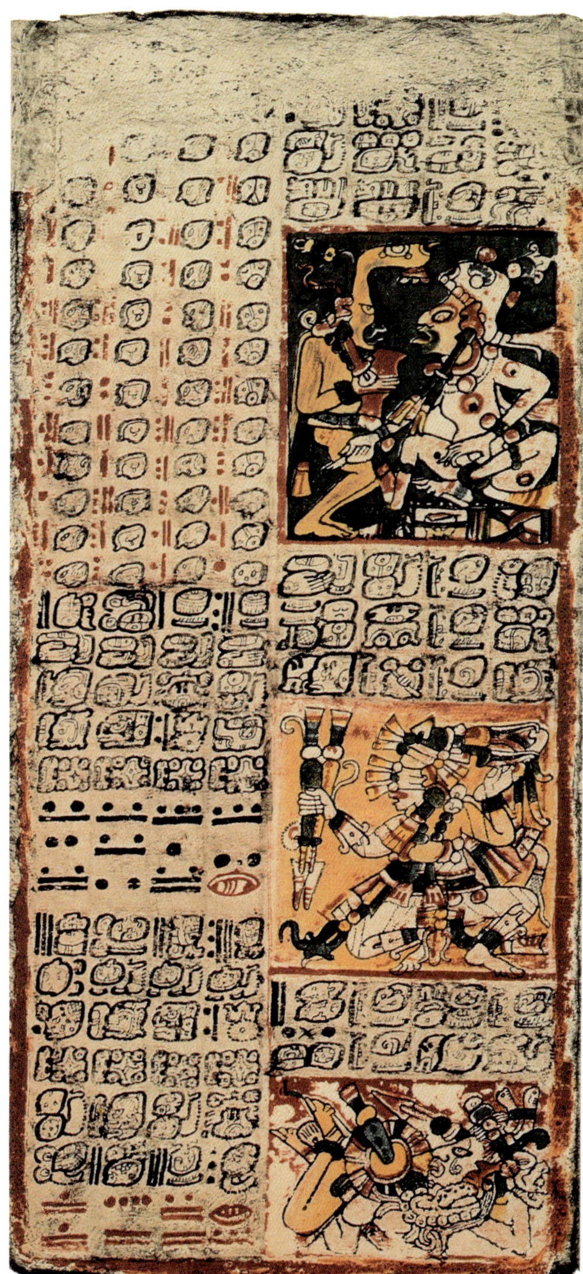

Schrift als Almanach. Diese Seite aus dem Dresdener Kodex (etwa 15. Jahrhundert v. Chr.) enthält Daten der Mayas. Die Mayas hatten ein hochentwickeltes Kalendersystem.

Die Ursprünge der Schrift

Die meisten Gelehrten sind heute der Meinung, daß die Schrift mit der Buchhaltung begann, obwohl es dafür in den erhaltenen Inschriften aus Ägypten, China und Mittelamerika wenig Belege gibt. Die Schrift, sagt ein Experte für alte sumerische Tafeln, entwickelte sich «als unmittelbare Folge der zwingenden Anforderungen einer wachsenden Wirtschaft». Mit anderen Worten: Gegen Ende des 4. Jahrtausends v. Chr. wurden Handel und Verwaltung in den ersten Städten Mesopotamiens so komplex, daß die herrschende Schicht nicht mehr alles im Kopf behalten konnte. Es wurde erforderlich, Transaktionen auf verläßliche und dauerhafte Weise festzuhalten. Beamte und Kaufleute fragten damals wohl auf sumerisch: «Kann ich das schriftlich haben?»

Das erklärt jedoch nicht, wie die Schrift wirklich entstand. Der göttliche Ursprung, an den man bis zur Aufklärung des 18. Jahrhunderts glaubte, mußte der Theorie von den Piktogrammen als Vorläufern der Schrift weichen. Es ist anerkannt, daß die ersten Schriftsymbole Piktogramme waren, Bilder konkreter Objekte. Einige Wissenschaftler sind der Ansicht, die Schrift sei das Ergebnis bewußter Bemühungen eines unbekannten Sumerers in Uruk etwa 3300 v. Chr. Andere halten sie für das Werk einer Gruppe, die vermutlich aus klugen Beamten und Händlern bestand. Manche meinen, sie sei überhaupt nicht «erfunden», sondern zufällig entdeckt worden. Viele halten sie für das Resultat einer langen Entwicklung, nicht für einen Geistesblitz. Nach einer besonders plausiblen Theorie entstand die Schrift aus einem alten Zählsystem, das «Marken» aus Ton verwendete (solche Marken wurden an vielen Ausgrabungsorten im Nahen Osten gefunden; ihr genauer Zweck ist unbekannt).

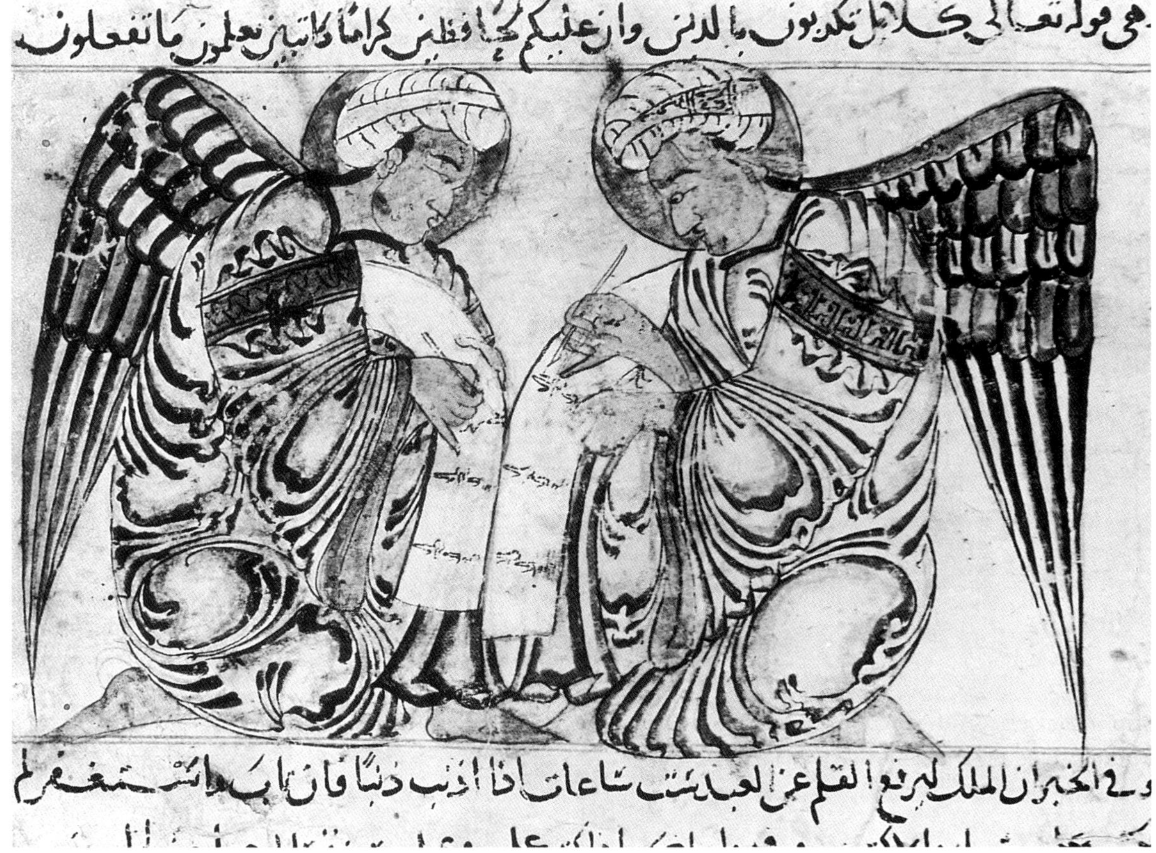

Heilige Schrift. Engel schreiben die guten und bösen Taten der Menschen auf. Ein illustriertes Manuskript von al-Qazwini, 1280. Der Islam verehrt die arabische Schrift, weil der Koran als Wort Gottes gilt.

Demnach war das Ersetzen dieser Marken durch zweidimensionale Zeichen der erste Schritt zur Schrift.

Auf jeden Fall war die Entdeckung des Rebus entscheidend für die Entwicklung der voll entwickelten Schrift im Gegensatz zu den begrenzten, rein piktographischen Schriften der nordamerikanischen Indianer und anderen Völker. Die Idee, daß ein Piktogramm für seinen Lautwert stehen kann, war revolutionär. Das Bild einer Eule in den Hieroglyphen könnte beispielsweise den Konsonanten *m* bezeichnen, und im Deutschen würde das Bild einer Uhr und eines Laubblattes «Urlaub» bedeuten.

Die Entwicklung der Schrift

Was geschah, nachdem die Schrift erfunden oder zufällig entdeckt worden war? Verbreitete sie sich von Mesopotamien über die ganze Welt?

Die ersten ägyptischen Inschriften stammen aus dem Jahr 3100, die des Indus-Tals aus dem Jahr 2500, die kretischen aus dem Jahr 1900, die chinesischen aus dem Jahr 1200 und die mittelamerikanischen aus dem Jahr 600 v. Chr. (jeweils runde Daten). Es sieht also so aus, als habe die Idee der Schrift (nicht aber bestimmte Zeichen) sich allmählich von einer Kultur zur anderen verbreitet.

Es dauerte 600 oder 700 Jahre, bis der in China erfundene Buchdruck Europa erreichte, und das Papier brauchte noch länger.

Könnte es nicht sein, daß die Schrift noch mehr Zeit brauchte, um von Mesopotamien nach China zu gelangen?

Da es jedoch keine eindeutigen Beweise für diesen Ideentransfer gibt (nicht einmal in bezug auf die benachbarten Kulturen Ägyptens und Mesopotamiens), glauben die meisten Wissenschaftler, daß die großen Kulturen des Altertums unabhängig voneinander eine Schrift hervorbrachten.

Optimisten und auf jeden Fall Antiimperialisten weisen mit Nachdruck auf die Intelligenz und den Erfindungsreichtum der Kulturen hin; Pessimisten, die eine eher konservative Einstellung zur Geschichte haben, nehmen dagegen an, daß der Mensch das, was bereits existiert, so sorgfältig wie möglich nachahmt und nur Neues erfindet, wenn es unbedingt notwendig ist. Letzteres ist auch die bevorzugte Erklärung dafür, daß die Griechen das phönizische Alphabet übernahmen und mit der Zeit nur die Vokale hinzufügten, die im Phönizischen nicht geschrieben wurden.

Zweifellos kommt es vor, daß ein Volk die Schrift eines anderen übernimmt. Die Römer übernahmen die Schrift der Etrusker, die Japaner die Zeichen der Chinesen, und in unserer Zeit gaben die Türken (unter Atatürk) die arabische zugunsten der lateinischen Schrift auf.

Die entlehnte Schrift wird modifiziert, weil die neue Sprache Laute enthält, die in der anderen nicht vorhanden sind. Das ist einfach, wenn die beiden Sprachen verwandt sind, aber überaus schwierig, wenn sie sich erheblich unterscheiden, wie zum Beispiel Japanisch und Chinesisch. Um die Unterschiede zu überbrücken, besitzt das Japanische *zwei* völlig verschiedene Symbolsysteme: Tausende von chinesischen Schriftzeichen und etwa fünfzig japanische Silbenzeichen, die für die wichtigsten Laute der japanischen Sprache stehen. In einem japanischen Satz sind daher chinesische Zeichen und japanische Silbensymbole gemischt und bilden eine Schrift, die allgemein als die komplizierteste der Welt gilt.

Im Laufe der Geschichte haben Sprachen sich immer wieder eine Schrift «geborgt». In der Türkei ersetzte Kemal Atatürk 1928 die arabische Schrift durch die lateinische. Hier lehrt er die neue Schrift.

Schrift, Sprechen und Sprache

Durchschnittlich gebildete Europäer und Amerikaner müssen etwa 52 Buchstaben kennen und schreiben, außerdem einige andere Zeichen (zum Beispiel +, &, £, $, 2), die manchmal Logogramme genannt werden. Japaner sollten dagegen etwa 2000 Symbole kennen und schreiben können, und wenn sie hochgebildet sind, müssen sie 5000 Symbole und mehr kennen. Zwischen Japan und dem Westen scheinen also Welten zu liegen – und doch sind sie sich näher, als wir glauben.

Alle vollständigen Schriften – d. h. alle, die «ein System von graphischen Symbolen [sind], mit dem man sämtliche Gedanken ausdrücken kann»

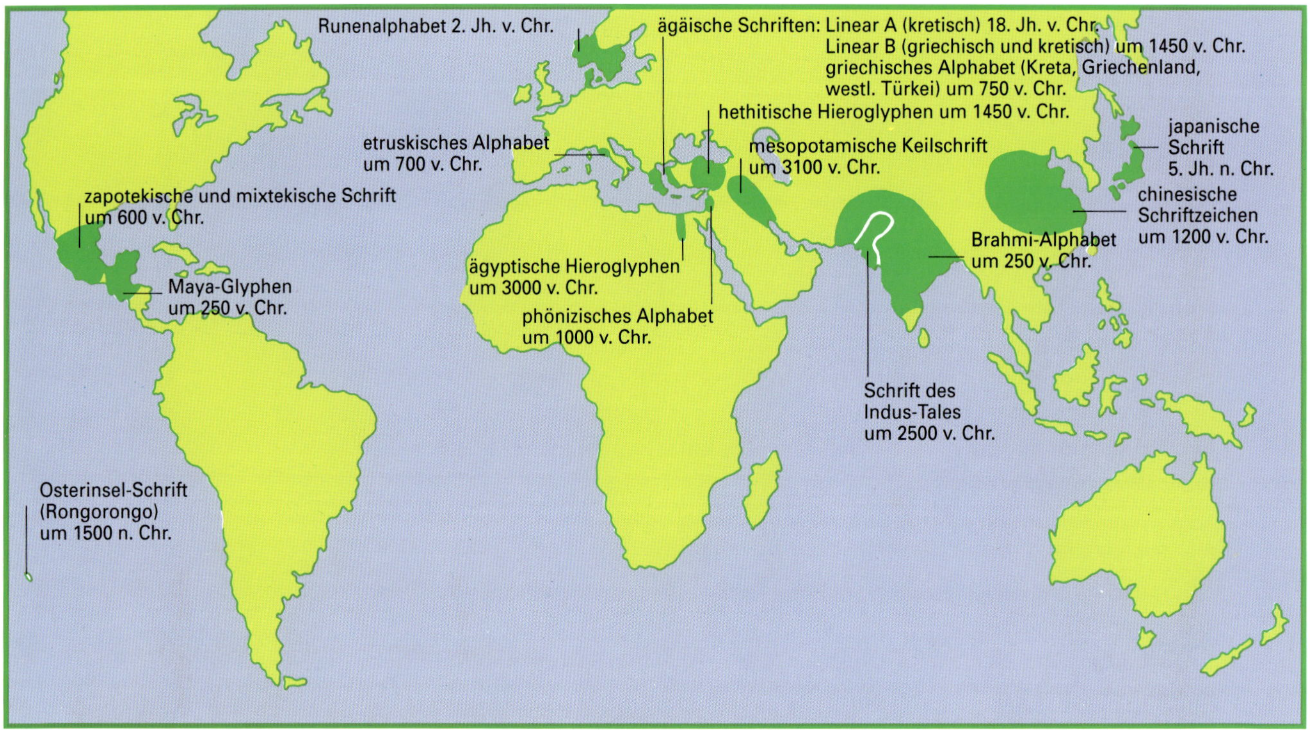

Runenalphabet 2. Jh. v. Chr.
ägäische Schriften: Linear A (kretisch) 18. Jh. v. Chr.
Linear B (griechisch und kretisch) um 1450 v. Chr.
griechisches Alphabet (Kreta, Griechenland, westl. Türkei) um 750 v. Chr.
hethitische Hieroglyphen um 1450 v. Chr.
japanische Schrift 5. Jh. n. Chr.
etruskisches Alphabet um 700 v. Chr.
mesopotamische Keilschrift um 3100 v. Chr.
chinesische Schriftzeichen um 1200 v. Chr.
zapotekische und mixtekische Schrift um 600 v. Chr.
Brahmi-Alphabet um 250 v. Chr.
ägyptische Hieroglyphen um 3000 v. Chr.
Maya-Glyphen um 250 v. Chr.
phönizisches Alphabet um 1000 v. Chr.
Schrift des Indus-Tales um 2500 v. Chr.
Osterinsel-Schrift (Rongorongo) um 1500 n. Chr.

Oben: Die Anfänge der Schrift.

(John DeFrancis, ein angesehener amerikanischer Kenner des Chinesischen) – beruhen auf einem grundlegenden Prinzip, im Gegensatz zur Meinung der meisten Leute einschließlich mancher Wissenschaftler. Alphabete sowie die japanische und chinesische Schrift benutzen Symbole, um Laute darzustellen (also phonetische Zeichen), und alle Schriften sind ein Gemisch aus phonetischen und semantischen Zeichen.

Abgesehen von der äußeren Form der Symbole unterscheiden sie sich durch das *Verhältnis* zwischen phonetischen und semantischen Zeichen. Je höher der Quotient, desto einfacher ist es, ein geschriebenes Wort auszusprechen. Im Englischen ist der Quotient groß, im Chinesischen klein. Die englische Schreibweise symbolisiert somit die einzelnen Laute genauer als chinesische Zeichen das Mandarin symbolisieren – aber das finnische Alphabet gibt die finnische Sprache noch besser wieder. Das geschriebene Finnisch ist in phonetischer Hinsicht sehr genau; die chinesische und japanische Schrift läßt insofern sehr zu wünschen übrig.

Es ist zweifellos schwierig, die chinesische und japanische Schrift zu

REINE PHONOGRAPHIE
REINE LOGOGRAPHIE
Finnisch
Chinesisch
Französisch
Japanisch
Englisch
Koreanisch
phonetisches Zeichensystem
krypto-graphischer Code

Unten: Geschriebene kontra gesprochene Sprache (nach DeFrancis und Unger). Die Schriften sind als theoretisches Kontinuum zwischen reiner Phonographie und reiner Logographie dargestellt. Die finnische Schreibweise ist phonetisch am genausten, die chinesische am ungenausten.

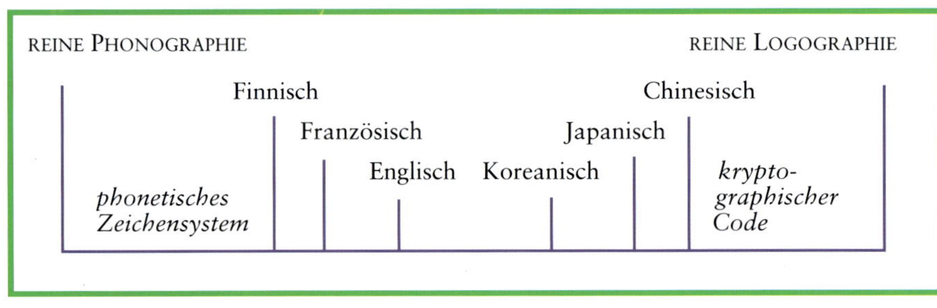

Kulturrevolution in China, Mitte der sechziger Jahre. Mao Zedong wollte die chinesischen Zeichen abschaffen und Millionen von Analphabeten die lateinische Schrift beibringen. Doch die konservative Opposition war zu stark, und während der Kulturrevolution bekämpften Rote Garden auch die lateinische Schrift.

erlernen. Eine Zunahme der Selbstmorde unter japanischen Teenagern Mitte der fünfziger Jahre hing offenbar mit dem Ausbau des Bildungssystems nach dem Krieg zusammen – die Schüler mußten Tausende von Schriftzeichen lernen. Ein Chinese oder Japaner braucht einige Jahre länger als ein Westler, um fließend lesen zu lernen.

Allerdings haben auch schon Millionen von Westlern vergeblich versucht, lesen und schreiben zu lernen. In Japan ist die Zahl der Analphabeten geringer als im Westen (aber wohl höher als eingeräumt).

Die Kompliziertheit ihrer Schrift hat die Japaner nicht daran gehindert, wirtschaftlich stark zu werden, und sie haben auch die chinesischen Zeichen nicht zugunsten eines viel einfacheren Zeichensystems auf der Grundlage ihrer bereits vorhandenen Silbenzeichen aufgegeben, obgleich dieser Schritt denkbar wäre.

Eine Chronik der Schrift:

Eiszeit nach 25000 v. Chr.	Vorstufen (Piktogramme)
ab 8000 v. Chr.	Ton-«Marken» werden im Nahen Osten zum Zählen benutzt
3300 v. Chr.	sumerische Tontafeln mit Inschriften in Uruk (Irak)
3100 v. Chr.	erste Inschriften in Keilschrift, Mesopotamien
3100-3000 v. Chr.	erste Hieroglyphen-Inschriften in Ägypten
2500 v. Chr.	Anfänge der Indus-Schrift (Pakistan und NW-Indien)
18. Jh. v. Chr.	Anfänge der kretischen Linearschrift A
1792-1750 v. Chr.	Hammurabi König von Babylon, er läßt eine Gesetzesstele anfertigen
17.-16. Jh. v. Chr.	erstes bekanntes Alphabet in Palästina
1450 v. Chr.	erste Inschriften in der kretischen Linearschrift B
14. Jh. v. Chr.	alphabetische Keilschrift in Ugarit (Syrien)
1361-1352 v. Chr.	Tutenchamun regiert in Ägypten
um 1285 v. Chr.	Schlacht von Kadesh (sowohl Ramses II. als auch die Hethiter feiern den Sieg)
1200 v. Chr.	Anfänge der chinesischen Schrift auf Orakelknochen
1000 v. Chr.	erste alphabetische Inschriften der Phönizier im Mittelmeerraum
730 v. Chr.	erste Inschriften mit einem griechischen Alphabet
etwa 8. Jh. v. Chr.	Anfänge des etruskischen Alphabets in Norditalien
650 v. Chr.	erste demotische, von Hieroglyphen abgeleitete Inschriften in Ägypten
600 v. Chr.	erste Glyphen-Inschriften in Mittelamerika
521-486 v. Chr.	Darius ist König von Persien. Er läßt die Inschrift von Behistun anfertigen (sie ermöglicht die Entschlüsselung der Keilschrift)
400 v. Chr.	das ionische Alphabet setzt sich in Griechenland durch
um 270-232 v. Chr.	Asoka läßt in Nordindien Felsenedikte in Brahmi und Kharosthi-Inschriften anfertigen
221 v. Chr.	die Qin-Dynastie reformiert die Schreibweise der Schriftzeichen
etwa 2. Jh. v. Chr.	in China wird das Papier erfunden
1. Jh. n. Chr.	Schriftrollen vom Toten Meer in aramäisch-herbräischer Schrift
75 n. Chr.	letzte Inschrift in Keilschrift
2. Jahrhundert	Anfänge der Runenschrift in Nordeuropa
394	letzte Inschriften in ägyptischen Hieroglyphen
615-683	Pacal ist Herrscher der Mayas in Palenque (Mexiko)
712	*Kojiki*, das erste Werk der japanischen Literatur (mit chinesischen Schriftzeichen)
vor 800	in China wird der Buchdruck erfunden
9. Jahrhundert	in Rußland wird das kyrillische Alphabet geschaffen
1418-1450	in Korea regiert König Sejong, er führt das Hangul-Alphabet ein
15. Jahrhundert	in Europa wird die bewegliche Type erfunden
um 1560	Diego de Landa zeichnet in Yucatán das Maya-«Alphabet» auf
1799	der Stein von Rosette wird in Ägypten entdeckt
1821	Sequoya erfindet in den USA das cherokesische «Alphabet»
1823	Champollion entziffert die ägyptischen Hieroglyphen
ab 1840	Rawlinson, Hincks und andere entziffern die mesopotamische Keilschrift
1867	Erfindung der Schreibmaschine
1899	in China werden Inschriften auf Orakelknochen entdeckt
1900	Evans entdeckt Knossos und identifiziert die kretische Linearschrift A und B
1905	Petrie entdeckt in Serabit el-Khadim (Sinai) Vorläufer der Sinai-Schrift
1908	in Kreta wird der Phaistos-Diskos entdeckt
um 1920	die Indus-Kultur wird entdeckt
um 1940	Erfindung des elektronischen Computers
1948	Hebräisch wird Staatssprache in Israel
1953	Ventris entziffert Linear B
ab 1950	die Maya-Glyphen werden entziffert
1958	in China wird die Pinyin-Schreibweise eingeführt
um 1980	die elektronische Textverarbeitung setzt sich durch
23. Dezember 2012	der jetzige große Zeitzyklus der Mayas endet

Moderne «Hieroglyphen»

Hat das Alphabet wirklich so viele Vorteile, wie man behauptet? Vielleicht würde uns das Lesen und Schreiben leichter fallen, wenn unsere Alphabete mehr Logogramme enthielten, die für das ganze Wort stehen, so wie in der chinesischen und japanischen Schrift und – in geringerem Maße – in den ägyptischen Hieroglyphen. Brauchen wir unbedingt eine Schrift, die auf *Lauten* basiert? Was haben denn Laute mit Lesen und Schreiben zu tun?

Wir brauchen uns nur umzuschauen, um zu erkennen, daß «Hieroglyphen» ein überraschendes Comeback feiern – an Straßen, auf Flugplätzen, auf Landkarten, im Wetterbericht, auf Kleideretiketten, auf Computermonitoren und Tastaturen. Anstelle von «Bewegen Sie den Cursor nach rechts» steht einfach ⇨ da. Die Hieroglyphen sagen uns, wo wir nicht überholen dürfen, wo das nächste Telephon ist, welche Straße eine Autobahn ist, ob es morgen regnet, wie wir ein Kleidungsstück waschen sollen und wie wir ein Tonband zurückspulen. Manche Leute – zuerst der Philosoph und Mathematiker Leibniz im 17. Jahrhundert – sind sogar der Meinung, wir könnten eine reine Schriftsprache erfinden, die überall verstanden wird. Sie wäre unabhängig von allen gesprochenen Sprachen der Welt und müßte auch eine philosophische, politische und wissenschaftliche Kommunikation auf hohem Niveau ermöglichen. Wenn das in der Musik und in der Mathematik möglich ist – warum nicht generell?

Dieses Buch zeigt, warum dieser verlockende Traum niemals wahr werden kann. Schreiben und Lesen sind untrennbar mit dem Sprechen verbunden, einerlei, ob wir unsere Lippen bewegen oder nicht. Chinesische Schriftzeichen sprechen *nicht* ohne Vermittlung der Laute direkt mit dem Geist, auch wenn die Chinesen und viele westliche Wissenschaftler seit Jahrhunderten das Gegenteil behaupten. Dasselbe gilt für die ägyptischen Hieroglyphen, obgleich sie sehr schön sind und wir in ihnen Menschen, Tiere und Dinge erkennen.

Aristoteles nannte die Grundeinheit der gesprochenen *und* geschriebenen Sprache «Gramma». Ferdinand de Saussure, der Begründer der modernen Linguistik, verglich die Sprache mit einem Blatt Papier. «Der Gedanke ist die eine Seite des Blattes, der Laut die andere. So wie es unmöglich ist, eine Seite des Papiers zu zerschneiden, ohne die andere zu zerschneiden, ist es auch unmöglich, in einer Sprache den Gedanken vom Laut und den Laut vom Gedanken zu trennen.» Wir haben erst begonnen, die geistigen Vorgänge beim Sprechen zu verstehen, und wir verstehen noch weniger, was beim Lesen und Schreiben vorgeht. Aber eines ist gewiß: Schrift und Sprechen sind untrennbar; Worte und Schriften, die Worte wiedergeben, bestehen aus Lauten *und* Zeichen.

Was ist eine

Oben: Keramikvase aus Yaloch, Guatemala, mit einer mythologischen Szene.

Unten: Schatulle in Form einer Kartusche aus der Schatzkammer des Tutenchamun.

I

Vor zweihundert Jahren konnte niemand die ägyptischen Hieroglyphen, die mesopotamische Keilschrift und die Maya-Glyphen lesen. Viele Gelehrte bezweifelten sogar, daß man diese Schriften überhaupt wie Alphabetschriften lesen konnte. Sie nahmen an, die exotischen Zeichen symbolisierten Ideen und Gedanken, vielleicht exaltierter und mystischer Art, nicht die Laute einer einst lebenden Sprache.

Schrift?

Heute können wir viele Glyphen auf diesem herrlichen Keramiktopf mit seinen wundervollen mythologischen Szenen sowie jede Hieroglyphe aus Ebenholz und gefärbtem Elfenbein auf der Schatulle des Tutenchamun lesen. Und wir wissen, daß diese beiden uralten Schriften, so seltsam es auch klingen mag, unserem Alphabet ähneln, was ihre grundlegende Funktion betrifft.

Um das zu verstehen, müssen wir uns darüber im klaren sein, wie unsere Schrift Laut und Bedeutung symbolisiert. Unsere Symbole stellen nur selten Bilder dar wie die Hieroglyphen, die Zeichen auf den sumerischen Tontafeln und die vieldeutigen Zeichen neben den Höhlenbildern der europäischen Eiszeit. Welche Rolle spielen Bilder in der Entwicklung der Schrift? Können wir die ältesten bekannten Symbole als Schrift bezeichnen? Was genau ist eine Schrift?

Kapitel 1 *Der Stein von Rosette wird gelesen*

Der Rosette-Stein, der Schlüssel zur Entzifferung der ägyptischen Hieroglyphen.

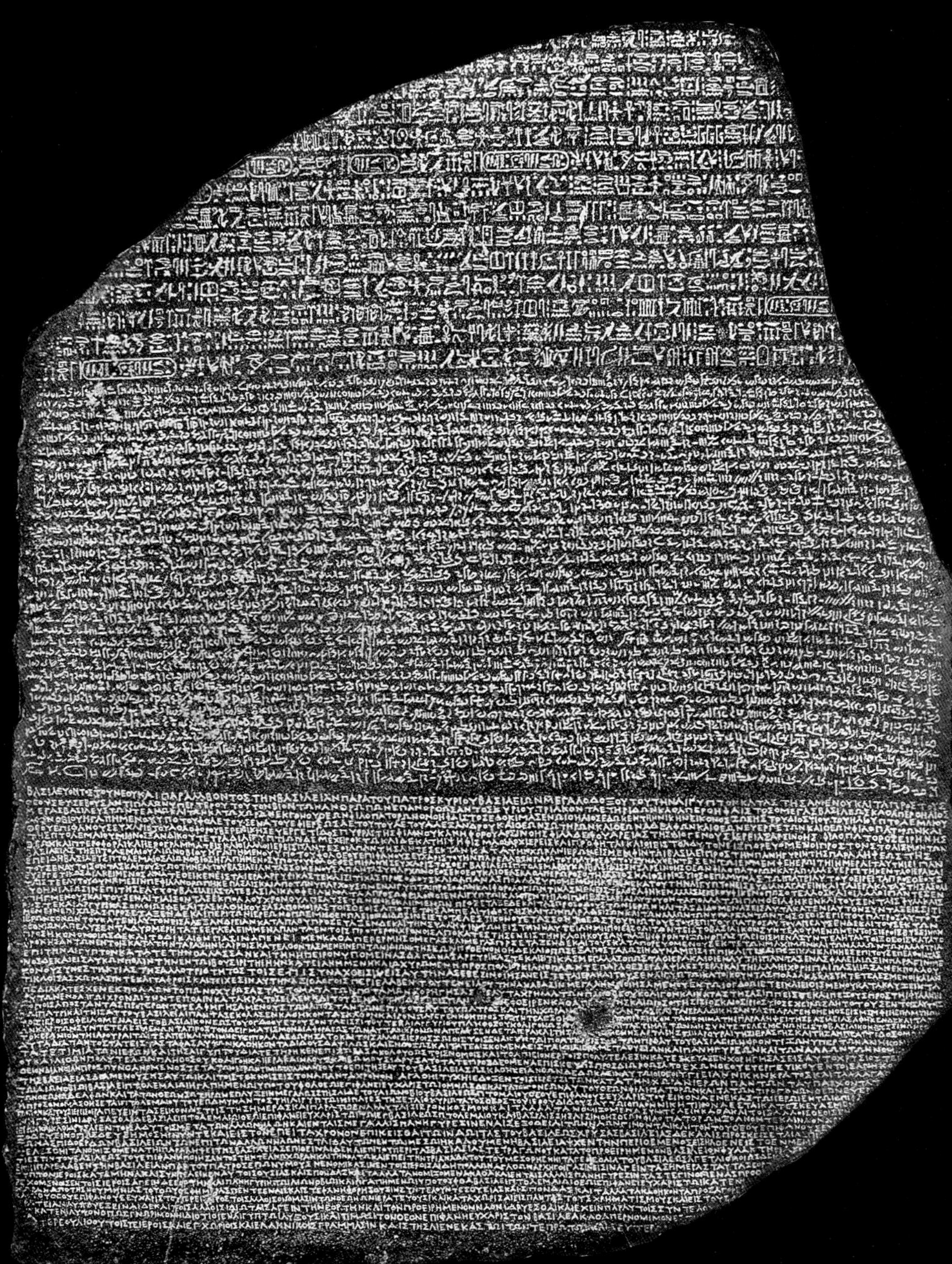

Das klassische Ägypten

Der Stein von Rosette ist wohl die berühmteste Inschrift der Welt. Seine Entdeckung in Ägypten im Jahre 1799 ermöglichte die Entzifferung der Hieroglyphen. Wenn wir die Ähnlichkeiten und Unterschiede zwischen Hieroglyphen und Alphabeten verstehen wollen, ist es vielleicht am besten, die Entzifferung des Rosette-Steins zu verfolgen.

Gehen wir also 2000 Jahre und weiter zurück zu den Griechen und Römern und zum Niedergang des alten Ägypten nach 3000 Jahren kultureller Blüte. Die Römer und vor allem die Griechen betrachteten das alte Ägypten mit einer paradoxen Mischung aus Verachtung wegen seiner «Barbarei» und Verehrung wegen seiner uralten Weisheit. Man brachte seine Obelisken als Prestigeobjekte nach Rom, und sie stehen heute noch dort, während in Ägypten nur vier geblieben sind.

Die meisten klassischen Autoren schrieben Ägypten die Erfindung der Schrift zu (nach Plinius ist sie allerdings den Schöpfern der Keilschrift zu verdanken). Doch sie waren nicht imstande, Hieroglyphen so zu lesen, wie sie Latein und Griechisch lasen. Sie glaubten, wie Diodorus Siculus sagte, daß die ägyptische Schrift «sich nicht durch miteinander verbundene Silben ausdrückt, sondern mittels der Bedeutung der dargestellten Objekte». Das Bild eines Falken symbolisiert demnach alles, was schnell ist, ein Krokodil alles, was böse ist.

Die Hieroglyphen des Horapollo

Der bei weitem bedeutendste Kenner war Horapollo, ein Ägypter aus Nilopolis. Seine Abhandlung über Hieroglyphen wurde im 4. Jahrhundert n. Chr. oder später ins Griechische übersetzt und ging dann verloren. Erst um 1419 entdeckte man auf einer griechischen Insel ein Manuskript. Es wurde 1505 veröffentlicht und erlebte 30 Auflagen, darunter eine von Albrecht Dürer illustrierte. Horapollos Übertragung der Hieroglyphen war ein Gemisch aus Fiktion (zum größten Teil) und Einsicht. Zum Beispiel: «Wenn sie einen heiligen Schreiber oder einen Propheten oder Einbalsamierer oder die Milz oder Geruch oder Gelächter oder Niesen oder Herrschaft oder einen Richter benennen wollen, zeichnen sie einen Hund.» Die Frage «Was meinen sie mit einem Geier?» beantwortet er so:

> Wenn sie eine Mutter, das Sehen, Grenzen oder Vorauswissen meinen ... zeichnen sie einen Geier. Eine Mutter, weil es keine männlichen Geier gibt ... Der Geier symbolisiert das Sehen, weil er von allen Tieren die schärfsten Augen hat ... Er bedeutet «Grenze», weil er das Schlachtfeld begrenzt, wenn ein Krieg kurz vor dem Ausbruch steht. Er schwebt sieben Tage lang darüber. Vorauswissen wegen des oben Gesagten und weil er sich auf die vielen Leichen freut, die das Töten ihm verschaffen wird ...

Das ist reine Phantasie – außer was die «Mutter» betrifft. Die Hieroglyphe für «Mutter» ist in der Tat ein Geier.

Cynocephalus, inspiriert von Horapollo. Viele Künstler der Renaissance stützten sich auf die Beschreibungen Horapollos.
Oben: Eine Zeichnung von Albrecht Dürer.
Mitte: Aus einer französischen Horapollo-Ausgabe.
Unten: Aus einer italienischen Ausgabe.

Die Weisheit der Hieroglyphen

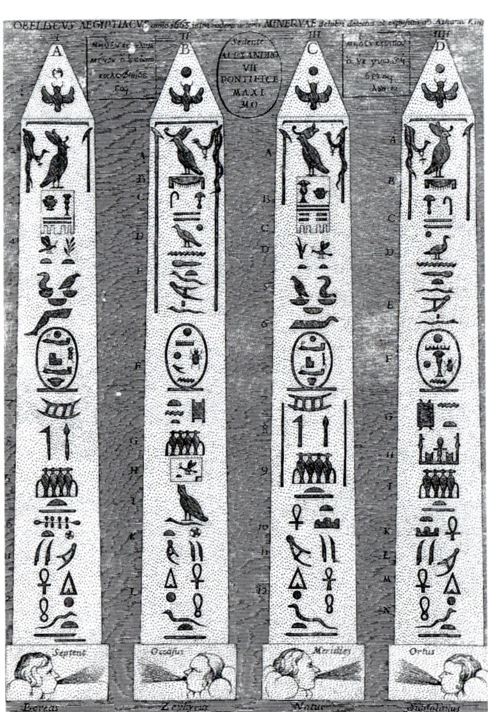

Die Wiedergeburt der klassischen Bildung in der Renaissance erneuerte auch den Glauben der Römer und Griechen an die Weisheit der Hieroglyphen. In Rom wurden zwischen 1582 und 1589 sechs alte ägyptische Obelisken umgestellt oder wieder aufgestellt. Eine der Hauptattraktionen der Stadt brachte man aus der Kirche San Lorenzo ins Kapitol. Es war ein altes Tempelfries, angeblich mit Hieroglyphen. Man hielt es für ein so wertvolles Relikt, daß fast alle bedeutenden Künstler der damaligen Zeit es in ihren Skizzenbüchern kopierten.

Der erste von vielen Wissenschaftlern der modernen Zeit, der ein Buch über die Hieroglyphen veröffentlichte, war der Venezianer Pierius Valerianus im Jahre 1556. Unter Berufung auf Horapollo illustrierte er seine Übersetzungen mit köstlichen «Renaissance-Hieroglyphen».

Die ersten «Hieroglypher»

Der berühmteste (um nicht zu sagen berüchtigtste) dieser ersten Deuter war der Jesuite Athanasius Kircher. Mitte des 17. Jahrhunderts galt er in Rom als Experte für das alte Ägypten. Doch seine umfangreichen Schriften trugen ihn weit über die «Ägyptologie» hinaus. Er war einer der letzten Gelehrten, die versuchten, das gesamte Wissen der Menschheit zu vereinigen. Das Ergebnis war eine Mixtur aus Brillianz und Irrtümern – mehr das letztere als das erstere –, und Kircher konnte seine früheres Ansehen nicht mehr zurückgewinnen.

1666 wurde ihm die Veröffentlichung einer hieroglyphischen Inschrift auf einem Obelisken auf Roms Piazza della Minerva *(oben links*, Kirchers Zeichnung *links)*

Oben: «Weisheit». Dieses Zeichen (Szepter) war zunächst wohl ein Spazierstock, den man später belebte *(Mitte)*. Es nahm dann eine weitere Bedeutung an: «Wohlbefinden im Unglück». Das altägyptische Wort für «Szepter» bedeutete auch «Wohlbefinden», das Wort für «einfacher Pfahl» auch «Unglück». *Unten:* Pierius Valerianus sah im belebten Zeichen einen Storch, das Symbol des Respekts für die Eltern, über den Hufen eines Nashorns, des Symbols für Ungerechtigkeit und Undankbarkeit. Darum «übersetzte» er diese Hieroglyphen mit «Impietati praelata Pietas» (Ergebenheit vor Selbstsucht). *Oben links:* Ägyptischer Obelisk aus dem 6. Jh. v. Chr., 1667 auf der Piazza della Minerva in Rom aufgestellt. *Unten links:* Zeichnung des Minerva-Obelisken von Athanasius Kircher, 1666.

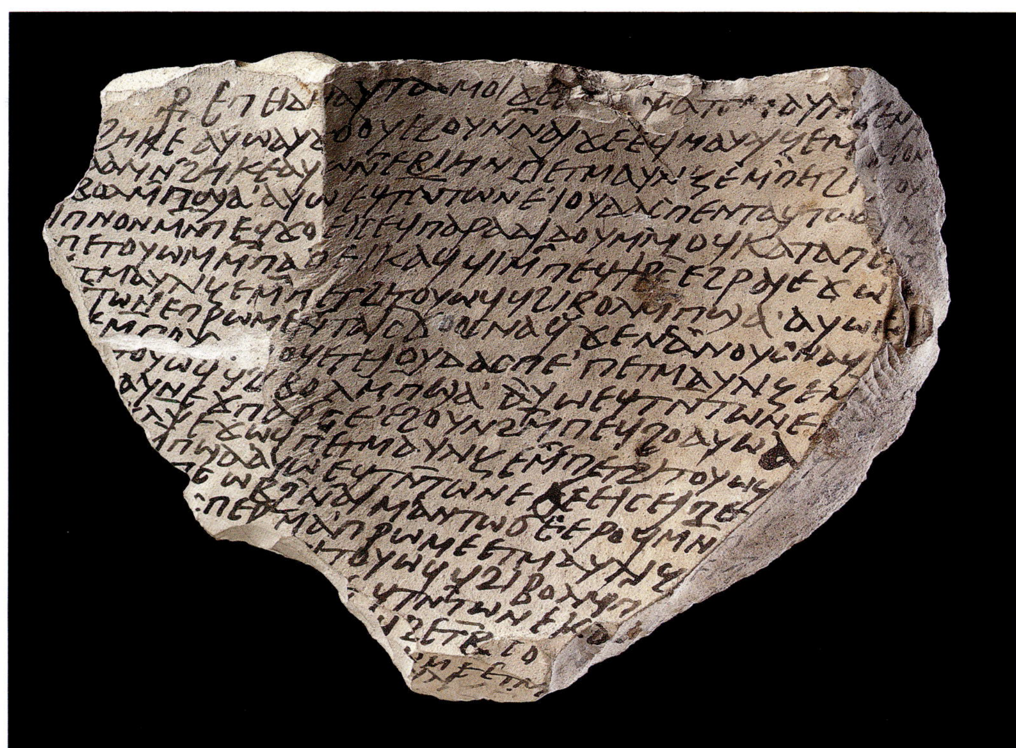

Links: Koptisches Ostrakon. Pastorales Schreiben eines Bischofs aus dem 6. Jh. n. Chr. Koptisch hielt sich fast bis heute in Spuren als gesprochene Sprache. Einige heilige Texte der koptischen Kirche verwenden es immer noch.

Unten: Das koptische Alphabet. In seiner Standardform (Sahidisch) besteht es aus 24 griechischen Buchstaben und 6 aus der altägyptischen Schrift entlehnten (demotischen, nicht hieroglyphischen) Zeichen für koptische Laute, die das Griechische nicht kennt.

Koptisch	Name	Lautwert
ⲁ	alpha	*a*
ⲃ	vita	*v (b)*
ⲅ	gamma	*g*
ⲇ	delta	*d*
ⲉ	epsilon	*e*
ⲍ	zeta	*z*
ⲏ	eta	*e, i*
ⲑ	theta	*t*
ⲓ	jota	*i*
ⲕ	kappa	*k*
ⲗ	lambda	*l*
ⲙ	my	*m*
ⲛ	ny	*n*
ⲝ	xi	*x*
ⲟ	omikron	*o*
ⲡ	pi	*p*
ⲣ	rho	*r*
ⲥ	sigma	*s*
ⲧ	tau	*t*
ⲩ	ypsilon	*y, u*
ⲫ	phi	*ph*
ⲭ	khi	*ch, kh*
ⲯ	psi	*ps*
ⲱ	omega	*o*
ϣ	sei	*s*
ϥ	fai	*f*
ϩ	hori	h
ϫ	djandja	*g*
ϭ	chima	*c*
ϯ	ti	*ti*

anvertraut. Man hatte ihn auf Anordnung Papst Alexanders VII. nach einem Plan von Bernini errichtet, und er steht heute noch. Kircher las eine Kartusche (eine kleine Gruppe von Wörtern in einem ovalen Ring) so:

> Osiris schützt vor der Gewalt des Typho, wenn ihm die richtigen Riten gewidmet werden, indem man ihm opfert und die Schutzgeister der dreifachen Welt anruft, um den Wohlstand genießen zu können, den der Nil immer wieder schenkt, trotz der Gewalt des Feindes Typho.

Die heute anerkannte Übersetzung ist einfach der Name eines Pharaos (Psamtik oder Psammetichus), phonetisch geschrieben!

Kircher trug jedoch zur Rettung des Koptischen bei, der Sprache, die am Ende des alten Ägypten gesprochen wurde. Das Wort Kopte ist vom arabischen *gubti* abgeleitet, einer Verstümmelung des griechischen *aiguptos* (Ägypter). Die koptische Sprache geht auf die christliche Zeit zurück; sie war die offizielle Sprache der ägyptischen Kirche, verlor aber Boden ans Arabische und war Ende des 17. Jahrhunderts fast erloschen. Im folgenden Jahrhundert erwarben jedoch mehrere Gelehrte Kenntnisse des Koptischen, die sich später als unentbehrlich für die Entzifferung der Hieroglyphen erweisen sollten.

Unter dem Einfluß der Aufklärung begannen sie auch, das klassische Verständnis der Hieroglyphen in Frage zu stellen. William Warburton, der spätere Bischof von Gloucester, vermutete als erster, daß alle Schriften, auch die Hieroglyphen, sich aus Bildern entwickelt haben. Abbé Barthélemy, ein Bewunderer Warburtons, nahm an, daß die Kartuschen Namen von Königen oder Göttern enthielten.

Zoëga, ein dänischer Gelehrter, der kurz vor 1800 schrieb, erriet, daß einige Hieroglyphen, zumindest teilweise, «phonetische Zeichen» sind, und prägte den Ausdruck «Notae phoneticae». Die ersten Schritte zur Entzifferung der Hieroglyphen waren getan.

Die Entdeckung des Steins von Rosette

Französische Soldaten, die 1798 zu Napoleons Invasionsarmee gehörten, prägten den Ausdruck «Kartusche». Die Ovale, die Gruppen von Hieroglyphen in Inschriften umrahmen, erinnerten sie an die Patronen (cartouches) in ihren Gewehren.

Zum Glück war die Expedition an Kultur fast ebensosehr interessiert wie an Eroberung. Einige Gelehrte begleiteten die Soldaten und blieben etwa drei Jahre in Ägypten. Auch viele Künstler waren dabei, und Domenique Vivant Denon *(oben)* war ihr Chef. Zwischen 1809 und 1813 veröffentlichte er *La Description de L'Egypte*, und ganz Europa staunte über die Wunder des alten Ägypten. Diese Zeichnung stellt die Stadt Theben dar. Im Hintergrund sehen wir die Säulen des Tempels von Luxor, vorne üppig beschriftete Obelisken. Die eingravierten Szenen zeigen Bogenschützen in Wagen, die unter dem Befehl Ramses II. in der Schlacht von Kadesh gegen die Hethiter kämpfen. Napoleons Armee war davon so gefesselt, daß sie nach dem Bericht eines Augenzeugen «stehenblieb und spontan die Waffen absetzte».

Eine Abbruchkolonne entdeckte den Rosette-Stein Mitte Juli 1799. Wahrscheinlich war er im Dorf Rashid (Rosette) – es liegt an einem Arm des Nils wenige Meilen vom Meer entfernt – in eine sehr alte Mauer eingesetzt. Der kommandierende Offizier erkannte seine Bedeutung und ließ ihn sofort nach Kairo schaffen. Man fertigte Kopien an und verteilte sie im Jahr 1800 an europäische Gelehrte. 1801 brachte man den Stein nach Alexandria, um ihn vor den britischen Streitkräften zu schützen. Doch schließlich wurde er ihnen übergeben, und sie brachten ihn ins Britische Museum, wo er seitdem zu sehen ist.

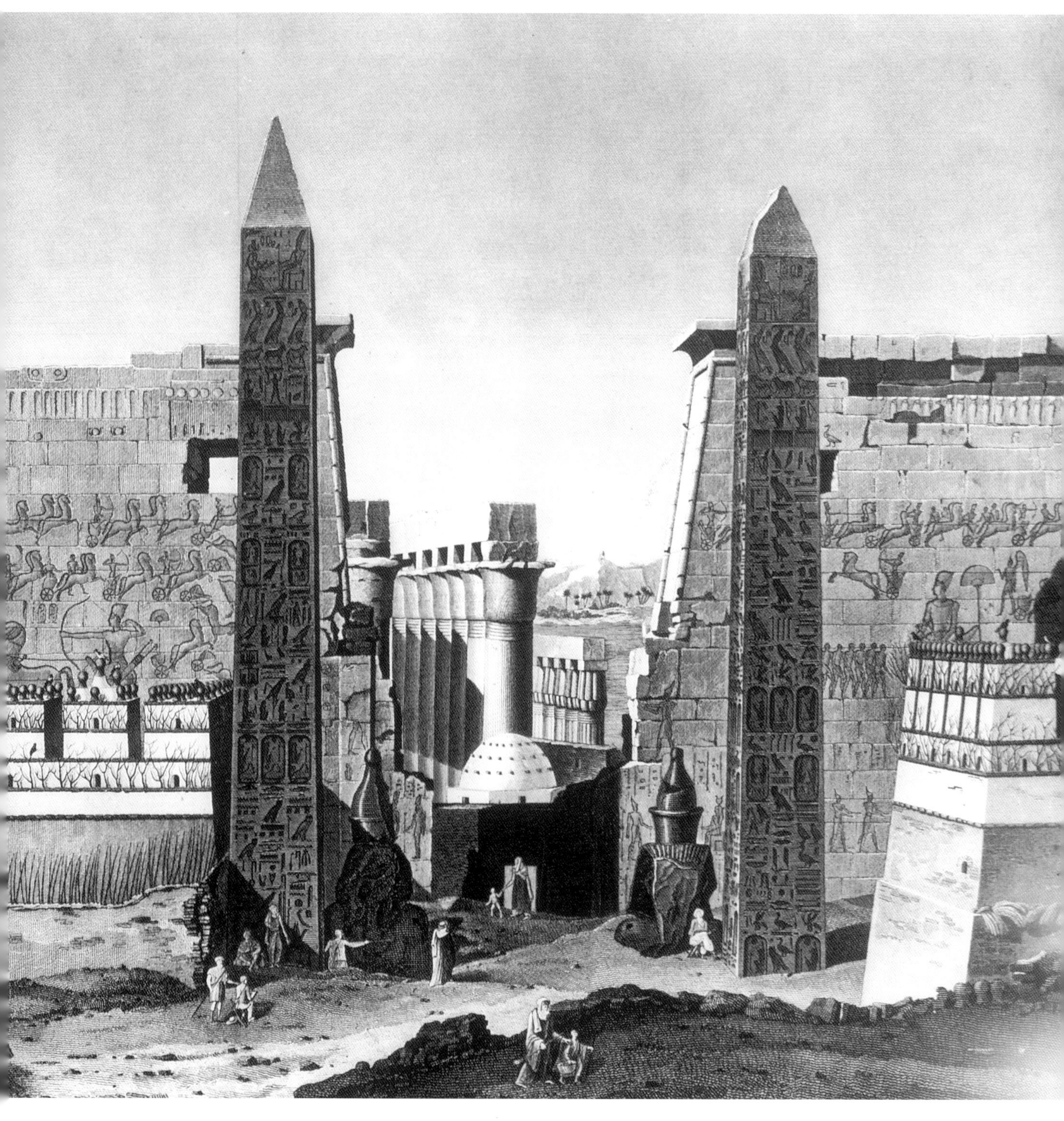

Die Entzifferung beginnt

Der Stein von Rosette ist eine Granitplatte, die etwa eine dreiviertel Tonne wiegt und nur 114 cm hoch, 72 cm breit und 28 cm dick ist.

Von Anfang an war klar, daß auf dem Stein drei verschiedene Schriften zu sehen sind; die untere ist griechisch, die obere, stark beschädigte, besteht aus Hieroglyphen mit auffälligen Kartuschen. Dazwischen befand sich eine Schrift, über die man damals nicht viel wußte. Sie glich mit Sicherheit nicht der griechischen Schrift, schien aber einige Ähnlichkeiten mit den Hieroglyphen aufzuweisen, obwohl sie keine Kartuschen besaß. Heute wissen wir, daß es Demotisch ist, eine hieroglyphe Kursivschrift.

Der erste Schritt war natürlich die Übersetzung des griechischen Textes. Wie sich herausstellte, handelte es sich um ein Dekret eines Priesterrates aus allen Teilen Ägyptens, der sich am ersten Jahrestag der Krönung von Ptolemäus V. Epiphanes, dem König ganz Ägyptens, in Memphis versammelt hatte. Die Inschrift war griechisch, weil die ägyptischen Herrscher damals keine Ägypter, sondern Makedonier waren, Abkömmlinge eines Generals von Alexander dem Großen. Unter anderem tauchten die Namen Ptolemäus, Alexander und Alexandria auf.

Dann wandten die Gelehrten sich der demotischen Inschrift zu (der hieroglyphische Teil schien ihnen zu stark beschädigt). Aus dem griechischen Text wußten sie, daß die drei Inschriften die gleiche Bedeutung hatten, wenn sie auch nicht wörtlich übersetzt waren. Also suchten sie nach einem Namen, zum Beispiel Ptolemäus, indem sie mehrfach vorkommende Symbolgruppen identifizierten, die sich etwa an den gleichen Stellen befanden wie «Ptolemäus» im griechischen Teil. So stellten sie versuchsweise ein demotisches Alphabet zusammen. Nun konnten sie anhand dieser Tabelle einige andere demotische Wörter lesen, zum Beispiel «griechisch», «Ägypten» und «Tempel». Es schien sich um eine rein alphabetische Schrift zu handeln.

Das war leider ein Irrtum. Die ersten Forscher kamen nicht weiter, weil sie nicht von dem Gedanken loskamen, die demotische Schrift sei alphabetisch – im Gegensatz zu den Hieroglyphen, von denen sie glaubten, sie seien völlig unphonetisch und symbolisierten Ideen, wie Horapollo es vermutet hatte. Die Unterschiede zwischen den Hieroglyphen und den demotischen Zeichen sowie die traditionelle Lehrmeinung der Renaissance zu den Hieroglyphen überzeugte die Gelehrten davon, daß beide auch eine ganz verschiedene Struktur hatten.

Thomas Youngs Durchbruch

Der Engländer Thomas Young brach das Eis. Dieser bemerkenswerte Mann – ein Linguist, Arzt und Physiker, der immer noch wegen seiner Wellentheorie des Lichts berühmt ist – begann 1814 am Rosette-Stein zu arbeiten. Er bemerkte eine «verblüffende Ähnlichkeit zwischen einigen demotischen Zeichen und den entsprechenden Hieroglyphen», und er schrieb: «Keines dieser Symbole [Hieroglyphen] könnte man ohne enorme Gewalt den Formen irgend eines vorstellbaren Alphabets anpassen.» Daraus

Thomas Young (1773-1829), Mitglied der Royal Society, Sprachforscher, Arzt und Physiker, leistete einen wichtigen Beitrag zur Entzifferung der ägyptischen Hieroglyphen.

An Explanation of the Hieroglyphics of the Stone of Rosetta.

ΤΟΝ ΕΜΟΝ ΠΕΠΛΟΝ ΘΝΗΤΟΣ ΑΠΕΚΑΛΥΨΕΝ.

L. 14, 13, 13, 12, 12, 8, 6. Εὐχαριστος, ..., literal or munificent, giver of good gifts: in the singular must be good, the plural is made by the repetition. In L. 5 ... seems to be ἀγαθὰ πάντα [... occurs in l. 4. 4] again ... ἀγάθη τυχῃ : ... must be doer or giver.

L. 14, 13, 13, 12, 12, 8, 6. Ἐπιφάνης, ..., perhaps ... φερς; illustrious, conspicuous, not simply present, as Heyne is disposed to think: this the Egyptian inscription proves, by the comparison of its parts, without reference to the Coptic. ... is a day. ..., l. 12, 3, perhaps honorary.

L. 14, 13, 12, 12, 8, 6: L. 10. Θεός, ..., which is probably rather a hieroglyphic than ΝΟΥΤ, like ΝΟΥΤΕ though it is barely possible that it may have been read ΝΟΥΤ, and with the frequent addition ..., ΝΟΥΤΗ. L. 8 ..., perhaps of all the gods, or each god: 8, ... of the gods: ..., l. 5: probably the great gods crowned with asp bearing diadems ...; ..., perhaps derived from this character ..., l. 4, probably a temple. L. 7 ..., probably sacred or solemn from ...; the three points following a word always making a plural: and in one or two instances preceding a word, after a preposition. Thus L. 5 ... seems to be of the gods. This preposition seems to be the ..., or ... of the Egyptian inscription. L. 14 ..., l. 12, ... l. 6, seem to have no other distinguishable meaning than ...

L. 14, 12, 7, 6, 6, 6, surrounding the name of Ptolemy, and sometimes including some of the titles: as an honorary distinction. Thus in the Egyptian the name is generally followed by ΙC or Κ, which appears to be borrowed from this character. In L. 6 ... means sacred to, Eg. ...: the character is also found in ... Egypt.

schloß er, daß die demotische Schrift eine *Mischung* aus Buchstaben und anderen Zeichen vom Hieroglyphen-Typ sei.

Dann befaßte er sich mit der Vermutung älterer Forscher, daß die Kartuschen Namen von Königen oder Priestern enthielten. Auf dem hieroglyphischen Text des Steins waren sechs solcher Namensringe zu sehen, und sie mußten den Namen «Ptolemäus» enthalten. Young nahm nun an, daß «Ptolemäus» zwar in Hieroglyphen, aber phonetisch geschrieben war. Es handelte sich ja um ein Fremdwort, das nicht durch ein Symbol wiedergegeben werden konnte wie ägyptische Namen. Er berief sich auf eine Analogie in der chinesischen Schrift, die westliche Namen zwar mit chinesischen Zeichen wiedergibt, diese aber mit einem zusätzlichen Zeichen in phonetische Symbole umwandelt. Young verglich die Hieroglyphen in der Kartusche mit den griechischen Buchstaben des Namens und ordnete einige Lautwerte (*p*, *t*, *m* usw.) bestimmten Hieroglyphen zu. Und oft hatte er recht.

Weiter kam er allerdings nicht – Horapollos Autorität war zu groß. Young konnte zwar akzeptieren, daß fremde Namen in der hieroglyphischen Schrift alphabetisch geschrieben wurden; er war jedoch davon überzeugt, daß die *übrigen* Hieroglyphen, die ägyptische Worte symbolisierten, *nicht phonetisch* waren und daß sein «hieroglyphisches Alphabet» daher für den Rest der Inschrift nicht anwendbar war. Young hatte einen wichtigen Schritt getan – aber den Code der Hieroglyphen konnte er nicht knacken.

Eine Seite aus Thomas Youngs Tagebuch. Seine Vermutung, die ägyptische Schrift enthalte sowohl phonetische als auch nichtphonetische Zeichen, war richtig; doch seine Ergebnisse waren weitgehend falsch.

Champollion knackt den ägyptischen Code

Die vollständige Entzifferung der Hieroglyphen ist das Werk Jean-François Champollions, der sie 1823 bekanntgab. Da er 1790, während der Revolution, geboren wurde, konnte er nicht zur Schule gehen. Statt dessen erhielt er Privatunterricht in Griechisch und Latein, und im Alter von neun Jahren konnte er angeblich Homer und Vergil lesen. Als er nach Grenoble zog, um das Lycée zu besuchen, lernte er den Mathematiker und Physiker Fourier kennen, der Napoleon auf seinem Feldzug nach Ägypten begleitet hatte. Fourier begeisterte den jungen Champollion für die Ägyptologie. 1807, kaum 17 Jahre alt, legte Champollion eine Abhandlung über die koptische Herkunft ägyptischer Ortsnamen vor, wie sie in den Werken griechischer und lateinischer Autoren erhalten geblieben waren. Drei Jahre später, nachdem er in Paris Koptisch und andere orientalische Sprachen studiert hatte, kehrte er nach Grenoble zurück und begann das Ägypten der Pharaonen ernsthaft zu studieren.

1819 veröffentlichte Thomas Young seine Gedanken zur ägyptischen Schrift in einer *Ergänzung zur Encyclopaedia Britannica* (4. Aufl.). Champollion hatte er sie bereits brieflich mitgeteilt. Doch der Franzose ignorierte sie zunächst und beharrte darauf, daß alle Hieroglyphen *nichtphonetisch* seien. 1821 publizierte er diese Idee in einem Artikel. Er und Young waren zweifellos Rivalen, und wir wissen nicht genau, wie sehr Champollion von Youngs Arbeit beeinflußt war – in seinem Hauptwerk über die ägyptische Schrift tat er jedenfalls sein Bestes, um Young zu widerlegen. Keinen Zweifel gibt es allerdings an Champollions Originalität und Energie, und gewiß ist auch, daß er über Ägypten und seine Sprachen viel mehr wußte als Young.

Diesen Obelisken grub William Bankes bei Philae aus und nahm ihn mit nach England. Dort steht er heute noch in Kingston Lacy in Dorset. 1822 lieferte er Champollion einen wichtigen Hinweis.

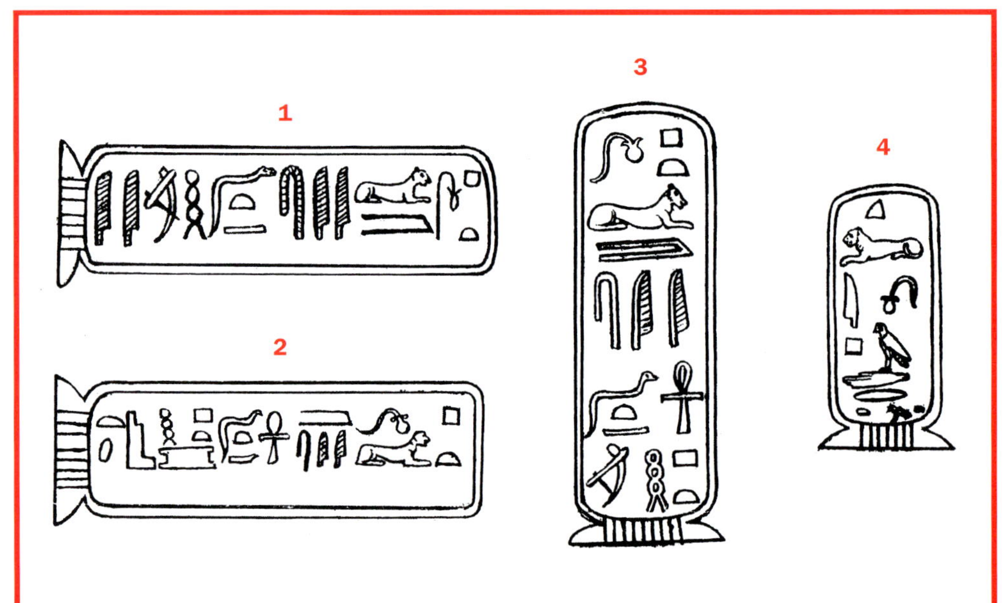

Vier Kartuschen, gezeichnet von Champollion:
1. Ptolemäus (Rosette-Stein)
2. Ptolemäus mit Königstitel (Rosette-Stein)
3. Ptolemäus (Obelisk von Philae)
4. Kleopatra (Obelisk von Philae)

Links: Jean-François Champollion (1790-1832) entzifferte die ägyptischen Hieroglyphen. Das Bild zeigt ihn 1823, im Jahr seines Durchbruchs, mit seinem «Tableau des Signes Phonétiques» (s. S. 31).

Der Obelisk von Philae

Der Schlüssel zu weiteren Fortschritten war die Kopie einer zweisprachigen Inschrift auf einem Obelisken. William Bankes schickte sie Champollion im Januar 1822 aus England, wo man den Obelisken nach der Ausgrabung bei Philae aufgestellt hatte. Die Inschrift auf dem Sockel war griechisch, und auf der Säule befanden sich Hieroglyphen. Im griechischen Text kamen die Namen Ptolemäus und Kleopatra vor; der hieroglyphische Teil enthielt nur zwei Kartuschen – vermutlich mit diesen beiden Namen. Eine der Kartuschen war mit einem Namensring auf dem Rosette-Stein nahezu identisch:

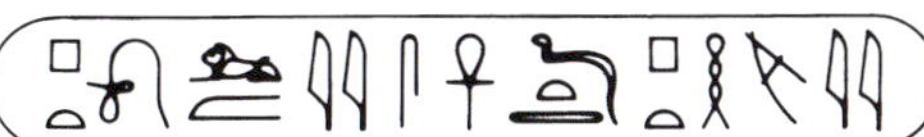

Rosette-Stein

Obelisk von Philae

Außerdem befand sich auf dem Stein von Rosette eine kürzere Version der «Ptolemäus»-Kartusche:

Champollion entschied, daß die kürzere Zeichenfolge «Ptolemäus» zu lesen sei und daß die längere (auf dem Rosette-Stein) zusätzlich einen Königstitel enthalte. Wie Young nahm er nunmehr an, daß «Ptolemäus» phonetisch geschrieben war, und er versuchte, die Lautwerte der Hieroglyphen in der zweiten Kartusche des Philae-Obelisken zu erraten:

Vier Zeichen (*l*, *e*, *o*, *p*) kamen in beiden Namen vor, aber für *t* gab es verschiedene Zeichen. Champollion schloß daraus richtig, daß die beiden Zeichen für *t* Homonyme sind, d. h. unterschiedliche Zeichen mit demselben Lautwert (wie Vater und Fall im Deutschen).

Alexander und Cäsar in Hieroglyphen

Die eigentliche Frage war aber, ob die neuen Lautwerte, auf andere Inschriften angewandt, vernünftige Namen ergeben würden. Champollion versuchte es mit dieser Kartusche:

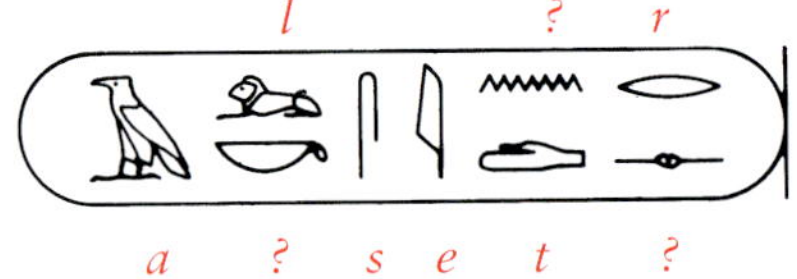

Die Lautwerte ergaben *Al?se?tr?*. Champollion vermutete «Alksentrs» für griechisch Alexandros – wieder sind die beiden Zeichen für *k/c* (und) homophon, ebenso die beiden Zeichen für *s* (und).

Sodann identifizierte er die Namensringe anderer Herrscher nichtägyptischer Herkunft, zum Beispiel Königin Berenike (bereits von Young erkannt), Cäsar und Autokrator, den Titel der römischen Kaiser:

Berenike

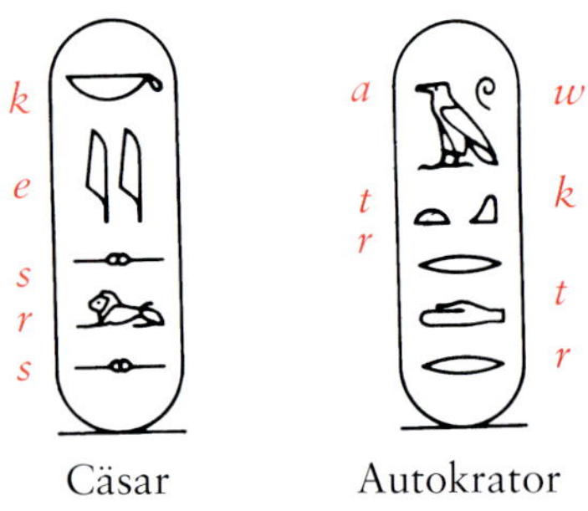

Cäsar Autokrator

Diese frühen Versuche Champollions im Jahre 1822 stützten sich auf die Annahme, daß *nichtägyptische* Namen und Worte alphabetisch geschrieben werden, sowohl demotisch wie auch hieroglyphisch. Auf diese Weise stellte er seine Tabelle der Lautzeichen zusammen, die auf der folgenden Seite abgedruckt ist. Zunächst rechnete er nicht damit, daß dieses Alphabet auf die Namen von Pharaonen anwendbar war; er bestand vielmehr darauf, daß diese nicht phonetisch geschrieben seien. Und er glaubte erst recht nicht, daß seine «Entzifferung» für das gesamte System der Hieroglyphen gelte. Wie Young war er immer noch von der ehrwürdigen Idee aus klassischen Zeiten besessen, wonach die Hieroglyphen zum größten Teil *nur* Gedanken, nicht aber Laute *und* Gedanken ausdrückten. Erst im April 1824 gab er bekannt, daß er nun das gesamte System der Hieroglyphen verstehe.

Links: Dieses Relief aus dem 1. Jahrhundert n. Chr. im Hathortempel von Dendera zeigt Kleopatra und ihren Sohn Cäsarion. Zwischen dem Kopfschmuck befinden sich zwei Kartuschen, und zwar von Ptolemäus und Kleopatra.

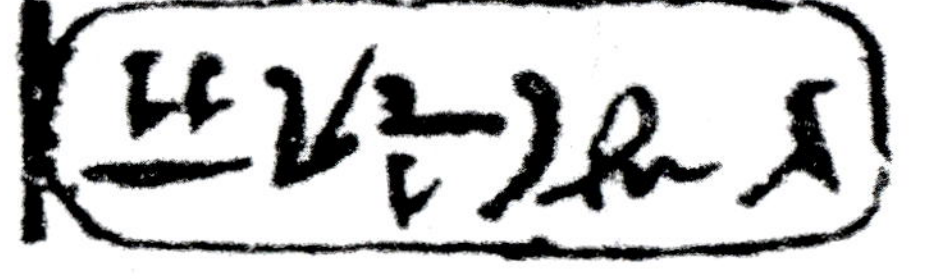

Die ersten Früchte der Entzifferung. Diese Tabelle demotischer und hieroglyphischer Zeichen mit ihren griechischen Entsprechungen wurde im Oktober 1822 gezeichnet, als Anlage zu Champollions erster gedruckten Bekanntgabe der Entzifferung, seiner berühmten *Lettre à M. Dacier.* Beachten Sie die vielen Homonyme, z. B. vier verschiedene Zeichen für *p.* Er revidierte diese Tabelle gründlich, als seine Arbeit in den zwanziger Jahren Fortschritte machte. Sein eigener Name erscheint ganz unten in demotischer Schrift in einer Kartusche (in seiner späteren, seriöseren Tabelle ließ er ihn weg). Er ist links vergrößert abgedruckt.

Tableau des Signes Phonétiques

des Écritures hiéroglyphique et Démotique des anciens Égyptiens

Lettres Grecques	Signes Démotiques	Signes hiéroglyphiques
Α		
Β		
Γ		
Δ		
Ε		
Ζ		
Η		
Θ		
Ι		
Κ		
Λ		
Μ		
Ν		
Ξ		
Ο		
Π		
Ρ		
Σ		
Τ		
Υ		
Φ		
Ψ		
Χ		
Ω		
ΤΟ. Τω.		

Litho de Bernard, rue des fossés St Bernard, N° 17.

Ramses II. größtes Denkmal, der riesige Tempel bei Abu Simbel (eingeweiht 1256 v. Chr.), aus einem Sandsteinfelsen gemeißelt.

Der Name Ramses des Großen wird lesbar
Champollions Meinungswandel hatte begonnen, als er im September 1822 Kopien verschiedener Reliefe und Inschriften aus alten ägyptischen Tempeln erhalten hatte. Eine von ihnen, aus dem Tempel bei Abu Simbel in Nubien, enthielt faszinierende Kartuschen. Offenbar enthielten sie denselben Namen in verschiedener Schreibweise. Die einfachste war:

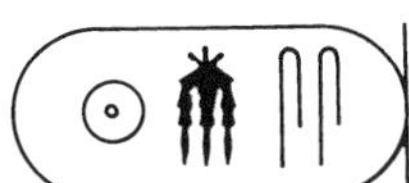

Champollion fragte sich, ob sein neues Alphabet, das von viel älteren griechisch-römischen Inschriften abgeleitet war, auf diese rein ägyptischen Inschriften paßte. Die letzten beiden Zeichen waren ihm vertraut; ihr Lautwert war *s*. Aus seinen Kenntnissen des Koptischen schloß er, daß das erste Zeichen *re* lautete, das ägyptische Wort für «Sonne», die das Zeichen offensichtlich symbolisierte. Gab es einen altägyptischen Herrscher, dessen Namen ähnlich lautete wie *R(e)?ss*? Champollion dachte sofort an Ramses, einen König der 19. Dynastie, der in einer bekannten Geschichte Ägyptens, verfaßt von dem ptolemäischen Historiker Manetho, erwähnt wurde. Wenn das stimmte, mußte das Zeichen den Lautwert *m* haben. Eine zweite Inschrift mit zwei «bekannten» Zeichen ermutigte ihn:

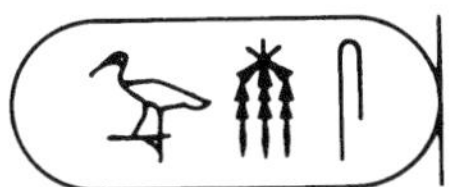

Das erste, ein Ibis, war das Symbol des Gottes Thot. Der Name mußte demnach Thutmosis lauten. Das war ein König der 18. Dynastie, den Manetho ebenfalls erwähnte. Der Rosette-Stein schien den Lautwert des zu bestätigen. Das Zeichen erschien dort, ebenfalls neben , in einer Gruppe von Hieroglyphen mit der griechischen Übersetzung «genethlia», «Geburtstag». Sofort fiel Champollion das koptische Wort «mīse» für «gebären» ein.

Ptolemäus und sein Titel

Was die Schreibweise von «Ramses» betraf, hatte Champollion nur halb recht: 𓄟 ist nicht *m*, sondern der Doppelkonsonant *ms* (wie im koptischen *mīse*). Davon wußte Champollion noch nichts. Noch einige Monate nachdem er «Ramses» und andere Pharaonennamen entziffert hatte, bestritt er, daß das *gesamte* hieroglyphische System phonetische Elemente besitzt. Er hat nicht erklärt, was seine Meinung änderte; aber wahrscheinlich kamen mehrere Faktoren zusammen. Einmal erfuhr er zu seiner Überraschung von einem französischen Sinologen, daß es auch in der chinesischen Schrift mit ihren Tausenden von Zeichen phonetische Elemente gibt, sogar in einheimischen Wörtern. Außerdem verblüffte es ihn, daß von den 1419 Hieroglyphen auf dem Rosette-Stein nur 66 verschiedene waren. Wenn die Hieroglyphen wirklich rein semantische Symbole waren, hätte man viel mehr als 66 verschiedene Zeichen erwarten sollen, da jedes ein anderes Wort repräsentiert hätte – das heißt, es hätte sich um Logogramme gehandelt. Nachdem er akzeptiert hatte, daß die Hieroglyphen eine Mischung aus phonetischen und semantischen Zeichen waren, konnte Champollion die zweite Hälfte der langen Kartusche des Ptolemäus auf dem Philae-Obelisken entziffern:

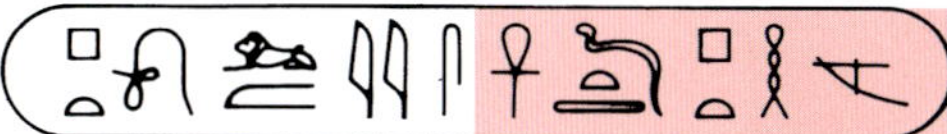

Der griechischen Inschrift zufolge bedeutete der ganze Namensring «Ptolemäus lebt ewig, geliebt von Ptah» (Ptah war der Schöpfergott von Memphis). Das koptische Wort für «leben» war «onkh»; man glaubte, es sei vom altägyptischen Wort «ankh» abgeleitet, dessen Zeichen 𓋹 war (also ein Logogramm). Die folgenden Zeichen 𓆓𓏏 bedeuteten vermutlich «ewig» und enthielten ein *t*; denn das Zeichen 𓏏 hatte, wie man inzwischen wußte, den Lautwert *t*. Mit Hilfe des Griechischen und Koptischen konnte man dem 𓆓 den Lautwert *dj* zuordnen. Das ergab in etwa eine altägyptische Aussprache *djet*, «für immer». (Das andere Zeichen, 𓇾, war stumm. Es ist eine Art klassifizierendes Logogramm, ein sogenanntes Determinativ, das für «Flachland» steht.)

Von den übrigen Zeichen, 𓊪𓏏𓎛𓌻, war das erste als *p* bekannt, das zweite als *t*. Das sind die ersten Laute von «Ptah»; daher konnte man dem dritten Zeichen den ungefähren Lautwert *h* zuordnen. Das vierte – wieder ein Logogramm – mußte somit «geliebt» bedeuten. Für die Aussprache half wieder das Koptische: Das koptische Wort für «Liebe» war «mere», darum gab Champollion dem vierten Zeichen den Lautwert *mer*. Nun wußte er ungefähr, wie die Kartusche ausgesprochen wurde: *Ptolmes ankh djet Ptah mer* («Ptolemäus lebt ewig, von Ptah geliebt»).

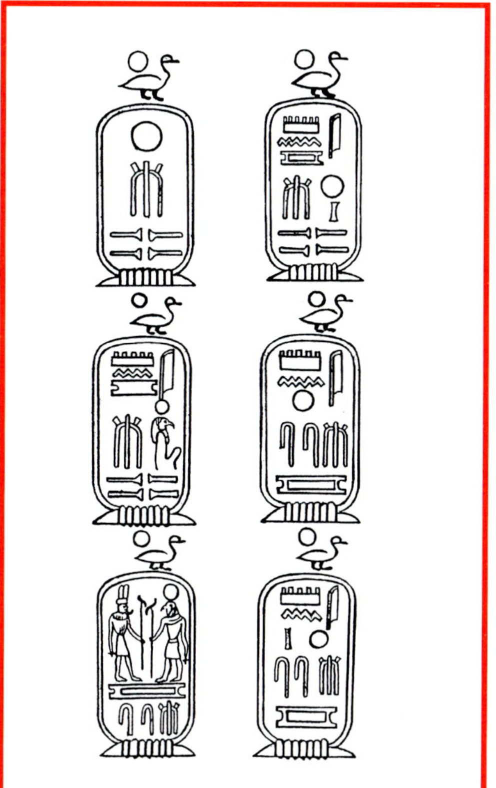

Sechs Kartuschen von Ramses II., gezeichnet von Champollion. Drei von ihnen schreiben den Namen wie im Text beschrieben, die anderen drei haben ein anderes Zeichen für *s*, nämlich 𓊃. Vergleichen Sie damit die Homonyme für *s* im Namensring «Alexander» auf S. 30. Die anderen Zeichen, ebenfalls meist phonetisch, sind Titel.

Das Wesen der ägyptischen Hieroglyphen

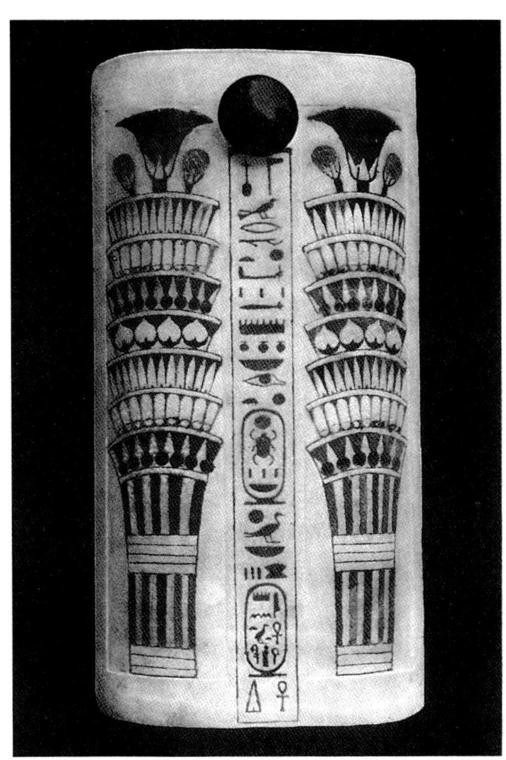

Ganz links: Der Deckel von Tutenchamuns Alabastertruhe, die zwei in Leinen gewickelte Haarlocken enthielt. Die Inschrift lautet: «Der gute Gott groß an Siegen, groß an Denkmälern, Herr des Rituals. Nebkheperure, Sohn der Sonne, Herr der Kronen, Tutenchamun, Herr von Theben, möge leben.»

Links: Miniatursarg aus Gold, der Tutenchamuns Eingeweide enthielt. Die Hieroglyphen lauten: «Worte von Selket zu sprechen: Ich halte meine beiden Arme über dem, der in mir ist, um Kebehsennef, der in mir ist, zu schützen: den Kebehsennef des Osiris, König Nebkheperure, dessen Stimme wahr ist.»

Nun können wir zusammenfassen, was Champollion über die Hieroglyphen herausgefunden hatte. Die Schrift besteht aus semantischen Symbolen (Symbolen, die Ideen und Worte repräsentieren), auch Logogramme genannt, sowie aus phonetischen Zeichen oder Phonogrammen, die einen oder mehrere Laute symbolisieren (alphabetisch oder polykonsonantig). Manche Hieroglyphen sind Bilder von Dingen, z. B. ein Vogel oder eine Schlange; sie sind zwar Piktogramme, aber das Bild gibt nicht unbedingt die Bedeutung des Zeichens wieder. Das Zeichen «Hand» in der Kartusche Kleopatras hat z. B. nichts mit der Hand zu tun – es ist ein Piktogramm mit dem Lautwert *t*. Ein Piktogramm kann also ein Phonogramm oder ein Logogramm sein, je nach Kontext.

Mit anderen Worten: Eine bestimmte Hieroglyphe kann mehr als eine Funktion haben.

Die Kartusche Tutenchamuns rechts – sie bildet den oberen Teil einer eingelegten Schatulle, die man in seinem Grab fand – veranschaulicht diesen Grundsatz. Wir wollen sie von oben nach unten lesen.

Das Schilfrohr ist ein alphabetisches Phonogramm mit dem annähernden Lautwert *i*.

Das Spielbrett mit Steinen ist ein Phonogramm, das für den Doppelkonsonanten *mn* steht.

, «Wasser», ist ein alphabetisches Phonogramm mit dem Lautwert *n*. Als «phonetische Ergänzung» verstärkt es den *n*-Laut in *mn*.

Diese drei Zeichen sind demnach *imn* zu lesen, was oft *imen* oder, häufiger, *amon* oder *amun* gesprochen wird. (Wir werden noch sehen, daß Vokale meist nicht geschrieben wurden.) Amun war der Gott von Luxor, und im Neuen Reich galt er als König der Götter. Darum steht sein Name an erster Stelle.

Der Halbkreis (bekannt aus der Kartusche «Ptolemäus») ist ein alphabetisches Phonogramm mit dem Lautwert *t*. Er erscheint zweimal.

Das Küken ist ein Phonogramm mit dem Lautwert *w*, ein schwacher Konsonant, der dem Vokal *u* ähnelt.

Dies ist das «ankh» mit dem dreifachen Konsonanten, das wir aus der Kartusche von Ptolemäus kennen. Es bedeutet «Leben» und wurde später zum «Crux ansata», dem «Henkelkreuz» der koptischen Kirche.

Diese vier Zeichen lauten also «tutankh».

Der Krummstab ist ein Logogramm für «Herrscher».

Die Säule ist ein Logogramm für Heliopolis, eine Stadt bei Kairo.

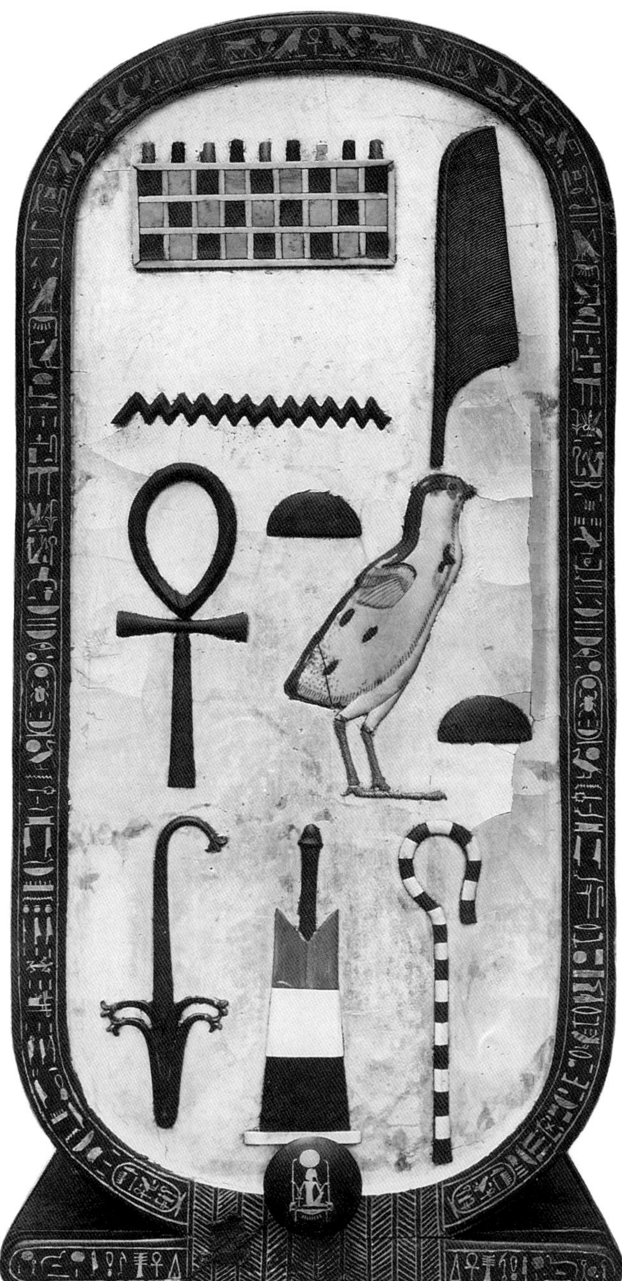

Dies ist die Wappenpflanze Oberägyptens und zugleich dessen Logogramm.

«Heliopolis von Oberägypten» ist ein anderer Name für die Stadt Theben. Die vollständige Kartusche lautet also: «Tutankhamum, Herrscher von Theben».

Kapitel 2 *Laut, Symbol und Schrift*

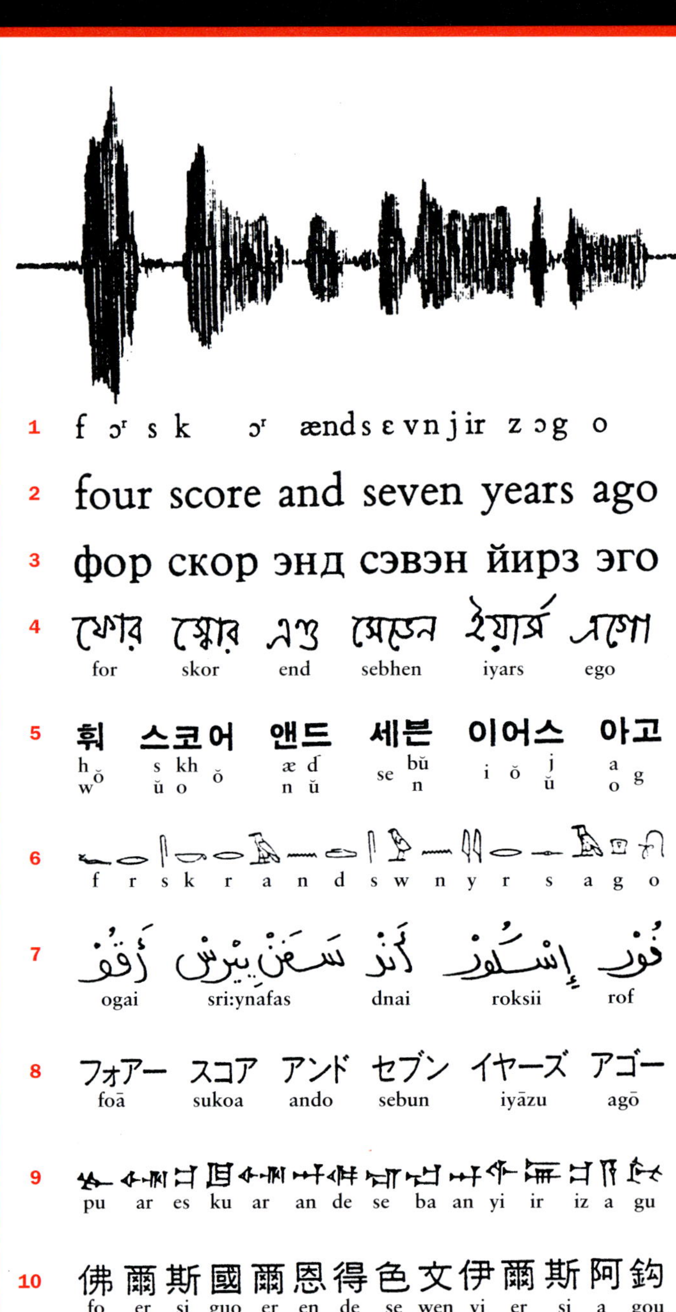

Schriften stellen Laute mit unterschiedlicher Genauigkeit dar. Hier sehen Sie die ersten Worte von Lincolns Rede zu Gettysburg, «four score and seven years ago» (vor 87 Jahren) in zehn verschiedenen Schriften. Ganz oben die Schallwelle des Sprechers (eines chinesisch-amerikanischen Linguisten). Dann folgen 1. die Transkription in das internationale phonetische Alphabet, 2. die englische Schreibweise, 3. die Transkription ins russische Alphabet, 4. die bengalische alphabetische Version mit Transkription, 5. die koreanische Hangul-Version mit Transkription, 6. die Version in ägyptischen Hieroglyphen (ptolemäische Periode) mit Transkription, 7. die arabische konsonantige Version mit Transkription, 8. die japanische silbische Version mit Transkription, 9. die silbische Version in Keilschrift mit Transkription, 10. die chinesische silbische Version mit Pinyin-Transkription. (Nach DeFrancis, 1989)

Sichtbare und unsichtbare Sprache

Worin unterscheidet sich die geschriebene von der gesprochenen Sprache, abgesehen von der selbstverständlichen Tatsache, daß Schrift sichtbar und das Gesprochene unsichtbar ist? Vor allem darin, daß die Schrift aus Symbolen besteht, seien es Buchstaben eines Alphabets, chinesische Zeichen oder Hieroglyphen. Für das Gesprochene gilt das nicht. Natürlich teilen wir die gesprochene Sprache in Konsonanten, Vokale und Silben ein, und Linguisten haben sich viele andere Gruppen von gesprochenen «Atomen und Molekülen» ausgedacht. Doch diese Einteilungen sind immer künstlich und überlappen sich stets ein wenig.

«Sprache ist ein Strom aus Atmung, den das weiche Fleisch des Mundes und Rachens so umlenkt, daß daraus Zischen und Brummen wird», schrieb der Sprachwissenschaftler Steven Pinker. In der normalen Sprache gibt es keine leeren Räume zwischen den Worten, so wie es in den meisten modernen Schriften weiße Stellen zwischen den Wörtern gibt. Wir können uns solche Lücken vorstellen; doch wenn wir dem Sprecher einer Fremdsprache zuhören, wird unsere Illusion entlarvt. Die gesprochene Sprache fließt, ändert andauernd Frequenz, Lautstärke und Tonhöhe. Würden wir ein Tonband, auf dem jemand «Tag» sagt, rückwärts spielen, würden wir nicht «Gat» hören, sondern etwas Unverständliches. Über die Hälfte aller Wörter, die wir in alltäglichen Gesprächen benutzen, können wir nicht verstehen, wenn man sie uns einzeln vorspielt – sie werden zu schnell und unklar artikuliert.

Jede gesprochene Sprache hat ihren eigenen Lautbestand, einer buchstäblich unendlichen Menge möglicher Laute entnommen. Die Schrift gibt einen Teil dieser Fülle wieder und läßt den Leser den Rest erraten. Bei Fremdwörtern ist die Kluft zwischen Laut und Schrift am größten. Jede Schrift stellt diese Wörter anders und verschieden genau dar. Das phonetische Alphabet ist so exakt, daß es selbst den Akzent des Sprechers (z. B. eines Briten oder Franzosen) angibt; doch die schlechte Lesbarkeit macht diesen Vorteil zunichte. Alle Schriften müssen einen Kompromiß schließen zwischen der Genauigkeit des Mundes und der Verständlichkeit.

lə

mɛːtrə fɔnetik

ɔrgan

də l asɔsjaːsjɔ̃ fɔnetik ɛ̃ːtɛrnasjɔnal

vɛ̃tnœvjɛm ane. — ʒɑ̃ːvje-fevrie 1914

Eine Ausgabe des phonetischen Journals *Le Maître Phonétique* aus dem Jahre 1914. 1970 entschied die Zeitschrift sich für die normale Orthographie, weil seine Leser die phonetische Schreibweise zu anstrengend fanden. Das Impressum lautet: «Le Maître Phonétique, organ de l'association phonétique international, vingt-neuvième année – janvier-février 1914».

Zeichensprache

Zeichensprache ist kein «Schreiben in der Luft», es ist auch keine echte Sprache. Dennoch ähnelt es dem Sprechen und Schreiben in wichtigen Punkten. Es gibt drei verbreitete Irrtümer über die gebräuchlichen Zeichensprachen. Erstens sind die weitaus meisten Zeichen *nicht* bildhaft wie die Zeichen beim Schattenspiel («Hase», «Ente» und so weiter sind «manuelle Piktogramme»). Sie sind vielmehr abstrakt wie die Buchstaben eines Alphabets. Zweitens sind sie von der Sprache *nicht* unabhängig. Jedes erfolgreiche System, wie etwa die amerikanische Zeichensprache (ASL), die Sie auf den Fotos (*rechts*) sehen, basiert auf einer gesprochenen Sprache. Wer ASL benutzt, kann sich also nicht mit dem Benutzer einer chinesischen Zeichensprache verständigen. Drittens sind Zeichensprachen *nicht* primitiv. Wer darin geübt ist, kann sich etwa auf dem gleichen Niveau unterhalten wie ein Sprecher, und viele Zeichen sind viel anschaulicher als gesprochene Worte. Insofern gleichen die Zeichen Logogrammen, die mitunter klarer sind als Buchstaben.

Es ist äußerst schwierig, eine Zeichensprache zu verstehen, wenn man sie zum erstenmal sieht – wir sind gründlich auf Sprechen und Schreiben «programmiert» worden. Wir benutzen zum Beispiel bestimmte Endungen, um Vergangenheit, Gegenwart und Zukunft auszudrücken, während die Zeichensprache den Raum benutzt. Gesten in deutlichem Abstand vom Körper beziehen sich auf die Zukunft, Gesten hinter dem Körper auf die Vergangenheit. Außerdem nutzt die Zeichensprache die Hände und das Gesicht. Wie die Fotos zeigen, wird dadurch eine beachtliche Komplexität und Fülle des Ausdrucks erreicht.

«Die Frau vergaß die Handtasche.» Die Zeichenfolge «Frau – vergaß – Handtasche» ist eine Feststellung.

«Hat die Frau die Handtasche vergessen?» Dieselbe Folge, aber mit vorgeschobenem Kopf und hochgezogenen Augenbrauen.

«Die Frau, welche die Tasche vergessen hat.» Hochgezogene Brauen und Oberlippe und nach hinten geneigter Kopf ergeben den Relativsatz.

Amerikanische Zeichensprache

Theorien des Lesens

Die meisten geübten Leser haben schon einmal ein richtig geschriebenes, vertrautes Wort gesehen und dabei gedacht: «Da stimmt was nicht.» Wir greifen zum Wörterbuch, zerlegen das Wort in seine Teile, die Buchstaben, und stellen fest, daß alles in Ordnung ist – dennoch kommt uns das Wort merkwürdig vor.

Das Lesen ist zweifellos ein komplexer Vorgang, ebenso das Lesenlernen. Es gibt keine einfache Theorie dafür. Bild und Laut, Auge und Ohr sind daran beteiligt. Vielleicht stellen wir uns vor, daß die Wörter auf einer Seite uns «unmittelbar» klar werden; doch sobald wir nach der Bedeutung fragen, benötigen wir ein «Selbstgespräch».

Es gibt experimentelle Beweise für die Mitwirkung der Augen und der Ohren. Homonyme wie «Lehre» und «Leere» oder «malen» und «mahlen» verwirren uns überhaupt nicht. Mehr noch: Wir verstehen Sätze wie «Sie glättet das Band» und «Er spielt in der Band», *bevor* wir über die Aussprache von «Band» nachdenken. Bei Versuchen hat sich gezeigt, daß wir ganze Wörter schneller erkennen als einzelne Buchstaben. In der Gruppe E, ESEL, ELES identifizieren wir ESEL am schnellsten. Die «Augentheorie» erklärt auch, warum manche Schnelleser mehr als 500 Worte in der Minute lesen können – dieses Tempo ist viel zu hoch, um jeden Buchstaben «mit dem Ohr» zu lesen. Für die «Ohrentheorie» spricht aber, daß wir beim stummen oder lauten Lesen nur 10-20 Millisekunden brauchen, um einen Buchstaben zu erkennen, was mit der durchschnittlichen Geschwindigkeit beim lauten Lesen (etwa 250 Wörter pro Minute) übereinstimmt. Interessant ist auch, daß wir oft die Lippen bewegen, wenn wir einen schwierigen Text lesen, und zuweilen lesen wir einen Satz laut, offenbar um ihn besser zu verstehen. Zudem haben wir kaum Probleme mit einer Vielzahl von Druck- und Handschriften, was gegen die «Augentheorie» spricht.

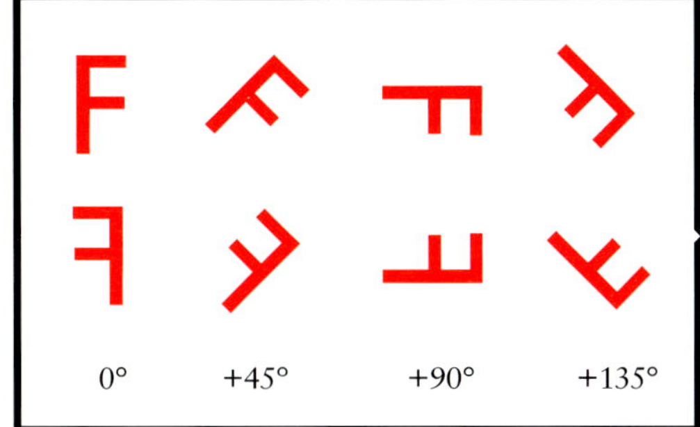

Experimente mit gespiegelten und verdrehten Buchstaben beweisen, daß wir teilweise in Bildern denken. Man zeigt einer Versuchsperson (VP) kurz einen Buchstaben auf einem Bildschirm und fragt sie, ob der Buchstabe normal oder gespiegelt ist. Um den geistigen Vorgang zu erforschen, kann man den Buchstaben um bis zu 180° drehen, so daß die VP ihn im Geist zurückdrehen muß. Es stellt sich heraus, daß die VP für ihre Antwort um so länger braucht, je verdrehter der Buchstabe ist (man schätzt, daß er im Kopf 56mal pro Minute rotiert).

Bilder oder Worte?

Die eigentliche Frage lautet: Denken wir in Worten oder Bildern oder auf andere Weise? Die Bedeutung der Worte belegt ein einfacher Versuch. Schließen Sie die Augen, und stellen Sie sich vor, Sie seien mit dem Auto unterwegs zum Einkaufen. Dabei fallen Ihnen Bilder ein, die im wesentlichen unabhängig von der Sprache sind. Stellen Sie sich nun vor (ohne laut zu sprechen), daß Sie diesen Weg einem Fremden erklären. Sofort fangen Sie an, innerlich zu «sprechen», um dieselbe Szene zu beschreiben, selbst wenn diese Methode nicht die effektivste ist. (Sie können auch eine Karte zeichnen; aber Worte sind immer wichtig.)

Laut und Schreibweise

Wir können nicht nur viele Handschriften lesen, sondern wir verstehen auch viele gesprochene Akzente. Die New Yorker Aussprache des Englischen unterscheidet sich sehr vom Queen's English; doch mit etwas Übung erkennt jeder, der Englisch als Kind gelernt hat, daß zwei verschiedene Laute das gleiche gesprochene «Element» meinen.

Die Phonetik erforscht alle gesprochenen Laute, einerlei, ob sie Bedeutungsträger sind. Die Phonologie untersucht die Ordnung in diesem phonetischen Chaos: Wie finden die Sprecher einer Sprache unter allen möglichen Lauten die «richtigen», so daß sie sich verständigen können? In der Phonetik ist ein Vokal ein Laut, der durch eine geringe Verengung der Stimmwerkzeuge erzeugt wird; ein Konsonant ist ein Laut, der entsteht, wenn wir die Stimmwerkzeuge stärker verengen oder plötzlich schließen. Dagegen ist ein Vokal (V) in der Phonologie eine Einheit, die meist in der Mitte einer Silbe vorkommt, während ein Konsonant (K) in der Regel am Anfang oder Ende einer Silbe steht. Eine Silbe, zum Beispiel «Rad» hat also oft die Struktur KVK.

Das führt uns zum Phonem, das in der Phonologie eine wichtige Rolle spielt. Ein Phonem ist «die kleinste unterscheidende Einheit im Lautsystem einer Sprache». Im Gegensatz zum Buchstaben existiert das Phonem nicht unabhängig von einer bestimmten Sprache; es ist kein echter, sondern ein fiktiver Laut, das bereits erwähnte gesprochene «Element». Darum schreibt man Phoneme zwischen Schrägstriche. Beispiele für Vokalphoneme im Deutschen sind /u/ und /a/ in den Worten «Buch» und «Bach»; konsonantische Phoneme sind beispielsweise /b/ und /r/ in «Bad» und «Rad». Ein Phonem in einer bestimmten Sprache muß in einer anderen Sprache kein Phonem sein. Die englischen Worte «leaf» und «pool» enthalten zum Beispiel dasselbe Phonem /l/, obwohl es verschieden ausgesprochen wird (beachten Sie die Position der Zunge). Im Russischen wären diese Laute zwei völlig verschiedene Phoneme.

Ideal wäre es, wenn die Schreibweise einer Sprache deren Phoneme eindeutig wiedergäbe. Die Wirklichkeit sieht anders aus, vor allem im Englischen, das für einen Laut oft mehrere Schreibweisen besitzt. Ein Beispiel dafür ist der Vokal *o* in so, sow, sew, oh, owe, dough, doe, beau, soak, soul. Es gibt auch Buchstaben, die für viele verschiedene Laute stehen, etwa das *o* in so, to, on, honey, horse, woman, borough. Im Hebräischen und Arabischen werden Vokale dagegen meist nicht geschrieben; der Leser muß sie dem Kontext entsprechend ergänzen. Dtsch knn mn hn vkl shr schlcht lsn.

George Bernard Shaw (1856-1950) war nicht nur ein berühmter Autor, sondern auch ein Kritiker der englischen Rechtschreibung. Er schrieb in Pitman-Kurzschrift. Shaw hinterließ Geld, um die Schaffung eines vernünftigen Alphabets aus mindestens 40 Buchstaben zu unterstützen. Im «Shaw-Alphabet» von Kingsley Read *(unten)* gibt es vier Arten von Buchstaben; hohe, tiefe, kurze und zusammengesetzte. Der Name steht unter dem Buchstaben, sein Laut ist fettgedruckt.

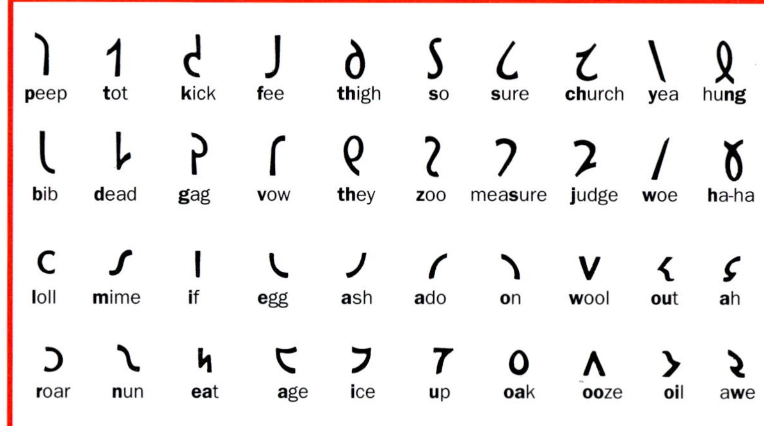

Wie die Schrift Bedeutungen übermittelt

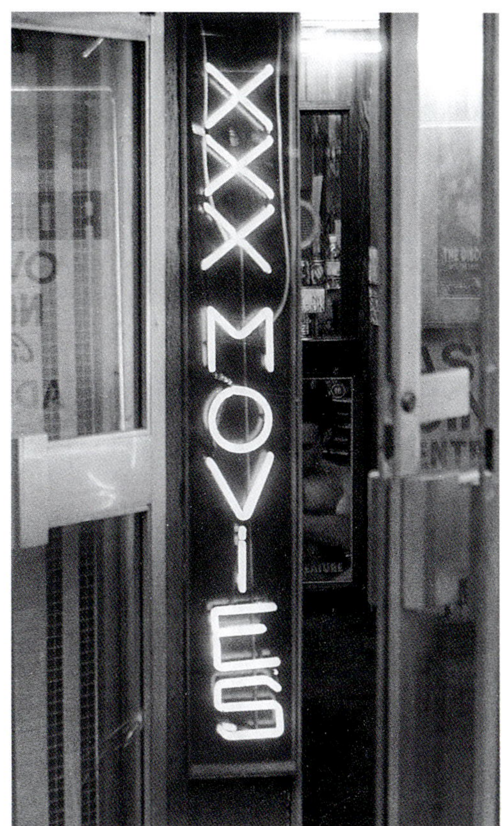

Die Buchstaben unseres Alphabets sind phonetische Symbole, Lautzeichen. In der Regel haben sie nur im Rahmen eines Wortes eine Bedeutung. Aber «a» kann auch ein semantisches Symbol, ein Wortzeichen sein, etwa in «A und O», und man kann es einrahmen, so daß es wie @ aussieht und «in einem Tempo von» bedeutet. «x/X» ist noch vielseitiger. Als phonetisches Symbol kann es im Deutschen für *ks* («Axt»), im Englischen für *s* («xenophobia»), *gz* («exist»), *kris* («Xmas»), *cross* («Xing») und *ten* («X^th^»), im Französischen für *dis* (X^e^ = dixième) stehen. Als semantisches Symbol hat x/X viele Bedeutungen, unter anderem:

- «zehn», im Englischen (ten), Französischen (dix), Chinesischen (shí) usw.
- der drittletzte Buchstabe des lateinischen Alphabets
- etwas Unbekanntes, z. B. in $x^2 + 2x = 3$ oder «Frau X»
- «multipliziert mit», z. B. 3 x 5 = 15
- ein Verbot, z. B. eine durchgestrichene Kamera für «Fotografieren verboten»
- eine falsche Antwort, z. B. in einer Prüfungsarbeit
- «pornographisch»
- «hier befindet sich ein Objekt», z. B. ein vergrabener Schatz
- die «Unterschrift» eines Schreibunkundigen
- eine Stimme auf einem Wahlzettel
- ein Kuß

Es gibt also noch andere Beispiele für Wortzeichen – mehr als man denkt – neben den vertrauten £, $, &, %, !, § und den mathematischen Symbolen.

Selbst höhere Mathematik ist nicht völlig logographisch – man benötigt Worte, um Gleichungen zu verbinden. Wenn man sie auf der Tafel nicht immer sieht, dann deshalb, weil der Mathematiker den Sachverhalt während des Rechnens mündlich erklärt hat, entweder sich selbst oder seinen Zuhörern.

Das elektrische Feld **E** ist auch eine Funktion der Teilchenstruktur. Darum sollte es möglich sein, U als Funktion von **E** auszudrücken. Um das zu prüfen, betrachten wir die Funktion

$$U_t = \tfrac{1}{2}\int \varepsilon_0 E^2 \, d^3\mathbf{R}.$$

Wenn wir $\mathbf{E} = -\nabla\varphi(\mathbf{R})$ schreiben, wobei

$$\phi(\mathbf{R}) = \sum_m \frac{q(m)}{4\pi\varepsilon_0 |\mathbf{R} - \mathbf{r}(m)|} \quad \text{ist}$$

und

$$\nabla^2\phi(\mathbf{R}) = -\frac{1}{\varepsilon_0}\sum_m q(m)\delta(\mathbf{r}(m) - \mathbf{R}),$$

können wir U_T ausdrücken als

$$U_T = \tfrac{1}{2}\varepsilon_0 \int (\nabla\varphi)^2 d^3\mathbf{R} = -\tfrac{1}{2}\varepsilon_0 \int \varphi \nabla^2 \varphi \, d^3\mathbf{R} + \tfrac{1}{2}\varepsilon_0 \int \varphi \, {}^{\partial\varphi}\!/\!_{\partial n} \, dS,$$

woraus wir das Flächenintegral bei unendlich eliminieren können.

Bilderrätsel

«Der Mann liebt Katzen». Es ist leicht, diesen Satz zu «lesen». Man könnte versucht sein, diese Methode weiterzuentwickeln. Aber bald sehen wir schier unüberwindliche Hürden. Es wäre recht einfach zu schreiben: «Der Mann liebt seine Katze» oder sogar «Sarahs Katze» – aber wie steht es mit «Der Mann pflegte Katzen zu lieben» und «Der Mann wird Katzen immer lieben»?

Ein piktographisches System kann viele Gedanken nicht ausdrücken. Wir können es aber auf raffinierte Weise abwandeln: mit dem Rebus (Bilderrätsel). Das Bildsymbol steht nicht für die Idee, die es abbildet, sondern für den Laut, der mit der Idee verbunden ist. Mit dem Rebus können wir auf systematische Weise Laute sichtbar machen und abstrakte Ideen darstellen. Hieroglyphen sind voll von Bilderrätseln. Das Sonnenzeichen ⊙ *R(e)* ist z. B. das erste Symbol des hieroglyphisch geschriebenen Namens «Ramses». Auf einer sumerischen Tafel aus einer frühen Periode finden wir das Wort «entschädigen», das sich schwer bildlich darstellen läßt, symbolisiert durch ein Schilfrohr, das sowohl «entschädigen» wie auch «Schilfas» im Sumerischen *gi* heißt.

Rebus von Giovanbattista Palatino um 1540. Der Vers lautet:

Dove son gli occhi, et la serena forma,
del santo alegro, et amoroso aspetto?
Dove la man eburna ov' el bel petto,
ch'appensarvi hor' in fonte mi transforma?

(Wo sind die Augen, die klare Form
deines gesegneten, glücklichen und liebenden Gesichts?
Die Elfenbeinhand, die schöne Brust,
die mich in einen Brunnen verwandeln, wenn ich an sie denke?)

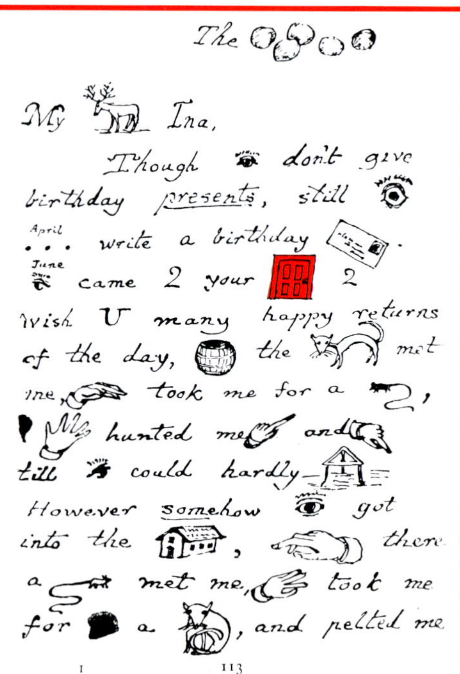

Rebus-Brief von Lewis Caroll, dem Autor von *Alice im Wunderland*, an ein Mädchen. Er wohnte in einem Haus namens «Die Kastanien» (um 1869).

Ganz links: Ein sumerischer Rebus um 3000 v. Chr. Das «Schilfrohr» oben links steht für «entschädigen».

Kurzschrift

Für die englische Sprache gibt es mehr als 400 Kurzschriften. Manche kürzen die übliche Schreibweise ab, andere symbolisieren die Laute, einige setzen die Kenntnis einer Liste von erfundenen Symbolen voraus, und manche kombinieren diese Verfahren.

Die bekannteste Kurzschrift schuf Sir Isaac Pitman im 19. Jahrhundert. Sie ist grundsätzlich phonetisch, so daß man sie ziemlich leicht auf andere Sprachen anwenden kann. Die rund 65 Buchstaben bestehen aus 25 Einzelkonsonanten, 24 Doppelkonsonanten und 16 Vokalen. Die meisten Vokale fallen jedoch weg, oder man symbolisiert sie, indem man ein Wort über, auf oder unter die Linie setzt. Die Zeichen sind eine Mischung aus geraden Linien, Bögen, Punkten und Strichen. Wichtig sind auch Position und Schattierung. Sie beziehen sich auf das Lautsystem. Aufrechte Linien werden z. B. für Explosivlaute wie *p* benutzt, und die Zeichen für Labiallaute (z. B. *f*) sind nach hinten geneigt. Die Breite eines Strichs gibt an, ob ein Laut stimmhaft oder stimmlos ist.

Die Kurzschrift, die Samuel Pepys 1660 bis 1669 für sein berühmtes Tagebuch verwendete, war viel einfacher. Sie wurde um 1620 von Thomas Shelton geschaffen und erinnert ein wenig an die babylonische Keilschrift. Obwohl viele Zeichen nur vereinfachte Buchstaben oder Abkürzungen für Worte waren, gab es fast 300 neue Symbole, vor allem willkürliche Wortzeichen

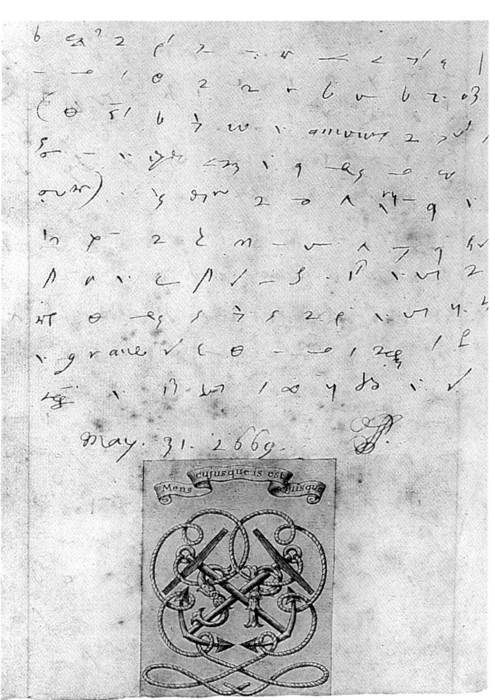

wie 2 für «to», eine größere 2 für «zwei», 5 für «because», 6 für «us». (Mehrere Symbole waren «leer», wohl um der Vertraulichkeit willen). Anfangsvokale wurden symbolisiert, Innenvokale dadurch angezeigt, daß man den folgenden Konsonanten in fünf Positionen auf, unter oder neben den vorangehenden Konsonanten setzte. Endvokale waren ähnlich angeordnete Punkte. Im wesentlichen war das System phonetisch. Trotz ihrer Nachteile war diese Schrift damals beliebt, weil man damit schnell Reden und Predigten schreiben konnte (etwa 100 Worte in der Minute).

Samuel Pepys (1633-1703)

Links: Die letzte Seite des berühmten Tagebuchs von Pepys, das er 1669 aufgab, als er (irrtümlich) glaubte, er werde erblinden und «nicht mehr dazu imstande sein. Ich habe es so lange gemacht, daß ich fast jedesmal, wenn ich einen Federhalter in die Hand nehme, die Augen öffne ... Und darum begebe ich mich auf die Reise, die beinahe so schwer ist wie die ins eigene Grab. Darauf und auf all die Unannehmlichkeiten, die meine Blindheit mit sich bringen wird, möge der gute Gott mich vorbereiten.»

Links: Pitmans Kurzschrift und *(rechts)* Schnellschrift: «Seit der Morgendämmerung der Geschichte strebt der Mensch danach, sich mit seinen Mitmenschen zu verständigen und Erfahrungen aufzuzeichnen, die sonst vergessen würden.»

Die Einteilung der Schriftsysteme

Dieser Baum gliedert Schriften nach ihrem System, nicht nach ihrem Alter. Er zeigt *nicht*, wie eine Schrift aus einer anderen entstanden ist. (Die gestrichelten Pfeile weisen auf mögliche Einflüsse hin.) Es ist umstritten, wie man die Schriften am besten einteilt. Einige Forscher bestreiten zum Beispiel die Existenz von Alphabeten vor dem griechischen Alphabet, weil die phönizische Schrift (wie die moderne arabische) nur Konsonanten enthielt. Die Wurzel des Problems liegt darin, daß es keine «reine» Schrift gibt, d. h. kein System, das die Bedeutung allein durch Silbenzeichen, Buchstaben oder Wortzeichen ausdrückt – denn *alle* voll entwickelten Schriften sind eine Mischung aus phonetischen und semantischen Symbolen.

Dennoch sind Etiketten nützlich, weil sie uns an die vorherrschenden Merkmale einer Schrift erinnern. Die hier gewählten Bezeichnungen, z. B. «logophonemisch», sind notwendigerweise etwas kompliziert; doch ihre Bedeutung wird klarer, wenn wenn wir die jeweiligen Schriften eingehender besprechen.

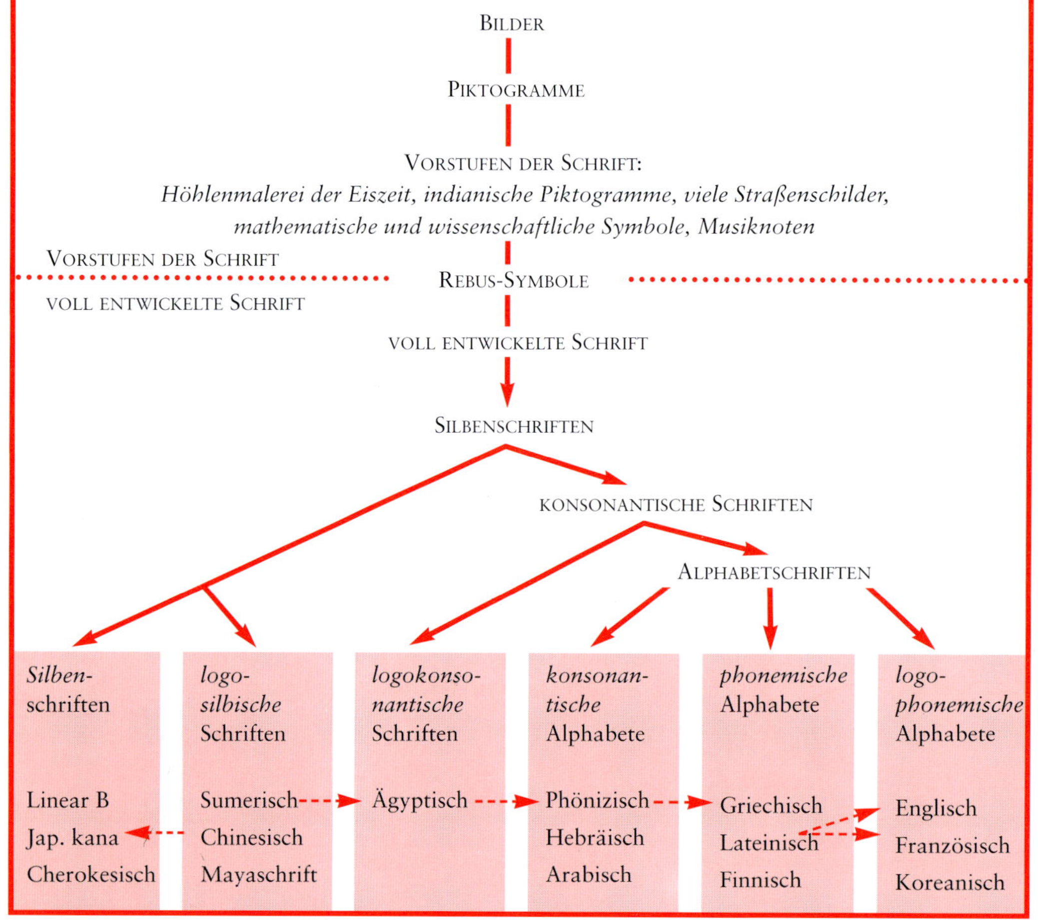

Sprache und Schrift

Da Sprache und Schrift in unserem Geist eng miteinander verbunden sind, vergessen wir, daß man beispielsweise Englisch, Französisch oder Deutsch theoretisch in fast jeder Schrift schreiben könnte. Allerdings müßten wir schwere Nachteile in Kauf nehmen, wenn wir Deutsch in arabischer oder japanischer Schrift schreiben würden, da sie viele deutsche Laute nicht enthalten. Doch im Prinzip kann man jede Schrift an andere Sprachen anpassen.

Das ist immer wieder vorgekommen. In China macht es die Pinyinschrift seit 1958 möglich, Chinesisch mit lateinischen Buchstaben zu schreiben. In Malta wird die maltesische Sprache – als einzige arabische Sprache – lateinisch geschrieben. Und in der Türkei wurde eine arabische Schrift, welche die Ottomanen benutzten, von Kemal Atatürk 1928 offiziell aufgegeben und durch eine lateinische Schrift ersetzt. Die türkische Sprache ist ihrer Struktur nach überhaupt nicht mit dem Arabischen verwandt, trotz arabischer Lehnwörter und der gemeinsamen Religion der Völker. Um türkische Phoneme darstellen zu können, die unter den 26 Buchstaben keine Entsprechung haben, waren mehrere diakritische Zeichen erforderlich, z. B. ğ (weiches /g/y/, ö und ü (wie im Deutschen) oder ş (/sch/).

Solche Entscheidungen haben natürlich politische Hintergründe. 1960 stand der eben unabhängig gewordene Staat Somalia vor der Frage, welche Schrift er für die somalische Sprache wählen sollte. Die Staatsreligion ist der Islam, und Arabisch ist neben Somali die Staatssprache.
Viele Somalis sprechen auch italienisch oder englisch. Ein Regierungsausschuß prüfte 18 Schriften, elf «somalische», vier arabische und drei lateinische. Der führende «somalische» Bewerber war das osmanische Alphabet, benannt nach seinem Erfinder Osman Jusuf. Er verwertete Elemente der italienischen, arabischen und äthiopischen Alphabete. Die Idee, verschiedene Zeichen für Konsonanten und Vokale zu benutzen, und die Richtung der Schrift übernahm er aus dem Italienischen, die Reihenfolge der Buchstaben und die Methode, lange Vokale darzustellen, aus dem Arabischen und die allgemeine Form der Buchstaben aus dem Äthiopischen.

1961 wählte man zwei Alphabete aus; das osmanische und ein lateinisches. 1969 gab es einen Putsch, der unter anderem das Ziel verfolgte, den Streit über die Schrift des Landes zu beenden. 1973 wurde die osmanische Schrift abgeschafft, und eine lateinische Schrift wurde die offizielle Schrift Somalias.

JOE'S TV SERVICE
TISWIJIET fuq kull marka ta' TVs u monitors. Servizz fil-pront u effiċjenti. Ċemplu 434212, 444264.

Maltesisch ist die einzige arabische Sprache, die lateinisch geschrieben wird. Beachten Sie die Doppelbuchstaben und die diakritischen Zeichen auf einigen Konsonanten.

Unten: Das osmanische Alphabet, das Osman Jusuf in diesem Jahrhundert schuf, um Somalisch schreiben zu können. Es wurde 1973 abgeschafft.

Das Prestige einer Schrift

MCMXCV

Oben rechts: Gotische Schrift.

Rechts: Sumerisch-akkadische Bilingue, um 1750 v. Chr. Der sumerische Text links ist rechts ins Akkadische übersetzt. Die kleinen Zeichen unterhalb jeder sumerischen Zeile geben die Aussprache an.

Ganz rechts: Huldigung an die chinesische Schrift. Ein Abdruck einer von Mao Zedong um 1953 verfaßten Gedenkinschrift.

Unten links: Als Darius I. (521-486 v. Chr.) diese Statue (sie zeigt ihn selbst) errichtete, um einen Sieg über die Ägypter zu feiern, schrieb man im persischen Könlgriech die alphabetische aramäische Schrift. Doch die Inschriften auf der Statue sind in Keilschrift und Hieroglyphen verfaßt, die Siegesfeiern vorbehalten waren. Die ersten vier Zeilen (drehen Sie das Foto gegen den Uhrzeigersinn um 90°) sind altpersisch, die nächsten drei elamisch, die im Schatten akkadisch.

Unten rechts: Eine Menschenmenge wartet im April 1918 auf dem Ölberg auf die Jüdische Kommission. Die Arbeit am modernen Hebräisch begann lange vor der Gründung des Staates Israel. Die wiederbelebte alte Schrift einte das Volk.

Die Tradition ist in der Geschichte der Schriften überaus wichtig, oft wichtiger als die Zweckmäßigkeit. Nachdem Alphabete sich weitgehend durchgesetzt hatten, lebten Hieroglyphen und Keilschrift noch Jahrhunderte weiter. Im heutigen Japan kann sich kein Gebildeter eine radikale Veränderung der Schrift vorstellen, die auf chinesischen Zeichen basiert, trotz ihrer entmutigenden Komplexität. Die Tradition ist einer der Gründe dafür. In China und Japan verehrt man die chinesischen Schriftzeichen, wie der Abdruck einer Gedenkinschrift zeigt, die Mao Zedong um 1953 verfaßte.

In Israel entstand nach 1948 eine einzigartige Situation: Eine Umgangssprache wurde aus einer uralten Schriftsprache geschaffen. Vor 1948 wurden die hebräische Sprache und Schrift fast nur in der religiösen Literatur verwendet. Nach der Gründung des Staates Israel wurde Hebräisch zur Staatssprache – obwohl die hebräische Schrift keine Vokalzeichen besitzt und daher schwer zu lesen ist. Es ist beinahe so, als würde man das gesprochene Latein wiederbeleben und im Alltag benutzen, anstatt es religiösen Zwecken vorzubehalten. Das *geschriebene* Latein wird teilweise immer noch gebraucht. Vor allem die römischen Zahlen sind auf Münzen, Zifferblättern und Inschriften, auf Titelblättern wissenschaftlicher Zeitschriften und sogar auf dem Vorspann der BBC-Fernsehprogramme zu sehen. Es wäre völlig unakzeptabel, «Ludwig 16.» oder «Elisabeth 2.» zu schreiben, und Big Ben ist mit ordinären arabischen Zahlen nicht vorstellbar. Das gleiche gilt, in geringerem Ausmaß, für die gotische Schrift, die 500 Jahre lang – bis zur Renaissance – die Handschrift des europäischen Christentums war. Sie wurde von der lateinischen Schrift abgelöst, die unter Humanisten als brauchbarer galt – außer in Deutschland, wo die gotische Schrift sich bis 1940 hielt, ehe

Frankfurter

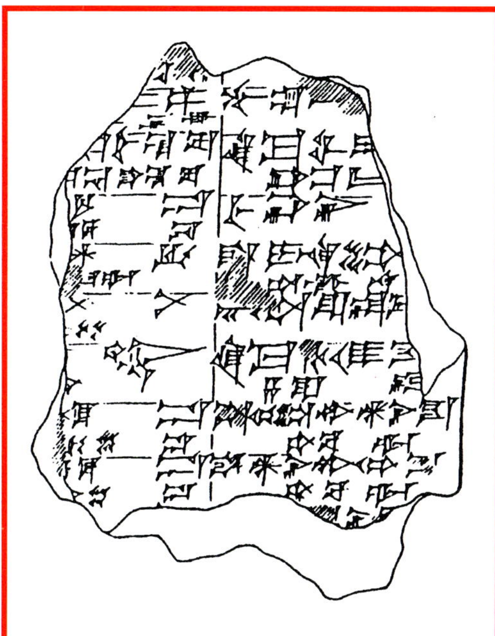

Hitler sie wegen ihrer «jüdischen Herkunft» abschaffte.

Eine Schrift verändert sich meist viel langsamer als die gesprochene Sprache. Im Westen zollen wir immer noch der lateinischen Schrift Tribut; Juden verwenden die uralte hebräische Schrift, Japaner die chinesischen Zeichen. In Indien benutzen Millionen die Devanagari-Schrift, die «Schrift der Stadt der Götter», die sich aus der ersten Sanskritschrift entwickelte. Dieser Traditionalismus reicht bis zu den Anfängen der Schrift zurück.
Vor 2500 Jahren ließ Darius, der Perserkönig, Statuen mit akkadischer Keilschrift aufstellen, weil Akkadisch die Sprache der alten Herrscher war. Tausend Jahre vorher fertigten babylonische Schreiber zweisprachige Tafeln an, damit Schüler Sumerisch in Keilschrift schreiben lernten. Das waren tönerne Äquivalente der lateinischen Wörterbücher, die Generationen von Schülern im Westen benutzten.

Die graphische Dimension

Alle Schriften besitzen sowohl phonetische wie auch semantische Zeichen, und die Form der Zeichen ist ebenfalls von Bedeutung. Wer ein Alphabet benutzt, kümmert sich weniger um den graphischen Aspekt, weil die einzelnen Buchstaben keine eigene Bedeutung haben. Allerdings vermitteln die verschiedenen Schriftarten (lateinisch, kursiv, gotisch usw.) verschiedene Botschaften. Dagegen neigen die Chinesen dazu, ihren Zeichen zu große Beachtung zu schenken, weil jedes Zeichen – anders als der Buchstabe eines Alphabets – eine Bedeutung hat und sie mitunter sogar abzubilden scheint. Chinesen behaupten gerne, daß die Schriftzeichen ohne Vermittlung durch Laute «direkt den Geist ansprechen».

Das stimmt zwar nicht; aber chinesische Schriftzeichen und Hieroglyphen haben zweifellos eine zusätzliche Bedeutungsdimension. Beide Schriften scheinen ein Eigenleben zu entwickeln, wenn sie sorgfältig ausgeführt sind. Das riesige Zeichen auf der nächsten Seite bedeutet «Buddha». Heute fänden Christen es äußerst ungewöhnlich, vor Buchstaben zu beten; aber unsere Buchstaben haben eben nicht die Symbolkraft und die Vitalität der chinesischen Zeichen, selbst wenn ein Mönch im Mittelalter sie wunderschön illustrierte.

女 Frau	
子 Kind	
田 Reisfeld	
力 Kraft	
男 Mann	

Fünf gebräuchliche chinesische Schriftzeichen und ihre Gedächtnisstützen. Das Zeichen für «Mann» symbolisiert «Kraft im Reisfeld». Bis vor kurzem war der Reisanbau die Hauptbeschäftigung der chinesischen Männer. *Unten links:* Heute arbeiten auch Frauen auf dem Reisfeld.

Nur sehr wenige Zeichen sind sofort erkennbar. Dennoch meinen viele Ausländer, daß die Zeichen zu ihrer Bedeutung passen – nachdem man ihnen gesagt hat, was sie bedeuten! Man kann Gedächtnisstützen benutzen, um die Zeichen und ihre Bedeutung leichter zu erlernen. Es wäre aber ein Irrtum zu glauben, diese Eselsbrücken könnten die Entwicklung eines Zeichens erklären. Einige chinesische Schriftzeichen waren ursprünglich Bildzeichen, z. B. «Frau» und «Reisfeld»; aber für die meisten anderen gilt das nicht.

Auf einem Felsblock in Xiamen (Amoi) ist das Zeichen «fo», «Buddha», eingekerbt. Dies ist einer der wichtigsten buddhistischen Schreine in Südchina. Das Zeichen wurde 1905 eingemeißelt.

佛

Prähistorisches Felsrelief im italienischen Camonica-Tal.

Altes chinesisches Bildzeichen für «oben» oder «Himmel».

Zeichnung eines Schamanen in Tungus, Mandschurei.

Modernes Symbol, das z. B. «Mann», «stehenbleiben» oder «WC für Männer» bedeuten kann.

Piktographie

Der Gedanke, daß viele Schriftzeichen ursprünglich Bilder waren, liegt nahe, und unter Wissenschaftlern besteht darüber Einigkeit. Was könnte leichter «lesbar» sein als das Piktogramm eines Menschen, einer Schlange, eines Baumes? In Wirklichkeit sind Bildzeichen nicht so simpel, wie es scheint. Versuchen Sie einmal, die Bedeutung dieser zwölf alten chinesischen (1200-1045 v. Chr.) und sumerischen (um 3000 v. Chr.) Piktogramme zu erraten, ehe Sie weiterlesen.

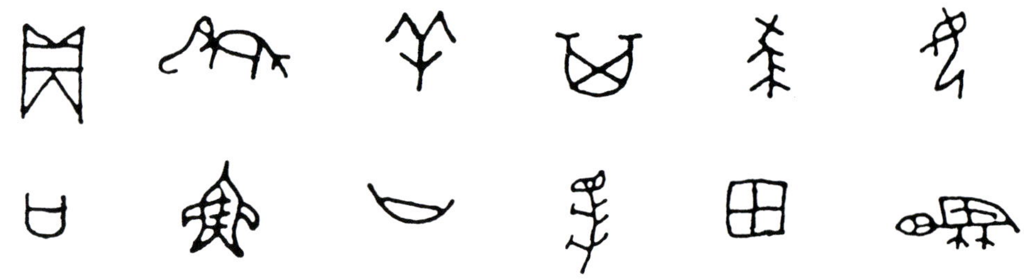

Dreifuß	**Elefant**	**Schaf/Widder**	**Korb**	**Fell**	**Frau**
Öffnung/Mund	**Fisch**	**Mond/Monat**	**Pferd**	**Feld**	**Schildkröte**

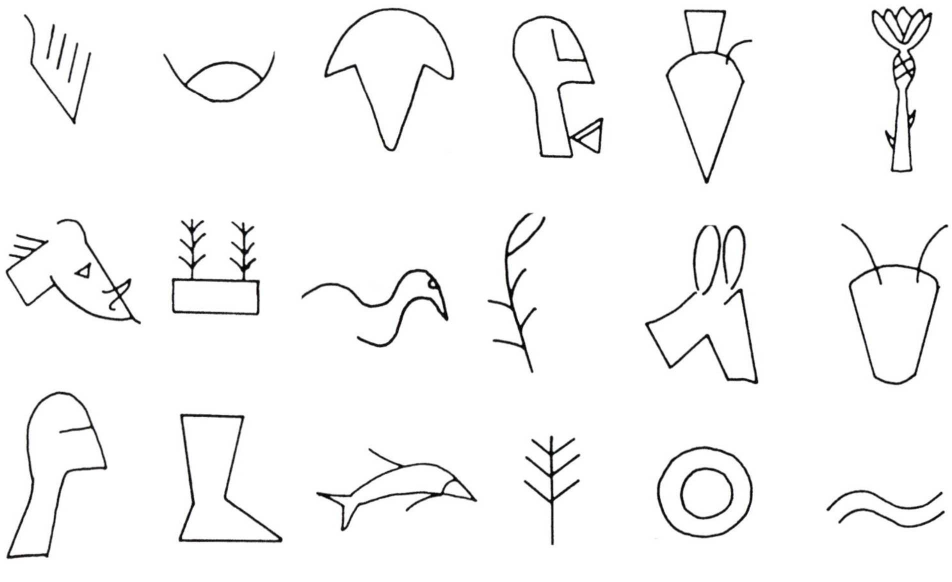

Hand	**Tag**	**Kuh**	**essen**	**Topf**	**Dattelpalme**
Schwein	**Obstgarten**	**Vogel**	**Schilf**	**Esel**	**Ochse**
Kopf	**gehen/stehen**	**Fisch**	**Gerste**	**Brunnen**	**Wasser**

M. C. Escher, *Metamorphosis III*, 1967-1968.

Es gibt zwei große praktische Probleme mit der Piktographie. Erstens: Wann wird ein Symbol zum Piktogramm? Oder umgekehrt: Wie abstrakt darf ein Bildzeichen sein? Der Künstler M. C. Escher veranschaulichte diese Frage in faszinierenden Kunstwerken, von denen eines hier abgebildet ist. Die schwarzen Formen in der Mitte sind eindeutig Dreiecke, und rechts sehen wir zweifellos Piktogramme von Vögeln. Doch was befindet sich in der Mitte?

Zweitens: Wie stellen wir fest, was ein Bildzeichen bedeutet? Ein stehendes Strichmännchen könnte beispielsweise ein Individuum oder alle Männer meinen; es könnte «stehenbleiben», «warten», «allein», «einsam» oder «Männer-WC» symbolisieren. Das sumerische Symbol für «Gerste» könnte auch für jedes andere Getreide oder sogar für andere Pflanzen stehen. Wir befinden uns in einer ähnlichen Situation wie ein Kind, das sprechen lernt. Es weiß, daß das Haustier «Hund» heißt, und darum überträgt es diesen Namen vielleicht auf andere Tiere, zum Beispiel Katzen, oder es wendet ihn ausschließlich auf den Hund des Hauses an.

Zeichen einer Kultur

Piktogramme werfen auch kulturelle Probleme auf. Es gibt Dutzende von verschiedenen Stuhltypen, etwa Barhocker, Sessel und Schaukelstühle mit Schalensitz. Unter den Korbstühlen in einem afrikanischen Dorf finden wir wahrscheinlich nichts dergleichen. Die Kuh wird im Westen mit Milch und Fleisch assoziiert; in Indien hat sie einen Höcker, ist den Hindus heilig und darf von ihnen nicht geschlachtet werden. Bildzeichen von Stühlen und Kühen unterscheiden sich also von Kultur zu Kultur, was Form und Bedeutung anbelangt.

Piktogramme der modernen Technik sind von solchen Zweideutigkeiten ziemlich frei. Stellen Sie sich vor, man müßte dieselben Informationen in Worte fassen! Schaltkreisdiagramme können allerdings nur ganz spezifische Informationen übermitteln.

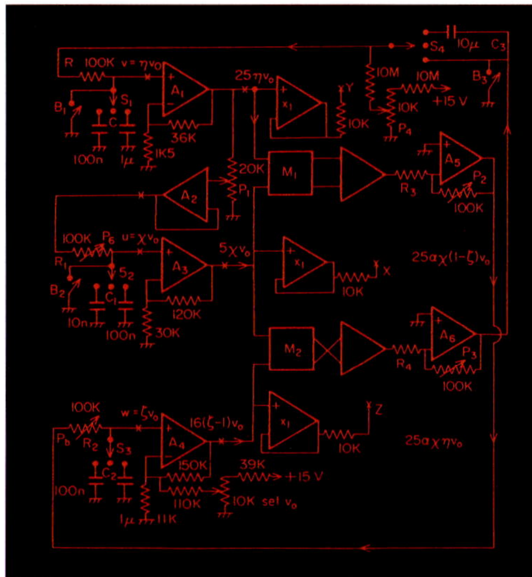

Diagramme von elektronischen Schaltkreisen sind nützliche Piktogramme.

Kapitel 3 Vorstufen der Schrift

Eiszeitgraffiti: Kunst oder Schrift?

Symbole der Eiszeit

Links: Ein Bison mit Zeichen in Marsoulas, Südfrankreich.

Unten: Pferderelief mit «P»-Zeichen in Les Trois Frères, Südfrankreich.

Der Handabdruck und die roten Tupfen auf den nebenstehend abgebildeten Felsen sind vielleicht 20.000 Jahre alt. Sie wurden in einer Höhle bei Pech Merle in Lot, Südfrankreich, geschaffen. Was bedeutet dieses lebhafte Eiszeitgraffiti? «Ich war hier mit meinen Tieren»? Oder ist die Symbolik tiefer? Niemand weiß es. In den letzten hundert Jahren hat man an Höhlenwänden in Südfrankreich viele Beispiele für Eiszeitmalereien gefunden, und einige von ihnen tragen unverständliche Zeichen. Bei Lorthet gibt es einen eingemeißelten Hirschkopf im Profil mit zwei Rauten, bei Marsoulas einen gemalten Bison mit Zeichen (*oben*).

Sind das Schriftzeichen? Wenn wir damit meinen: Handelt es sich um Teile eines Systems graphischer Symbole, die alle Gedanken ausdrücken können?, dann lautet die Anwort nein. Wir sind nicht so naiv anzunehmen, daß die Menschen der Eiszeit eine Schrift erfunden haben, vielleicht sogar ein Alphabet, das später verlorenging. Wir wissen nicht einmal sicher, ob die Höhlenmaler richtig sprechen konnten (wie die meisten Wissenschaftler vermuten). Aber es ist auch schwer zu glauben, daß Künstler mit einer solchen Vitalität und Ausdruckskraft unfähig zu einer *begrenzten* schriftlichen Kommunikation waren. Nennen wir also die Zeichen der Eiszeit und ähnliche Symbole «Vorstufen der Schrift». Es gibt unendlich viele Beispiele aus allen Zeitaltern dafür, einschließlich unserer Zeit (z. B. Schaltkreis-Diagramme und Verkehrszeichen). Eine voll entwickelte Schrift gab es erst um 300 v. Chr. in Sumer; doch «Vorstufen» wird es immer geben.

Kerbhölzer und Knotenschriften

Wie Herodot berichtet, ließ der persische König Darius während eines Feldzugs gegen die Skythen eine Gruppe verbündeter Griechen eine Brücke bewachen. Bevor er weiterzog, gab er ihnen eine Schnur mit 60 Knoten und wies sie an, jeden Tag einen davon zu lösen. «Wenn alle Knoten gelöst sind und ich noch nicht zurückgekommen bin», sagte er, «könnt ihr nach Hause segeln».

Das ist eines der ältesten Beispiele für eine Knotenschrift. Auf eiszeitlichen Knochen hat man Zeichen gefunden, die fein säuberlich in Reihen eingekerbt waren. Mikroskopische Untersuchungen lassen vermuten, daß die Kerben nach und nach mit verschiedenen Werkzeugen geschnitten wurden. Eine plausible Erklärung lautet: Die Menschen der Eiszeit notierten sich die Mondphasen und schufen so nützliche Kalender.

Man könnte nun annehmen, daß solche

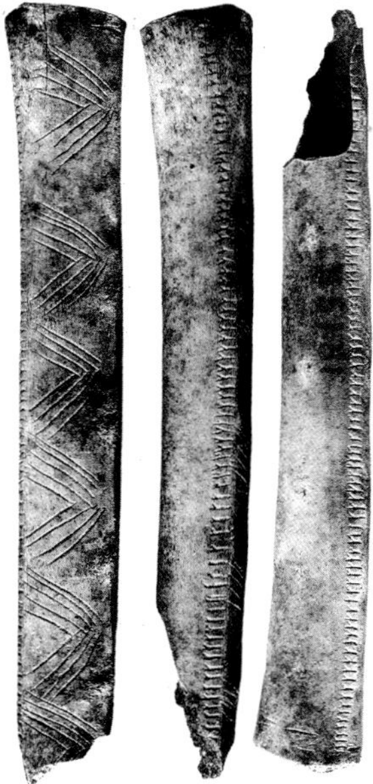

Gegenstandsschriften aussterben, wenn echte Schriften sich durchsetzen. Aber Kerben und Knoten können die Schrift ergänzen. Ein Knoten im Taschentuch erinnert einen Schreibunkundigen an eine Verpflichtung; aber er kann auch einen Gebildeten daran erinnern, daß er etwas nachschlagen wollte. Die Geschichte des britischen Finanzministeriums ist untrennbar mit Kerbhölzern verbunden. Von etwa 1100 bis 1834 benutzte der Schatzkanzler diese Hölzer, um über Einkünfte Buch zu führen; er fügte aber den Kerben Erläuterungen hinzu.

Links: Zollbeamte treiben den Weinzoll ein. Einer hält eine Geldbörse, der andere ein Paar Kerbstöcke und ein Kerbmesser. Fenster aus dem 15. Jh. in der Kathedrale zu Tournai, Belgien.

Unten links: Gekerbte Adlerknochen aus Le Placard in Charente (Westfrankreich), um 13.500 v. Chr. Die Kerben sind vielleicht ein Mondkalender.

Unten: Kerbstock des britischen Schatzkanzlers mit Erläuterungen. Solche Kerbhölzer wurden bis 1834 akzeptiert. Je größer der Betrag, desto mehr Holz wurde entfernt. Eine gerade Kerbe mit der Breite einer Männerhand (vier Zoll) entsprach 1000 £. Eine Kerbe für 1 £ war klein wie ein Gerstenkorn. Ein Penny war nur ein gerader Einschnitt, ein halber Penny ein gestanztes Loch. Auch Analphabeten kannten dieses System.

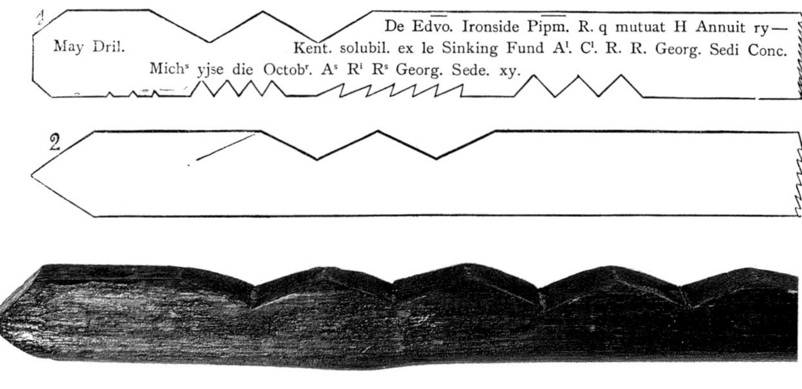

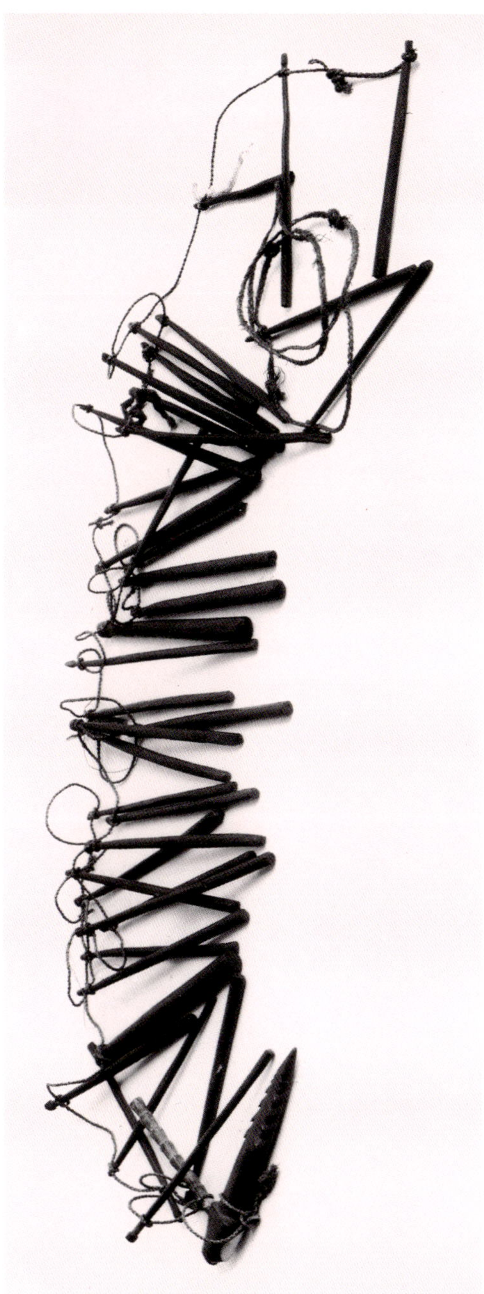

Links: Ein Inkabeamter mit einem Quipu (um 1613).

Ganz links: Knotenschnur («Kupe») von den Torres-Straßen-Inseln.

Unten: Quipu aus Peru. Es gab viele Arten von Knoten, und jede symbolisierte einen Wert im Dezimalsystem. Ein fehlender Knoten bedeutete «null». Eine Schnur mit 2 einfachen Knoten über einer Gruppe von vier einfachen Knoten, die einen langen, fünffachen Knoten krönten, bedeutete z. B. «245». Wichtig war auch die Position des Knotens auf der Schnur. Man benutzte auch «Summenschnüre», um mehrere Knotenschnüre zu addieren.

Inka-Quipus

Die Inkas (im Gegensatz zu den Mayas und Atzteken) sind ein berühmtes Beispiel dafür, daß selbst ein großes Reich ohne Schrift auskommt. Sie benutzten statt dessen Knotenschnüre, *Quipus* genannt, um über den Handel im Reich Buch zu führen. Das waren die einzigen Hilfsmittel der Behörden. Die «Quipucamayocs» (Knotenbewahrer) knüpften und deuteten die Knoten in jeder Stadt. Das System war zuverlässig, und es wurde noch einige Zeit nach der Ankunft der spanischen Eroberer im 16. Jahrhundert beibehalten.

Piktogramme der Indianer

Der bekannteste Prototyp einer Schrift ist wohl die Piktographie der Indianer. Die Bildzeichen sind meist recht einfache Markierungen und Symbole, die auf Mauern oder Felsen gemalt oder eingemeißelt wurden. Den häufigsten Typ nennt man Petroglyphen. Manche Piktogramme sind allerdings komplizierter.

Die oben abgebildeten Bildzeichen «schrieb» der Häuptling der Oglala-Sioux 1883 auf Geheiß eines Beauftragten für Indianerfragen der Regierung.

Es ist eine Liste von Kriegern, (das zeigen die roten Streifen auf den Gesichtern), deren Namen über den Köpfen stehen: Der-Bär-verschont-ihn, Eiserner Falke (blau symbolisiert Eisen), Rothörniger Stier, Angreifender Falke, Federträger und Rote Krähe.

Es gibt einige wenige Beipiele für «piktographische Briefe» von Indianern. Es handelt sich nicht um echte Briefe, sondern eher um geheime Botschaften, die nur Kundige verstehen.

Links: Dieser Brief stammt von einem Cheyenne namens «Schildkröte, der seiner Frau folgt». Adressat war sein Sohn «Kleiner Mann». Er sendet seinem Sohn 53 Dollar (53 kleine Kreise) und bittet ihn, wieder nach Hause zu kommen. Der Vater schickte den Brief mit der Post, gab aber das Geld einem Regierungsbeamten, dem er auch die Bedeutung des Briefes erklärte. Der Beamte schickte das Geld einem Kollegen, der es dem Kleinen Mann überbrachte. Vater und Sohn hatten diese Art des Schriftwechsels wohl abgesprochen.

Ein sibirischer Liebesbrief

Ein weiteres bekanntes Beispiel für Piktographie ist der «jukagirische Liebesbrief». Eine Frau, die dem kleinen und isolierten Volk der Jukagiren im Nordosten Sibiriens angehörte, «schrieb» ihn 1892, und ein russischer Anthropologe, der in Sibirien in der Verbannung gelebt hatte, veröffentlichte ihn 1895 im Exil.

Ein kurzer Blick verrät, daß wir diesen «Brief» nicht ohne Erläuterungen verstehen. Die wie Nadelbäume aussehenden Formen sind Menschen. c ist die Schreiberin, b der Empfänger, der einst der Geliebte des Mädchens war, nun aber a, eine Russin, geheiratet hat und mit ihr in einem anderen Dorf lebt. Dadurch wurde die Beziehung zwischen den beiden zerstört: die Linie x, die am Kopf der Russin entspringt, durchtrennt die b und c verbindende Linie. Aber die Ehe zwischen a und b ist stürmisch (zwei gekreuzte Linienbündel zwischen a und b), und die Schreiberin ist in ihrem Haus einsam und unglücklich (gekreuzte linien in ihrem Haus, dem rechteckigen Rahmen), und sie ist in Gedanken immer noch beim Geliebten (Fadengekräusel von c nach b).

Das Mädchen teilt aber auch mit, daß ein junger Mann im Dorf (d) sich für sie interessiert (Gekräusel von d nach c). Wenn der Empfänger auf die Botschaft reagieren will, muß er handeln, solange sein neuer Hausstand noch unvollständig ist (unvollständiger Rahmen) und er keine Kinder hat (die zwei Formen ganz links).

Dieses charmante Kunstwerk hat viele Wissenschaftler veranlaßt, es als echten Brief anzuerkennen, als Beispiel für eine piktographische Kommunikation ohne Sprache. Das ist jedoch ein Irrtum. Vor kurzem ergab eine sorgfältige Untersuchung an Ort und Stelle, daß solche «Briefe» in Wirklichkeit eine Art Partyspiel waren. Mädchen, die Liebeskummer hatten, schnitten sie in Birkenrinde, während andere Jugendliche sie umringten, mit ihnen plauderten und scherzten und die Bedeutung der Zeichen zu erraten versuchten. Das war um so leichter, als jeder jeden kannte. Der «Brief» war nie zum Absenden bestimmt; sein Inhalt wurde dem Adressaten vielmehr mündlich übermittelt, entweder von dem Mädchen oder von anderen.

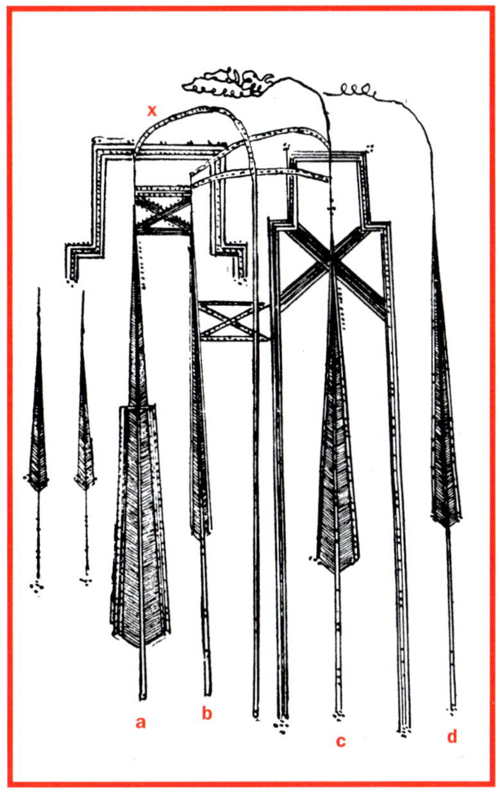

«Marken» aus Ton

Bei Ausgrabungen im Nahen Osten wurden neben Tontafeln auch zahlreiche kleine, unbeschriftete tönerne Objekte gefunden. Aus der Fundstelle war zu schließen, daß diese münzenähnlichen Gegenstände aus einer Zeit zwischen 8000 und 1500 v. Chr. stammten; allerdings wird ihre Zahl nach 3000 geringer. Die ältesten Objekte sind schmucklos und geometrisch geformt – Kugeln, Scheiben, Kegel und so weiter -, die jüngeren sind oft gekerbt und komplexer geformt.

Niemand weiß genau, welchem Zweck sie dienten. Wahrscheinlich waren es Zählsteine, mit denen man Buch führte. Verschiedene Formen können verschiedene Mengen bedeuten (z. B. Schafe oder Getreidebündel). Eine bestimmte Form könnte zehn oder hundert Tiere bedeuten. Auf diese Weise käme man auch mit großen Zahlen problemlos zurecht. Das würde auch erklären, warum die Objekte mit der Zeit immer komplexer wurden – ebenso wie die Handelsbeziehungen.

Wissenschaftler nehmen an, daß diese «Marken» Ideen und Mengen symbolisierten, und manche halten sie für eine embryonale Schrift. Dazu paßt die Tatsache, daß die Zahl der Marken abnahm, je weiter die Schrift auf Tontafeln sich im 3. Jahrtausend verbreitete. Diese Theorie ist aber nicht allgemein anerkannt, und wir werden gleich sehen, warum.

Fundstellen von «Tonmarken». Man entdeckte sie in Palästina, Anatolien, im Irak und Iran, nicht aber in Ägypten. In Babylonien waren sie besonders häufig. Eine solche Karte zu zeichnen ist deshalb schwierig, weil viele Forscher diese Objekte wegwarfen und weil schwer zu entscheiden ist, ob ein kleiner Gegenstand aus Ton eine Zählmarke ist oder nicht. (Nach Schmandt-Besserat)

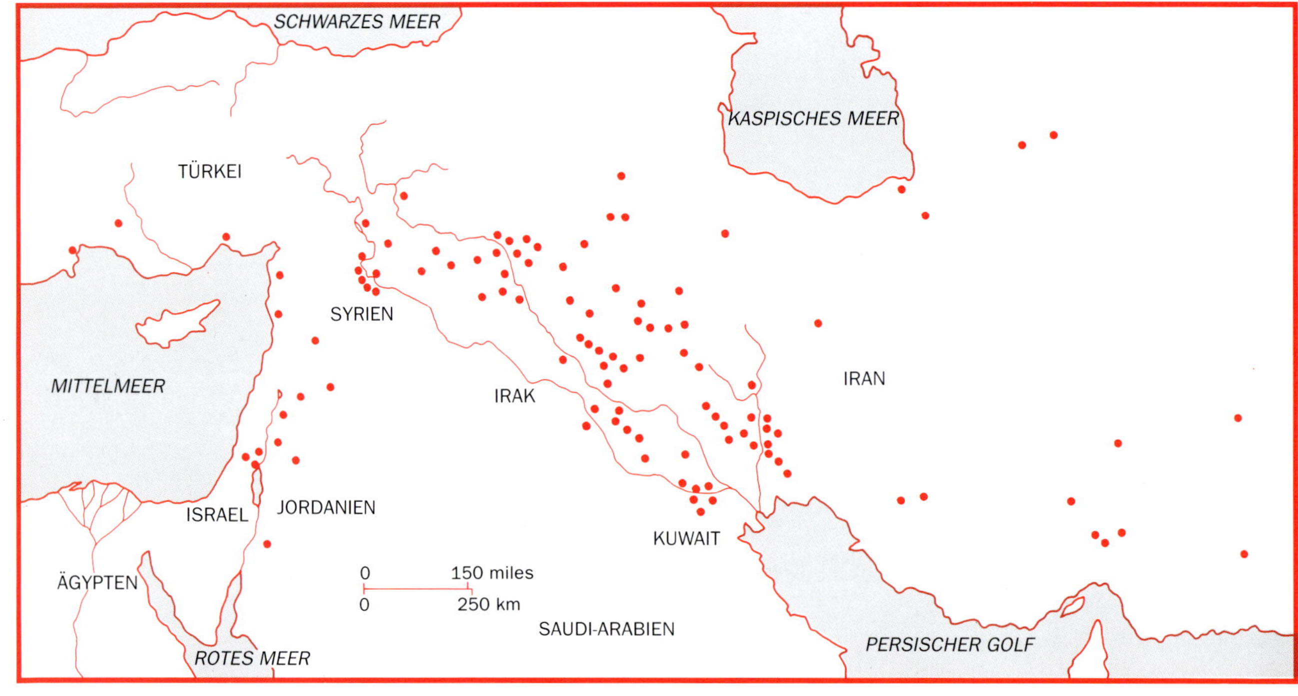

Oben: Einfache und komplexe «Münzmarken» aus einer Zeit zwischen 8000 v. Chr. und der Erfindung der Schrift. Die Marke mit dem Kreuz diente vermutlich dazu, Schafe zu zählen.

Links: Sir Leonard Wooley in den zwanziger Jahren bei Ausgrabungen in der alten sumerischen Stadt Ur. Er und andere Forscher warfen die meisten Zählmarken als wertlos weg.

Tönerne Briefumschläge

Die interessantesten Tonmarken steckten in einem «Umschlag» aus Ton. Er sieht meist aus wie ein Ball und wird «Bulla» genannt; die Außenfläche ist versiegelt und mit Kerben versehen, die zuweilen mit dem Inhalt übereinstimmen. Es sind etwa 80 Bullae bekannt, die intakte Marken enthalten. Wenn man sie schüttelt, rasseln sie, und Röntgenaufnahmen verraten, daß sie Marken enthalten. Einige Bullae hat man geöffnet, andere wurden bei der Grabung zerbrochen, und der Inhalt ging verloren. Trotz der wenigen Anhaltspunkte können wir aber einige Schlüsse ziehen.

Eine Bulla sollte höchstwahrscheinlich die Korrektheit und Authentizität der in ihr enthaltenen Marke garantieren. Wenn Marken an einer Schnur oder in einem Beutel aufbewahrt wurden, konnte man sie manipulieren; wenn sie versiegelt waren, war das Risiko viel geringer. Eine versiegelte Bulla könnte zum Beispiel einen «Lieferschein» enthalten haben. Bei einem Streit öffnete man die Bulla und prüfte die Ware anhand der Marke.

Wenn man den Ton außen kennzeichnete, brauchte man die Bulla nicht zu zerbrechen, wenn diese Methode auch nicht so sicher war. Doch die Belege dafür sind zweideutig. Die äußeren Zeichen sollten eigentlich mit dem Inhalt – den Marken – übereinstimmen. Mitunter ist das der Fall – aber nicht immer. Außerdem müßten die äußeren und inneren Zeichen die gleiche Form haben; doch dies trifft ebenfalls nicht immer zu.

Viele Wissenschaftler (angeführt von Denise Schmandt-Besserat) sind der Meinung, daß die Zeichen auf der Bulla der erste Schritt zu komplexer beschrifteten Tontafeln, also eine Vorstufe der Schrift, waren. Das klingt zwar vernünftig, dürfte aber zu kompliziert sein. Warum sollten Zeichen auf einer Tontafel fortschrittlicher sein als Kerben auf einer Tonkugel oder als eine Tonmarke? Das Modellieren einer mit Zeichen versehenen Marke ist im Grunde anspruchsvoller als das Kratzen von Zeichen auf eine Tafel. Das gleiche gilt für die Erfindung der Münzen, die Kerbhölzer ablösten. Zudem gab es Marken und Bullae noch lange nach der Einführung der Keilschrift um 3000 v. Chr. Wahrscheinlich waren sie keine Schrift, sondern sie ergänzten die Schrift ähnlich wie Kerbhölzer. Mit anderen Worten: Sie sind keine Vorstufen der Schrift, sondern begleiteten ihre Entwicklung.

Unten: Bulla mit sechs Marken und sechs entsprechenden Kerben auf der Oberfläche.

Links: **Bulla mit sieben Marken und vier Vertiefungen auf der Oberfläche (vermutlich mit Marken eingedrückt).**
Unten links: **Einzigartige Bulla aus Nuzi mit Keilschriftzeichen, um 1500 v. Chr. Sie beschreibt 49 Marken, die nach der Ausgrabung intakt waren, dann aber verlorengingen.**
Unten rechts: **Versiegelte Bulla im Röntgenbild (die Marken sind zu sehen).**

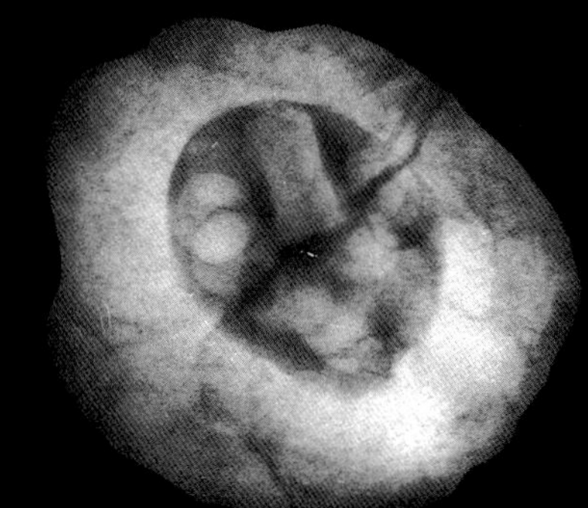

Die ersten Tontafeln

Die ältesten bekannten Tontafeln stammen aus Uruk und Mesopotamien, wahrscheinlich aus einer Zeit ab 3200 v. Chr. (Die Datierung aller frühen Tontafeln ist unsicher.) Es handelt sich um Zähltafeln, deren Zeichen nicht als voll entwickelte Schrift gelten können. Sie enthalten nur Rechnungen, und die Zeichen sind piktographische oder quasipiktographische Zahlen und Symbole. Wir wissen nicht genau, was sie bedeuten, obwohl wir manchmal eine Berechnung verstehen.

Die Zahlenzeichen blieben viele Jahrhunderte lang gleich, während die Keilschrift sich im 3. Jahrhundert weiterentwickelte. Das zylindrische Ende eines Schilfgriffels wurde entweder senkrecht in den weichen Ton gedrückt, so daß eine kreisförmige Vertiefung entstand, oder man drückte es schräg hinein, um eine Vertiefung mit der Form eines Fingernagels zu erzeugen (siehe S. 83). Beide Zeichen übereinander symbolisierten eine größere Summe. Vielleicht entwickelten die Zahlen sich aus den Zeichen auf Ton-Bullae. Es kann aber auch sein, daß man sie speziell für die Tafeln entwickelte.

Diese Tafeln waren möglicherweise die Folge der zunehmenden Komplexität der Wirtschaft in den mesopotamischen Stadtstaaten. So wie die Menschen der Eiszeit auf Höhlenwänden und Knochen vermerkten, was für sie wichtig war, benutzten die Bewohner der Städte im alten Irak das Material, das in einem Land mit wenig Felsen und Wäldern am reichlichsten vorhanden ist. Ton war mit einem Griffel ziemlich leicht zu markieren, und wer einen Fehler machte, konnte ihn ohne Mühe beseitigen. Hätte man den Ton gebrannt, wären die Zeichen dauerhafter gewesen. Auf der oben abgebildeten alten Tafel geht es um Gerste (die man zum Bierbrauen verwendete), wie ein Piktogramm verrät. Wir kennen sowohl die aufgezeichneten Mengen wie auch den zeitlichen Umfang der Buchführung. Die kleinste Einheit ◡ symbolisierte wahrscheinlich etwa 4,8 Liter Gerste. Jedes Zahlenzeichen ist ein Vielfaches des vorherigen:

▷ = 5 ◡ oder etwa 24 Liter

• = 6 ▷ oder etwa 144 Liter

● = 10 • oder etwa 1440 Liter

▷ = 3 ● oder etwa 4320 Liter

▷● = 10 ▷ oder etwa 43200 Liter

Links: Alte Tontafel aus Uruk, Vorderseite *(oben)* und Rückseite *(unten)*. Die Waren sind unbekannt; die Rechnung kann man so zusammenfassen:

(vorne) (hinten)
18 ▷ + 3 ● = 8 ▷ +4 ●
(wenn 1 ● = 10 ▷).

Rechts: Frühe Tontafel aus Uruk, auf der ein Gerstenverkauf festgehalten wurde, mit Transkription. Die zwei Zeichen in der Ecke unten links kommen auf 18 Tafeln aus dieser Zeit vor; sie stehen wahrscheinlich für den Namen des für die Transaktion verantwortlichen Beamten oder für den Namen einer Kanzlei. Da die Zeichen späteren Schriftzeichen ähneln, deren Lautwert bekannt ist, können wir vermuten, daß der Beamte Kuschim hieß. Einige andere Zeichen in der unteren rechten Ecke sind weniger klar. Da es um eine sehr große Menge Gerste und einen langen Zeitraum geht, könnte die Tafel eine «Bilanz» sein. (Nach Nissen, Demerow und Englund)

Menge des Produkts:

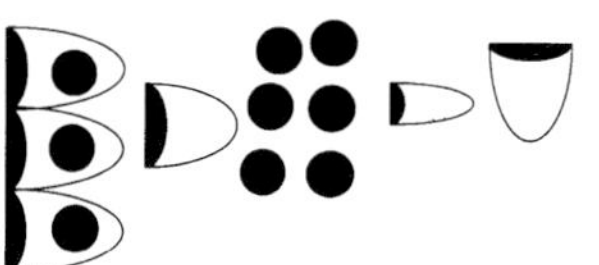

ca. 135.000 Liter

Art des Produkts:

Gerste

Buchführungszeitraum:

37 Monate

Name des verantwortlichen Beamten:

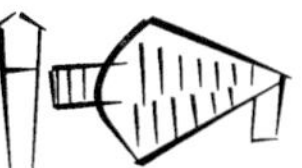

Kuschim

Funktion des Dokuments (?):

Bilanz (?) (die Zeichen befinden sich auf einem teilweise entfernten Zeichen)

Verwendungszweck der Gerste (?):

Tauschhandel (?)

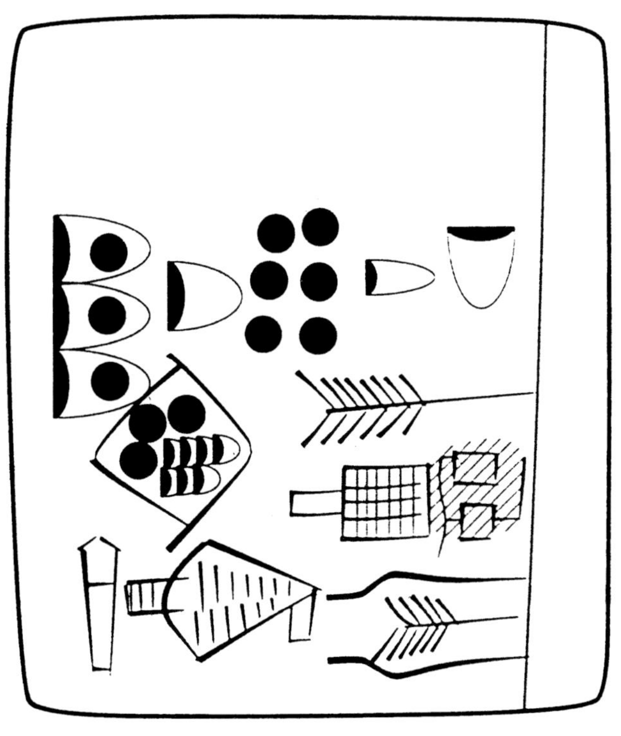

Das Zählen im Nahen Osten des Altertums

Links: Schwarzer Obelisk, errichtet vom assyrischen König Schalmeneser III. (858-824 v. Chr.) zur Feier seiner Siege. Das Relief zeigt, wie geschlagene Feinde den Tribut bringen. Die Beute – Gold, Silber und andere kostbare Metalle sowie Rohstoffe (Getreide, Öl usw.) – verschafften den Assyrern im östlichen Mittelmeerraum eine immer stärkere Stellung als Händler. Darum waren Zahlen zum Berechnen für die Assyrer ebenso wichtig, wie sie für die Babylonier und Sumerer gewesen waren.

In einer wichtigen Hinsicht zählen wir immer noch wie die Sumerer vor fünf Jahrtausenden. Um die Zeit oder einen Winkel zu bezeichnen, verwenden wir das Sexagesimalsystem, das auf Vielfachen von 60 basiert: Eine Minute hat 60 Sekunden, eine Stunde 60 Minuten; ein Grad hat 60 Minuten und ein Kreis 360 Grad. Im sumerischen Zählsystem, das viele Untersysteme einschloß, lautete eine wichtige Zahlenfolge so:

Diese Zahlen benutzte man, um einzelne Dinge oder Personen zu zählen: Menschen und Tiere, Milchprodukte, Textilien, Fisch, Werkzeuge aus Holz und Stein sowie Behälter. Eine zweite Zahlenreihe war wahrscheinlich ein rationelles Verfahren, um Getreideprodukte, Käse und frischen Fisch zu zählen, eine dritte verwendete man, um Flächen zu berechnen. Es gab auch eine Reihe, die Getreidemengen festhielt, vor allem Gerste (siehe S. 63), eine für gekeimte Gerste (Malz), eine für Gerstenschrot und mehrere andere Reihen. All das führt zu beträchtlichen Schwierigkeiten bei der Deutung der ältesten Tafeln. Nur das Kalendersystem ist vergleichsweise einfach:

10 Monate

1 Monat

10 Tage

1 Tag

1 Jahr

Links: Teil eines Rassam-Obelisken aus Kalhu (Nimrud). Vor dem assyrischen König Assurnasirpal II. (883-859 v. Chr.) wird ein Tribut gewogen und gemessen.

Unten: Diese sumerischen Zeichen sind keine abstrakten Zahlen, sondern sie symbolisieren Maße (z. B. 1 kg oder 10 kg Malz), die von rechts nach links größer werden. Wir kennen die Größe der jeweiligen Maße nicht, nur das *Verhältnis* zwischen ihnen. Die Zahl der kleinen Einschnitte in bestimmten Zeichen ist von Tafel zu Tafel unterschiedlich. (Nach Nissen et al.)

Das Grundprinzip unseres Zahlensystems – eine Zahl ist eine abstrakte Einheit, die mit allem verknüpft werden kann (mit Minuten, Käse in Kilogramm usw.) – hatten die alten Völker, die mit dem Zählen begannen, noch nicht erfaßt. Die Folge war eine Zweideutigkeit ihrer Arithmetik, die uns ein Dorn im Auge ist. Das Zahlenzeichen • kann zum Beispiel folgende Werte haben, je nach Kontext:

1 • =10 ⊳ , wenn es um Schafe ging;

1 • = 6 ⊳ , wenn es um Gerste ging;

1 • =18 ⊳ , wenn es um Felder ging.

Drei Zahlensysteme sind hier abgebildet. Einige Zeichen werden uns helfen, eine komplexe Tafel über das Bierbrauen (s. S. 66-67) zu verstehen. Nach System 1 wurden Gerste und Getreideprodukte gemessen, nach System 2 Malz und nach System 3 Gerstenschrot.

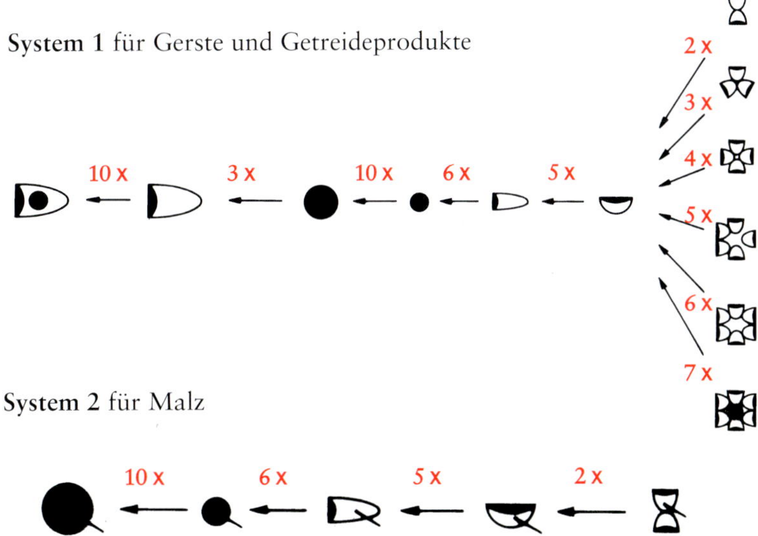

Sytem 3 für Gerstenschrot

3 x 10 x 6 x 5 x 2 x 3 x 4 x

Archaische Buchhaltung

Die Tafel auf dieser Seite ist eine der wichtigsten frühsumerischen Tafeln. Können wir die Symbole als Schrift bezeichnen? Nein, es handelt sich noch um eine Vorstufe, die man nur zum Rechnen benutzte. Es gibt keinen Rebus, um Lautwerte auszudrücken. Wir können uns *vorstellen*, wie aus diesen Zeichen eine voll entwickelte Keilschrift wurde; aber sie haben dieses Stadium noch nicht erreicht. Im Gegensatz zur Tafel über Gerste auf S. 63 ist diese Tafel unsigniert. Sie ergänzte wahrscheinlich ein Hauptdokument, das wir nicht besitzen. Dennoch nimmt man an, daß die Zeichen von einem Schreiber der Kanzlei Kuschims stammen, dessen Name auf der ersten Tafel steht.

Wir sehen Tabellen über Rohstoffe, aus denen man neun verschiedene Getreideprodukte und acht verschiedene Biersorten herstellte. Wir wissen nicht, um welche es sich handelte – vielleicht um Brotlaibe? Jedes Produkt wird durch [Zeichen] und [Zeichen] gekennzeichnet oder durch ein Logogramm wie [Zeichen]. Es werden fünf verschiedene sexagesimale und bisexagesimale Zahlenreihen benutzt, die sich auf Bierfässer, Getreideprodukte und Rohstoffe beziehen. Fünf größere Zeichengruppen werden nebenstehend erläutert.

Links: Eine Tontafel, wie die Behörden sie benutzten. Fünf Gruppen von Zeichen werden auf der nächsten Seite analysiert. Die kleinen Einschnitte in einigen Markierungen sind nicht immer logisch, und da sie hier nicht wichtig sind, ignorieren wir sie. (Nach Nissen et al.)

= 10 (im bisexagesimalen System geschrieben)

= Symbol für ein (gebackenes?) Getreideprodukt mit Getreidegehalt (siehe Zahlensystem 1, S. 65)

= Menge des für 10 benötigten Gerstenschrots (siehe Zahlensystem 3, S. 65)

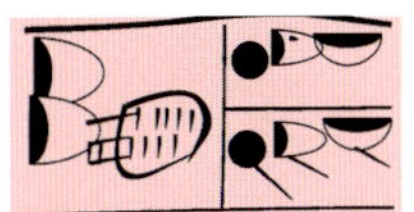

= 2 x 60 = 120 (im Sexagesimalsystem geschrieben)

= Krüge mit einer bestimmten Sorte Bier

= Menge des für Bier benötigten Gerstenschrots (s. Zahlensystem 3, S. 65)

= Menge des benötigten Malzes (s. Zahlensystem 2, S. 65)

= 20 (im bisexagesimalen System geschrieben)

= Symbol für ein gebackenes Getreideprodukt nebst Getreidegehalt (s. Zahlensystem 1, S. 65)

= Menge des für 20 benötigten Gerstenschrots (s. Zahlensytem 3, S. 65). Das Zeichen für das Getreideprodukt hat der Schreiber weggelassen.

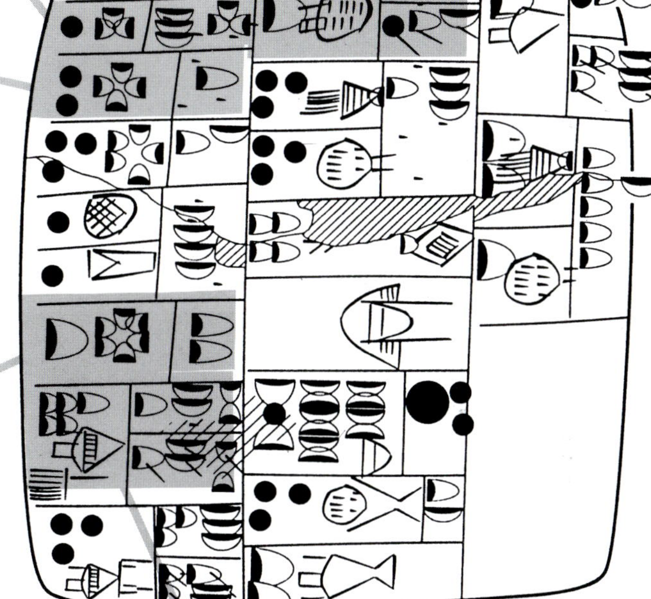

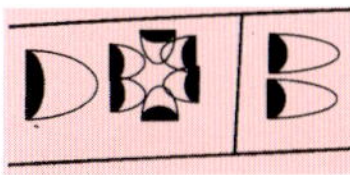

= 60 (im bisexagesimalen System geschrieben)

= Symbol für ein (gebackenes?) Geteideprodukt nebst Getreidegehalt (s. Zahlensystem 3, S. 65)

= Menge des für 60 benötigten Gerstenschrots (s. Zahlensystem 3, S. 65). Das Zeichen für das Getreideprodukt hat der Schreiber weggelassen.

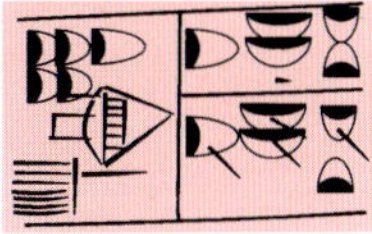

= 5

= groß

= Krüge mit einer bestimmten Sorte Bier

= Menge des für Bier benötigten Gerstenschrots (s. Zahlensystem 3, S. 65)

= Menge des benötigten Malzes (s. Zahlensystem 2, S. 65)

Untergegangene

Oben: Grenzstein mit Keilschriftzeichen aus Kudurru, Babylonien, um 1120 v. Chr.
Mitte: Text aus dem Totenbuch auf einem Begräbnisamulett, Ägypten, 18. Dynastie.
Unten: Mesopotamisches Gefäß aus Maserholz mit «archaisierender» Keilschrift, dem Gott Meslamta-ea geweiht, um 2250 v. Chr.

Heute spricht niemand mehr lateinisch, außer bei religiösen oder zeremoniellen Anlässen – aber Millionen schreiben in lateinischer Schrift. Dagegen haben in China die vor 2000 Jahren benutzte Sprache und Schrift in modifizierter Form überlebt. In Mesopotamien sind die alten Sprachen – Sumerisch, Altakkadisch, Babylonisch und Assyrisch – jedoch völlig verschwunden.

Schriften

Es hat immer viel mehr Sprachen als Schriften gegeben, und Sprachen sind immer viel schneller erloschen als Schriften. Oft wurde eine Schrift weiter verwendet, weil eine neue Sprache sie übernahm, zuweilen mehrere Male. Das geschah mit der Keilschrift, den chinesischen Schriftzeichen und dem griechischen Alphabet, aber bezeichnenderweise nicht mit den Hieroglyphen der Ägypter und Mayas.

Es ist nicht immer klar, warum eine Schrift überlebt oder untergeht. Die Kompliziertheit oder Genauigkeit der Zeichen hinsichtlich der Laute einer Sprache können nicht die einzigen Kriterien sein; denn sonst wären die chinesischen Zeichen in China verschwunden und durch ein Alphabet ersetzt worden. Politische und wirtschaftliche Macht, das religiöse und kulturelle Prestige und die Existenz einer bedeutenden Literatur beeinflussen das Schicksal einer Schrift.

Kapitel 4

Keilschrift

Oben: **Moderner Abdruck eines Rollsiegels aus Babylon. Es zeigt Ur-nammu (2112-2095 v. Chr.), einen Herrscher von Ur. Die Inschrift lautet: «Ur-nammu, starker Mann, König von Ur: Hasch-hamer, Statthalter von Ischkun-Sin, ist dein Diener.» Zwei Göttinnen vermitteln zwischen Hasch-hamer, dem Besitzer des Siegels *(ganz links)* und dem König, der den königlichen runden Kopfschmuck mit hohem Rand trägt und auf einem stierbeinigen Thron auf einem Podium unter einer Mondsichel sitzt.**

Rechts: **Darius auf der Löwenjagd. Moderner Abdruck seines Rollsiegels, um 500 v. Chr.**

Das alte Mesopotamien

Der heutige Irak paßt nicht in das Bild, das der alte Name «fruchtbarer Halbmond» heraufbeschwört. Doch in der zweiten Hälfte des 4. Jahrtausends v. Chr. war Mesopotamien dank einer Klimaveränderung zu einem fruchtbaren Land geworden. Es gab Ebenen mit Schwemmsand und, in den Worten eines Forschers, natürliche Bedingungen, «wie wir sie wohl im Garten Eden erwarten».

Die Landwirtschaft blühte; dann entwickelten sich Städte, Regionalstaaten und schließlich große Reiche – und die Schrift. Die ersten Tontafeln, um 3300 v. Chr. entstanden, enthalten Piktogramme. Man fand sie in Uruk. Gegen 2500 waren diese Zeichen schon abstrakte Keilschriftsymbole, die man oft benutzte, um sumerisch zu schreiben. Später entwickelten sie sich zur Schrift des babylonischen und assyrischen Reiches. Im persischen Reich des Darius wurde um 500 v. Chr. eine neue Keilschrift erfunden. Die letzte Inschrift in Keilschrift stammt aus dem Jahr 75 n. Chr. Die Keilschrift wurde also etwa 3000 Jahre lang benutzt.

Die Keilschrift gab dem alten Mesopotamien eine Geschichte. Herrscher wie Hammurabi von Babylon, Gudea von Lagasch und der assyrische König Sennacherib sprechen heute durch ihre Inschriften zu uns. Aber es bleiben peinliche Lücken in den Aufzeichnungen, die keine Tontafel überbrücken kann. Wirtschaftsflauten wären eine Erklärung dafür. Aber es könnten auch Perioden des Wohlstands und des Friedens gewesen sein. Anders als in Kriegszeiten wurde dann vielleicht keine Bibliothek niedergebrannt und kein wertvolles Archiv für die Nachwelt gebacken.

Schriftphase	v. Chr.	**historische Entwicklungen**
	3400	
Tafeln mit Zahlen und Ton-Bullae		Beginn einer Besiedlungswelle in Babylonien
	3200	
archaische Texte aus Uruk		erste Städte
	3000	frühe Kulturen
archaische Texte aus Ur		
	2800	
		große Bewässerungsanlagen
	2600	
alte sumerische Texte		rivalisierende Stadtstaaten
	2400	
alte akkadische Texte		erste Regionalstaaten
	2200	
		Gudea von Lagasch
alte assyrische Texte	2000	Zentralstaat der 3. Dynastie von Ur
alte babylonische Texte	1800	Hammurabi von Babylon
	1600	
	1400	
	1200	Herrschaft der Kassiten
	1000	
erste aramäische Texte	800	assyrisches Reich
	600	
altpersische Texte		Babylon 539 von Cyros erobert
Renaissance der Keilschrift unter den Seleukiden	400	Darius I.

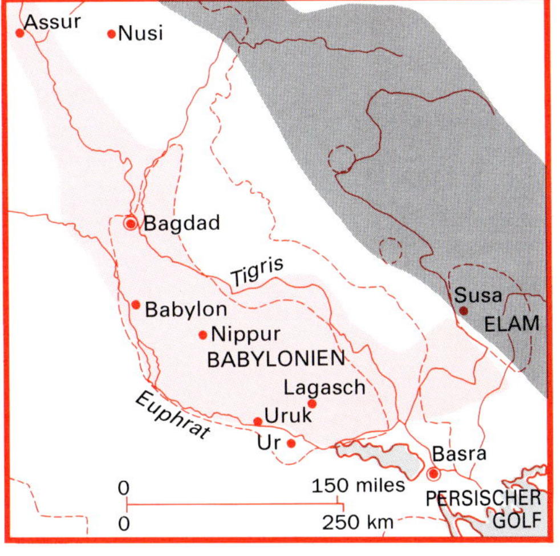

Karte von Babylonien und Westirak. Gebiete mit genügend Regen sind grau, bewässerte, bebaute Gebiete rot schraffiert. Besiedelte Gebiete befanden sich innerhalb der gestrichelten Linien.

Die Entzifferung der Keilschrift

Die ältesten Inschriften in Keilschrift waren mehr als eineinhalb Jahrtausende alt, als Europa sie entdeckte. Das geschah 1608 in Persepolis, der Hauptstadt des Darius und der Perserkönige der Achämenidendynastie. Entdecker war Garcia Silva Figueroa, spanisches Botschafter in Persien. Er erkannte in den ehrfurchtgebietenden Ruinen bei Schiras das alte Persepolis nach den Beschreibungen antiker griechischer und römischer Autoren. Aus den rätselhaften Inschriften, die kunstvoll in schwarzen Jaspis gemeißelt waren, schloß er, daß sie von keinem damals bekannten Volk stammen konnten. Die Zeichen waren nicht aramäisch oder hebräisch, weder griechisch noch arabisch, sondern «dreieckig, in der Form einer Pyramide oder eines kleinen Obelisken ... und alle sind identisch, abgesehen von ihrer Position und Anordnung».

Die ersten Keilschriftinschriften wurden 1657 veröffentlicht. Im Gegensatz zu den Hieroglyphen erregten sie wenig Neugier. Die meisten Gelehrten nahmen an, daß es sich nicht um eine Schrift handelte, sondern um Verzierungen (oder gar um die Spuren von Vögeln, die über den noch weichen Ton gelaufen waren!). Thomas Hyde, Professor für Hebräisch und Arabisch an der Universität Oxford, hielt die Zeichen für ein Experiment des Baumeisters von Persepolis, der feststellen wollte, wie viele Muster er mit einem einzigen Element erzeugen konnte. Hyde meinte, es könne sich schon deshalb nicht um eine Schrift handeln, weil die gleichen Zeichen sich offenbar nie wiederholten. Hyde prägte jedoch die Bezeichnung «cuneiform» (keilförmig) oder «ductuli pyramidales seu Cuneiformes» («cuneus» ist lateinisch für «Keil»). In Wirklichkeit kommen die gleichen Zeichen

Oben: Persepolis, Hauptstadt der Achämenidendynastie, von Alexander dem Großen 330 v. Chr. zerstört. 1618 stand fest, daß es sich um die Ruinen von Persepolis handelt.

Links: Ahura Masda, der höchste Gott des Zoroastrismus, der Religion des alten Persien, auf einer Wolke schwebend. Avestisch, die Sprache der heiligen Bücher Zoroasters (im 4. Jh. n. Chr. verfaßt), lieferte Hinweise für die Entzifferung der Keilschrift. Die Zeichnung (Szene aus Persepolis) stammt aus Thomas Hydes irreführender Abhandlung über die alten Perser, die er 1700 veröffentlichte.

oft vor; doch die Kopien, die Hyde zur Verfügung standen, waren fehlerhaft. Bessere veröffentlichte 1712 E. Kämpfer, ein Arzt, der Persepolis 1686 besuchte. Er erkannte als erster, daß die Inschriften möglicherweise in verschiedenen Schriften verfaßt waren, weil bestimmte Zeichen nur in bestimmten Inschriften vorkamen.

Andere Besucher veröffentlichten Inschriften in der ersten Hälfte des 18. Jahrhunderts; aber die Entzifferung machte erst nach 1770 Fortschritte. Carsten Niebuhr, ein bemerkenswerter dänischer Reisender, erkannte, daß viele Inschriften mehrfach vorhanden waren, und er verglich die Texte miteinander. Aus dem Umstand, daß die Zeilenenden nicht immer übereinstimmten, schloß er, daß die Schrift von links nach rechts zu lesen war. Als er die Zeichen verschiedener Inschriften verglich, stellte er fest, daß er *drei* Schriftarten vor sich hatte. Er fing zudem an, einfache Zeichen zu isolieren. Die eigentliche Entzifferung begann nach 1800 und stützte sich auf Niebuhrs Arbeit.

Carsten Niebuhr (1733-1815), kopierte die Keilschriftinschriften von Persepolis als erster korrekt. Niebuhr war ein unermüdlicher Reisender und Gelehrter, der allein von Indien über Persepolis nach Dänemark zurückreiste. Seine ersten Zeichnungen veröffentlichte er 1772. Sorgfältige Studien lieferten ihm den Beweis, daß es in Persepolis drei verschiedene Keilschriften gab.

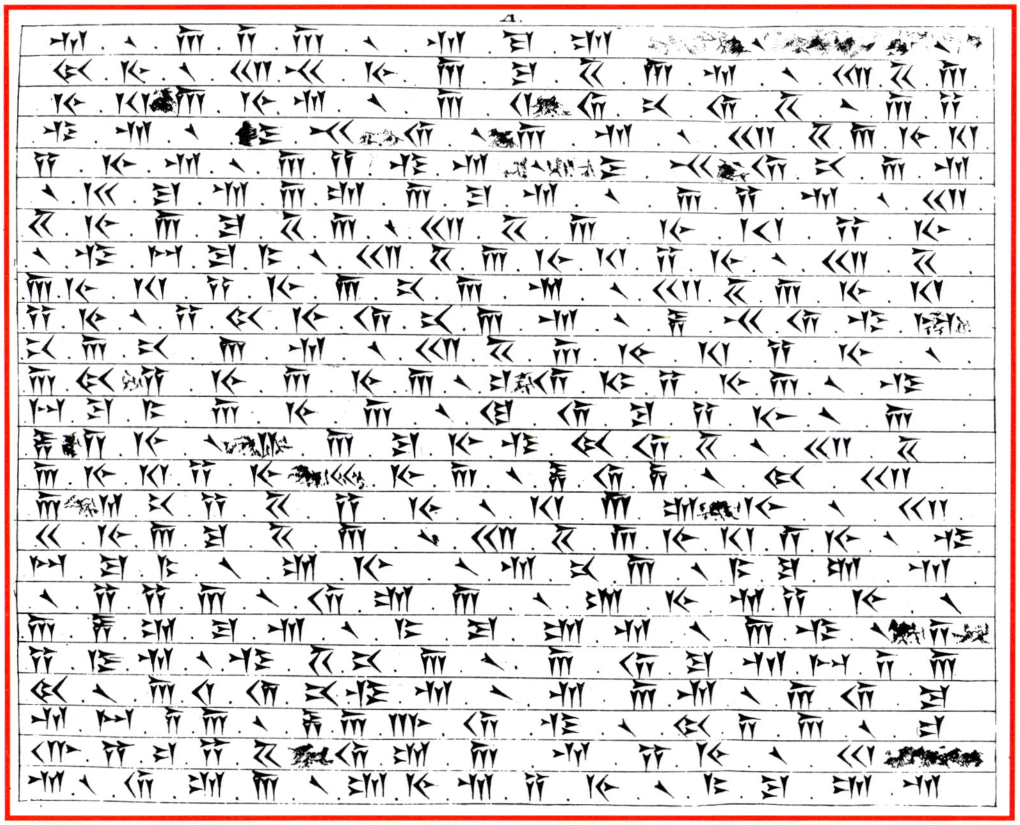

Eine der Inschriften von Persepolis, wie Niebuhr sie zeichnete.

Erste Erfolge

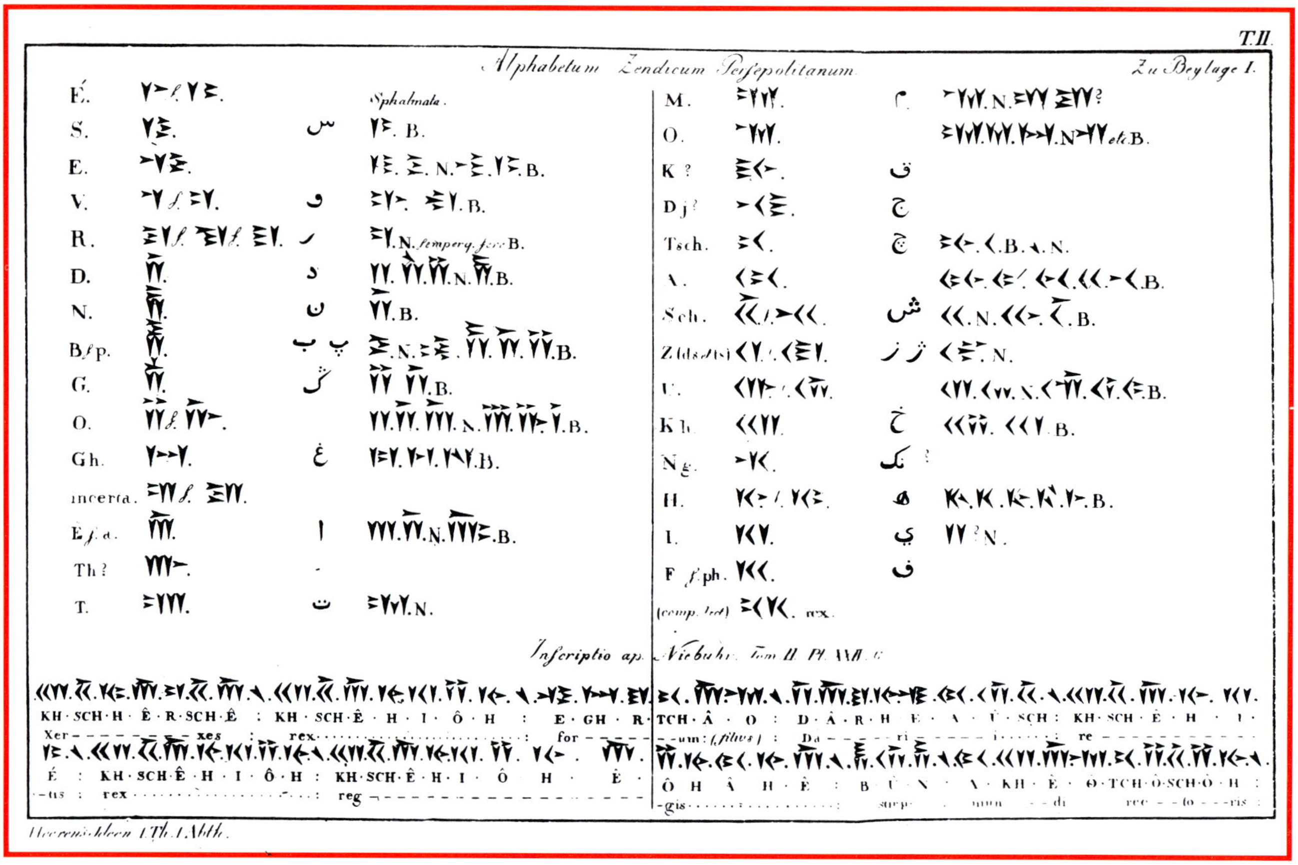

Georg Grotefend, ein deutscher Gymnasiallehrer in Göttingen, leistete die ersten wichtigen Beiträge zur Entzifferung. Er erkannte, daß die einzelnen, schrägen Keile, die in den Inschriften häufig vorkamen, Worttrenner waren, und daraus schloß er, daß es sich um alphabetische Schriften handelte. Für Silbenschriften gab es nämlich zu viele Zeichen zwischen den Worttrennern – bis zu zehn. Diese Annahme war nicht ganz richtig; sie erlaubte es aber, Namen zu identifizieren, die in der Tat alphabetisch geschrieben wurden (so wie in den Kartuschen der Hieroglyphen). Zwei weitere Schlußfolgerungen waren notwendig. Erstens befand sich in den Inschriften wahrscheinlich eine «königliche Formel», etwa «X, großer König, König der Könige ...» Diese Formel hatte man nämlich bereits in den viel jüngeren persischen Inschriften der Pahlewi-Könige entdeckt, und zudem konnte man die Formel erweitern, so daß sie die Abstammung einschloß, z. B.: «X, großer König, König der Könige, Sohn des Y». Zweitens konnte es sich hier um die Könige Xerxes, den Sohn des Darius, des Sohnes des Hystaspes (der kein König war) handeln.

Grotefend konzentrierte sich nun auf zwei Inschriften. Jede war über einer Figur auf den Toren von Persepolis eingemeißelt. Obwohl

Grotefends Versuch, Altpersisch als Alphabet zu entschlüsseln. In Wirklichkeit ist die Schrift zum Teil silbisch; daher waren viele Lautwerte falsch, vor allem wenn Grotefend einem einzigen Lautwert mehrere Zeichen und einem einzigen Zeichen mehrere Lautwerte zuordnete.

die Zeichen verschieden waren, kamen viele von ihnen – sogar ganze Gruppen – mehrfach vor. Zum Beispiel:

Es schien vernünftig, daß die markierte gemeinsame Gruppe 3 der Name des Darius war. Dann pries die erste Inschrift Xerxes, den Sohn des Darius, und die zweite Darius, den Sohn des Hystaspes. Das erste Wort jeder Inschrift wäre der Name des Königs. Das Problem war jedoch: Wie wurden die Namen dieser beiden achämenidischen Könige geschrieben? Gewiß nicht «Xerxes» und «Darius», die vom Griechischen abgeleitet sind. Grotefend prüfte die griechische, hebräische und avestische (zoroastrische) Schreibweise (letztere stand den Inschriften wohl am nächsten) und schloß daraus: Darius = Darheusch, Xerxes = Khschhersche. Den Namen ordnete er folgende Zeichen zu:

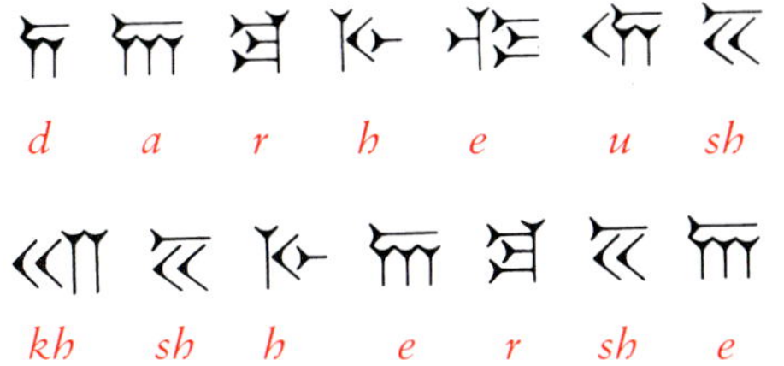

Drei Zeichen, die für *h*, *r* und *sh* (deutsch *sch*), schienen in beiden Fällen gleich zu sein.

Konnte man diese vorläufigen Lautwerte benutzen, um andere Worte der Inschriften zu «übersetzen»? Grotefeld versuchte es mit dem Wort, das nach den beiden einleitenden Namen erschien; es war in jeder Inschrift das gleiche (2). Wahrscheinlich bedeutete es «König». Anhand der Lautwerte erhielt er:

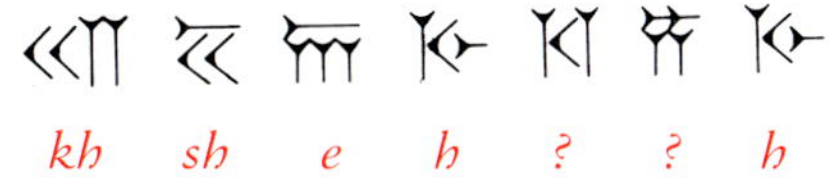

In der *Avesta*, der heiligen Schrift des Zoroastrismus, fand Grotefend den Königstitel «khscheio». Jetzt konnte er die Lücken durch *i* und *o* ersetzen.

Wie verhielt es sich mit Hystaspes, dem Vater des Darius? Die avestische Schreibweise war offenbar «Goschtasp». Das paßte gut zur Zeichengrupe 1 in der zweiten Inschrift (diese Zeichen kamen, wie zu erwarten war, in der ersten Inschrift nicht vor, da Hystaspes der *Großvater* von Xerxes war):

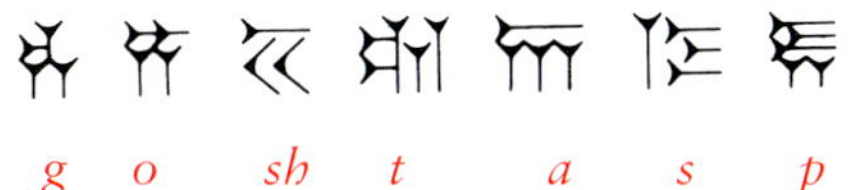

Aus den entzifferten Passagen stellte Grotefend ein altpersisches Alphabet zusammen. Viele seiner Lautwerte erwiesen sich als falsch, vor allem wenn er versucht hatte, sein System außerhalb der Eigennamen anzuwenden. Die altpersische Schrift ist nämlich *nicht* rein alphabetisch, sondern teilweise silbisch. Dieser Umstand und Grotefends fehlender akademischer Titel führten dazu, daß man ihm zunächst nur wenig Anerkennung zollte. Heute ist er jedoch als Pionier allgemein anerkannt. Die zweite Inschrift war demnach so zu lesen: «Darius, der große König, König der Könige, Sohn des Hystaspes, ein Achämenide, erbaute diesen Palast.» Die zum Teil silbische Transliteration der Keilschriftzeichen sieht so aus («Darius» und «Hystaspes» sind unterstrichen):
da-a-ra-ya-va-u-š/xa-ša-a-ya-θa-i-ya/va-za-ra-ka/xa-ša-a-ya-θa-i-ya/xa-ša-a-ya-θa-i-ya-a-na-a-ma/xa-ša-a-ya-θa-i-ya/da-ha-ya-u-na-a-ma/vi-i-ša-ta-a-sa-pa-ha-ya-a/pa-u-śa/ha-xa-a-ma-na-i-ša-i-ya/ha-ya/i-ma-ma/ta-ca-ra-ma/a-ku-u-na-u-ša

Georg Grotefend (1775-1853), der deutsche Lehrer, der mit der Entzifferung der altpersischen Keilschrift begann.

Rawlinson und die Inschrift von Behistun

Um die Entzifferung voranzutreiben, brauchte man längere Inschriften. Als «Stein von Rosette» der Keilschrift stellte sich eine Inschrift des Darius in einem Felsen im Westiran bei der Kleinstadt Behistun (heute Bisutun) heraus. Wie in Persepolis enthielt sie drei Schriften: Altpersisch, Elamisch und Babylonisch (das Elamische hat besondere Zeichen, die allerdings eine lokale Variante der babylonischen Keilschrift sind). Doch bevor man diese großartige Trilingue nutzen konnte, mußte man sie kopieren. Das war leichter gesagt als getan; denn man konnte nur auf einem schmalen Sims stehen. Offenbar war der Berg in alter Zeit abgetragen worden, damit die Inschrift besser hervorstach und geschützt war. Der obere Teil der Inschrift schien völlig unerreichbar zu sein.

Ein abenteuerlustiger, polyglotter englischer Offizier, Sir Henry Creswicke Rawlinson (1810-1895), nahm die Herausforderung an. Er hatte von 1826 bis 1833 in Indien gedient, wo er Hindustani, Arabisch und Neupersisch gelernt und sich einen guten Ruf als Polospieler und Sportler erworben hatte. 1835 wurde er nach Persien abgeordnet und dem Gouverneur von Kurdistan als Militärberater zugeteilt. Rawlinson gelang es, die unteren Zeilen der altpersischen Inschrift zu kopieren, während er auf dem schmalen Sims stand. Mit Hilfe von Leitern kopierte er weiter oben, wobei er «ohne jede andere Unterstützung» auf der obersten Sprosse stand. «Man kann sich nur an die Felswand drücken, während man mit der linken Hand das Notizbuch hält und mit der rechten den Stift führt.» Doch die obersten Zeilen konnte er nicht erreichen.

Oben: Der Felsen bei Behistun im Westiran mit den Inschriften, die zur Entzifferung der Keilschrift führten. Sie befinden sich mehr als 100 m über der Straße.

Zum Glück tauchte ein «wilder Kurdenjunge» auf, der es schaffte, sich in einer Felsspalte nach oben zu zwängen, einen Holzpflock hineinzuschlagen, sich an der Inschrift vorbeizuschieben, einen weiteren Pflock einzuschlagen und beide mit Seilen zu verbinden. Nun konnte er Abdrücke aus Papiermaché von der Inschrift herstellen, während Rawlinson ihm von unten Anweisungen gab. 1847, nach etwa zehnjährigen Bemühungen, war die gesamte Inschrift von Behistun kopiert. Die von Rawlinson (*rechts*) gezeichneten Behistun-Inschriften sind unten wiedergegeben. Keilschriftzeichen in drei Sprachen umgeben Darius, der den Fuß auf seinen Rivalen setzt und neun andere verurteilt, deren Hände auf den Rücken gebunden sind. Über der Szene schwebt Ahura Masda, der höchste Gott der Perser und der Feueranbeter. Bevor Rawlinson die altpersische Inschrift entzifferte, glaubten einige Gelehrte, das Bild zeige gefangene israelitische Stämme.

Rawlinson gilt als Entzifferer der babylonischen Keilschrift; aber er erklärte nie, wie er es anstellte – im Gegensatz zu Champollion und Michael Ventris (Linear B). Eine vor kurzem vorgenommene Untersuchung seines Notizbuchs legt nahe, daß er sich auf Arbeiten des Forschers Edward Hincks stützte, ohne sie zu zitieren.

Die Keilschrift ist entziffert

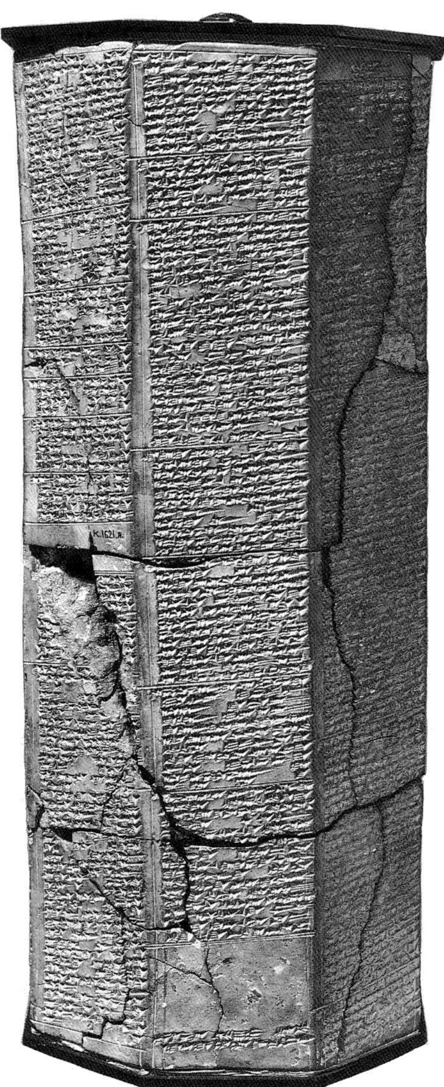

Keilschriftinschrift auf einem Tonzylinder des Tiglath-Pileser I. von Assyrien (1120-1074 v. Chr.). 1857 bestätigte eine Übersetzung die Entzifferung der babylonischen Keilschrift.

Es ist unmöglich, die Entzifferung der Keilschrift vollständig und zusammenhängend zu schildern (anders verhält es sich mit den Hieroglyphen), weil Rawlinson und Edward Hincks, der zweite Hauptbeteiligte, nicht alle ihre Gedanken offenbarten. Außerdem ist die Keilschrift eine äußerst komplexe Schrift, mit der mehrere verschiedene Sprachen geschrieben wurden.

Die altpersische Keilschrift wurde von den drei Keilschriften zuerst entziffert. Grotefend hatte die Namen Hystaspes, Darius und Xerxes identifiziert; Rawlinson entdeckte in den Behistun-Inschriften die Namen von Völkern, über die Darius herrschte und die in Werken griechischer Historiker erwähnt werden. Auf diese Weise ordnete er vielen weiteren altpersischen Zeichen Lautwerte zu. Wichtig waren auch seine Kenntnisse im Avestischen und Sanskrit. Man wußte, daß diese beiden Sprachen wie das Altpersische aus einer indoeuropäischen Wurzel stammen. Avestisch ist mit dem Altpersischen am nächsten verwandt. Daher durfte Rawlinson mit einheitlichen Beziehungen zwischen Wörtern rechnen, die im Avestischen, Sanskrit und Altpersischen dasselbe bedeuten. 1846 konnte er den gesamten altpersischen Teil der Behistun-Inschrift übersetzen.

Dabei stützte er sich auf eine Erkenntnis von Christian Lassen, einem Professor in Bonn, dem aufgefallen war, daß einige Keilschriftzeichen nur vor bestimmten Vokalen vorkamen. Wo Grotefend eine reine Alphabetschrift gesehen hatte, erkannte Lassen korrekt eine alphabetisch-silbische Schrift. Rawlinson (und unabhängig von ihm auch Hincks) fiel auf, daß der Anteil von Silbenzeichen von Laut zu Laut unterschiedlich war. Zum Beispiel wurde *t* gleich geschrieben, wenn ihm *a* oder *i* folgten, aber anders, wenn ihm ein *u* folgte:

ta *ti* *tu*

Dagegen wurde *th* immer gleich geschrieben, unabhängig vom folgenden Vokal:

tha *thi* *thu*

während *d* in drei verschiedenen Formen vorkam, je nach dem folgenden Vokal:

da *di* *du*

Als die altpersischen Texte entziffert waren, wandte sich die Aufmerksamkeit den beiden anderen Keilschriften zu: der babylonischen und der elamischen, einer regionalen Variante. Beide waren in Persepolis und Behistun vertreten und enthielten eindeutig nichtalphabetische Elemente, wenn man die vielen verschiedenen Zeichen berücksichtigte. Wieder waren Namen der Ausgangspunkt der Entzifferung. Aber es war nicht leicht, diese zu identifizieren, weil es viele verschiedene Schreibweisen gab. Man vergleiche die altpersische Form des Namens «Hystaspes»: vi-i-ša-ta-a-sa-pa mit der elamischen: mi-iš-da-áš-ba und der babylonischen: uš-ta-as-pa. Wir haben «Hystaspes» auf S. 75 auf altpersisch gesehen. Hier ist er (hervorgehoben) in elamischer (1) und babylonischer (2) Schrift auf derselben Inschrift in Persepolis:

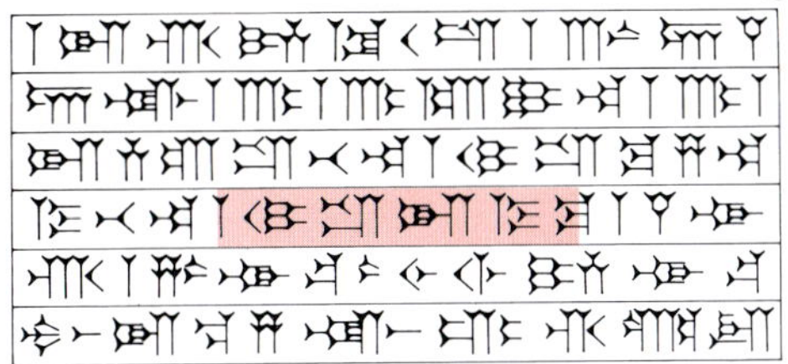

1

2

Doch abgesehen von den Namen war die elamische Sprache schwieriger als Altpersisch. Parallelen mit Avestisch und Sanskrit halfen nicht weiter. Heute glaubt man, daß Elamisch mit keiner anderen bekannten Sprache verwandt ist. Babylonisch ist dagegen mit Hebräisch, Aramäisch und anderen semitischen Sprachen verwandt. Leider führte dieser Zusammenhang Rawlinson, Hincks und andere ein wenig in die Irre; denn er legte nahe, daß die babylonische Keilschrift den Schriften der jüngeren semitischen Sprachen gleicht, die gewöhnlich keine Vokale schreiben. Als Rawlinson auf verschiedene babylonische Zeichen für *ba, bi, bu, ab, ib, ub* stieß, hielt er sie zunächst alle für Homonyme des *b*. Umgekehrt akzeptierte er, daß bestimmte Zeichen mehr als einen Laut symbolisieren konnten. Die babylonische Schrift schien verteufelt komplex zu sein.

Ein System wird anerkannt

Eingehende Studien belegten, daß der *Kontext* eines Zeichens die scheinbar unlogische Wahl der Zeichen-Laut-Kombination entscheidend beeinflußte. (In einem englischen Satz ist es immer klar, wie beispielsweise das polyphone «o» in «bow» auszusprechen ist.) Mitte des Jahrhunderts gab es recht zuverlässige Übersetzungen aus dem Babylonischen. Das stellte sich bei einer öffentlichen Untersuchung der Royal Asiatic Society in London heraus, deren Ergebnisse 1857 veröffentlicht wurden. Rawlinson, Hincks und zwei andere Gelehrte wurden jeder für sich gebeten, eine Inschrift des assyrischen Königs Tiglath-Pileser I. auf einem kürzlich ausgegrabenen Tonzylinder zu übersetzen. Die Übereinstimmung, besonders zwischen Rawlinson und Hincks, war verblüffend. Von nun an ging es nur noch darum, die Entzifferung der babylonischen Keilschrift nach einem anerkannten System zu verfeinern.

Keilschrift als Kunst

Keilschriftzeichen wurden in Ton gedrückt, in Stein gemeißelt und auf Metall, Elfenbein, Glas und Wachs geschrieben. Soviel wir wissen, schrieb man sie im Gegensatz zu den Hieroglyphen auf Papyrus nur selten mit Tinte. Obwohl Keilschriftzeichen nicht so mysteriös und magisch aussehen wie Hieroglyphen, sind die schönsten Inschriften faszinierende Kunstwerke.

Ganz links: Inschrift auf einer Statue von Gudea, dem Herrscher von Lagasch (2141–2122 v. Chr.).

Links: Backsteininschrift von Ur-Nammu, König von Ur (2112–2095 v. Chr.): «Für Inanna, seine Frau, hat Ur-Nammu, der mächtige König von Ur, Sumer und Akkad, diesen Tempel gebaut.» Die meisten Gebäude in Mesopotamien wurden aus sonnengetrockneten Schlammziegeln gebaut; gebrannte Ziegel waren Tempelfassaden vorbehalten. Ab etwa 2250 v. Chr. ließen Könige ihren Namen in Ziegel stempeln. Die Stempel bestanden aus Ton oder Holz. Dieser Brauch hielt sich bis Nebukadnezar II. (604–562) von Babylon, und er wurde während des «Wiederaufbaus» des alten Babylon ab 1980 vom Herrscher des Irak übernommen.

Links: **Teil einer goldenen Tafel des Darius (6. Jh. v. Chr.) aus der Audienzhalle zu Persepolis. Die Inschrift auf Altpersisch, Elamisch und Babylonisch bittet den höchsten Gott Ahura Masda, Darius und seinen Thron zu schützen. Zu jeder Tafel gibt es ein Duplikat aus Silber.**

Unten: **Kegelinschrift von Ur-Bau, dem Herrscher von Lagasch (2155-2142 v. Chr.). In Sumer war es üblich, daß der Käufer eines Hauses öffentlich einen Tonkegel oder -nagel in eine Mauer schlug, der sein Eigentum bekräftigte.**

Keilschrift als Handwerk

Altbabylonische Schultafel. Der Text des Lehrers befindet sich auf der einen Seite der Tontafel (*links*), die weniger geschickte Version des Schülers auf der anderen Seite (*rechts unten*). Der Text gibt ein sumerisches Sprichwort wieder.

Die weitaus meisten Keilschriftzeichen finden wir auf Tontafeln. Eine gute Tontafel herzustellen muß wohl eine der ersten Pflichten eines angehenden Schreibers gewesen sein. Die größten Tafeln hatten elf senkrechte Reihen und waren bis zu 900 cm² groß. Eine Seite war meist flach, die andere blieb konvex. Der Schreiber beschrieb zuerst die flache Seite, und wenn diese voll war, drehte er die Tafel um und schrieb auf die gekrümmte Seite. Die ersten Zeichen – auf der flachen Seite – waren daher nicht vom Druck beschädigt.

Anschließend ließ man die Tafel gewöhnlich liegen, damit sie trocknete. Durch Befeuchten des Tons konnte man sie noch ändern. Manchmal wurde eine Tafel auch gebrannt, um der Aufzeichnung Dauer zu verleihen. Wenn das unabsichtlich geschah, zum Beispiel beim Abbrennen einer Bibliothek, wurden Tafeln verewigt. Gebrannte Tafeln sind meist dunkelgrau oder schwarz. Manchmal drückte man einen Griffel oder ein ähnliches Instrument durch den Ton, um «Brennlöcher» zu erzeugen. Früher nahmen die Wissenschaftler an, daß diese Löcher das Trocknen der Tafel förderten oder das Zerbrechen beim Brennen verhinderten. Einige große Tafeln wurden jedoch erfolgreich ohne Löcher gebrannt. Offenbar wurden Brennlöcher, was immer ihr Zweck gewesen sein mag, bald Tradition: Es gibt Kopien literarischer Texte, bei denen die Brennlöcher des Originals sorgfältig reproduziert wurden.

Schreibmethoden

Wenn ein Schreiber eine Tafel beschriftete, begann er an der linken oberen Kante, arbeitete sich hinab bis zur Unterkante, kehrte zum Anfang der zweiten Kolumne zurück und wiederholte den Vorgang; er füllte also senkrechte Reihen von links nach rechts. Wenn er die rechte untere Ecke erreicht hatte, drehte er die Tafel von unten nach oben um, fing an der oberen rechten Ecke an und schrieb kolumnenweise nach links. Tontafeln wurden also geschrieben und gelesen, wie wir eine Zeitung lesen, abgesehen davon, daß die alten Schreiber die «Seite» von unten nach oben, also nicht seitlich wendeten.

Der Griffel bestand meist aus Schilfrohr, manchmal auch aus Metall oder Knochen. Schilf wuchs reichlich in den Sümpfen des Nahen Ostens, und es war stark. Ein

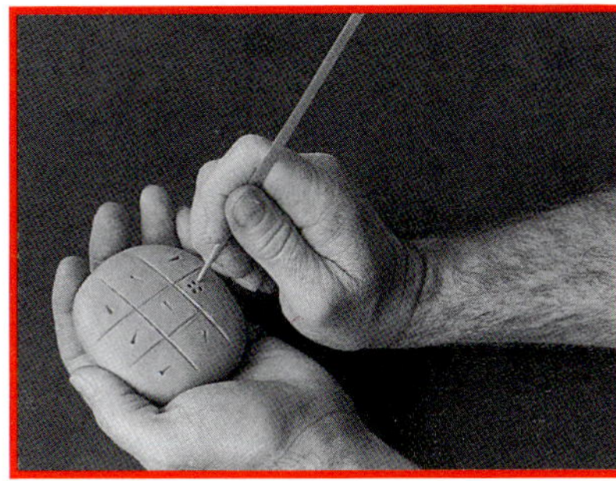

1

2

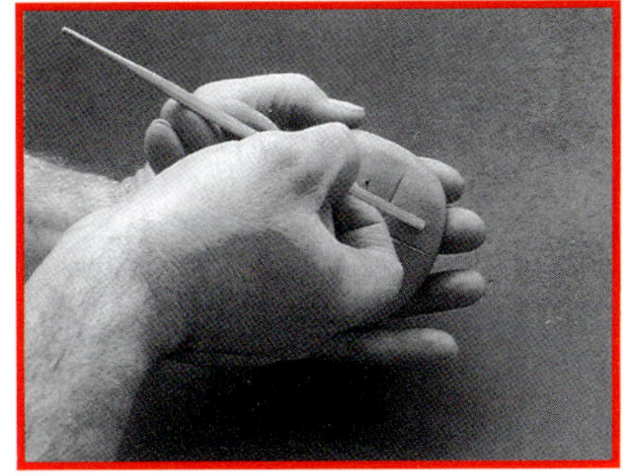

3

So schrieb man Keilschrift mit einem Schilfgriffel. Mit dem runden Ende wurden Zahlen eingeritzt (später ersetzte man auch sie durch Keile). Der erste Keil (2) ist leicht zu schreiben, der zweite (3) ist schwierig. Darum kommt der erste Winkel häufig, der zweite selten vor.

Schreiber konnte ein Schilfrohr leicht so zurechtschneiden, daß es ein kreisförmiges, flaches oder diagonales Ende besaß. Jede Form hatte ihren Zweck – z. B. drückte man damit Zahlen ein (siehe 1 *oben*), und einige Rohre lieferten erkennbare «Handschriften».

Der Schreiber konnte den Griffel in jede gewünschte Richtung führen, und wenn die Tafel klein genug war, konnte er sie in der Hand verschieben. In der Praxis variierten die Winkel der Zeichen nur wenig. Die Prüfung irgendeiner Inschrift ergibt, daß einzelne Keile selten nach oben oder links zeigen und kaum nach rechts geneigt sind. (Fälscher übersehen diesen Umstand oft.) Der Grund dafür wird klar, wenn wir uns ansehen, wie die Tafel gehalten wurde. Die Schreiber (sie waren meist Rechtshänder) hielten die Tafel in der linken Hand, den Griffel zwischen Daumen und Zeigefinger (siehe 2 *oben*). In dieser Stellung lassen sich mehrere Keile leicht einritzen, aber viele andere sind schwierig (*oben* 3). Es hat sich gezeigt, daß der erste Keilwinkel in der späten Keilschrift häufig vorkommt; der zweite ist selten und seit etwa 2300 v. Chr. ungebräuchlich.

Schreibausbildung

Schreiber wurden in Schreibschulen ausgebildet. Jungen (und sehr wenige Mädchen) übten, indem sie einige Zeilen kopierten, die ein Lehrer geschrieben hatte – Namen von Göttern, eine Liste von Fachausdrücken, ein kurzes Fragment aus der Literatur oder ein Sprichwort. Viele dieser Schultafeln sind erhalten geblieben. Der Text des Lehrers befindet sich auf der einen, die weniger geschickte Version des Schülers auf der anderen Seite.

Ausgebildete Schreiber hatten viele Aufgaben. Die einflußreichsten Schreiber arbeiteten am Königshof und als Sekretäre von Stadtgouverneuren im Land. Andere waren in Tempeln, in der Textilindustrie, beim Schiffsbau, in Töpfereien und Transportunternehmen tätig. Die meisten arbeiteten jedoch in der Landwirtschaft; sie halfen bei der Instandhaltung von Bewässerungskanälen, registrierten die Essensrationen der Arbeiter und die Lagerung der Ernte. Sie notierten, wie Geräte verteilt und bewacht und Tiere transportiert und übergeben wurden. Einige waren auch Gerichtsschreiber. Viele von ihnen hatten wohl keine wirkliche Macht; aber manche hatten vielleicht ebensoviel Einfluß wie heute der Sekretär einer Institution. In Mesopotamien waren die Schreiber allerdings weniger angesehen als in Ägypten.

Die Entwicklung der Zeichen

1

2

Ursprung und Entwicklung des Keilschriftzeichens für «essen» im Südirak, etwa 3000-600 v. Chr.

1. Die erste Tafel *(oben links)* aus 3000 v. Chr., bei der es um die Verwaltung eines Tempels geht, zeigt das Zeichen noch als Piktogramm: das Profil eines Kopfes mit einem Becher Getreide am Mund.

2. Eine Tempelquittung, etwa 2100 v. Chr. *(links unten)*. Der Becher befindet sich jetzt hinter dem Kopf. Das Wort «essen» wird nun zum Teil phonetisch symbolisiert: durch die Zeichen für «Kopf» und «Nahrung».

3. Die jüngste der drei Tafeln *(rechts oben)*, etwa 600 v. Chr., handelt von Glücks- und Unglückstagen. Das Zeichen ist hier Teil einer schönen, komplizierten Handschrift, die man in der Vergrößerung lesen kann. Die Zeichen sind abstrakt, bedeuten aber immer noch «essen».

3

Unten: Die Gesetzesstele Hammurabis, des Königs von Babylon (1792-50) v. Chr.

Nachdem man zahlreiche Tontafeln aus vielen Perioden der mesopotamischen Geschichte entdeckt und entziffert hatte, konnte man die Entwicklung bestimmter Zeichen verfolgen. Die alten Zahlentafeln aus Uruk mit ihren erkennbar piktographischen Symbolen machten später Keilzeichen Platz, die immer noch Bildern glichen, mit der Zeit jedoch abstrakt wurden. Zur Zeit des assyrischen Reiches im ersten Jahrtausend hatten die Zeichen kaum noch Ähnlichkeit mit ihren piktographischen Vorläufern.

Irgendwann im späten dritten oder im frühen zweiten Jahrtausend änderte sich die Position der Zeichen. Die Piktogramme auf den Tontafeln wurden um 90° gedreht, so daß sie auf dem Rücken lagen. Dasselbe galt für die Richtung der ganzen Schrift: sie wurde nicht mehr senkrecht, sondern waagrecht von links nach rechts geschrieben (wenngleich oft in Spalten wie eine moderne Zeitung). Auf Felsen schrieb man jedoch bis zur Mitte des zweiten Jahrtausends weiter im archaischen Stil. Um die berühmte Gesetzesstele Hammurabis (aus der ersten Hälfte des 18. Jahrhunderts) zu lesen, müssen wir also den Kopf auf die rechte Schulter legen.

Das Datum dieser Veränderung ist ebenso unklar wie der Grund. Einige Wissenschaftler glauben, man habe das Schreiben von links nach rechts aufgegeben, weil dabei Zeichen verwischt wurden. Aber wenn der Ton gut war, geschah das nicht. Wahrscheinlicher ist es, daß die neue Ausrichtung für die Schreiber, die ja Tafel und Griffel halten mußten, bequemer war. Versuche haben das bestätigt. «Es muß von Anfang an eine starke Tendenz gegeben haben, die Tafel in einem anderen Winkel zu beschriften, als sie gelesen wurde», meint ein Wissenschaftler.

Zahlen und Rechnungen

Aus den alten Tontafeln in Uruk wissen wir, daß man in Mesopotamien der Frühzeit im Sexagesimalsystem zählte und rechnete. Wir haben die ursprünglichen sumerischen Ziffern auf S. 64 gesehen. Als die Keilschrift sich weiterentwickelte, wurden diese alten Zahlen zu Keilen:

60^2 x 10 (36,000)	60^2 (3600)	60 x 10 (600)	60	10	1

In der ersten Hälfte des 2. Jahrtausends v. Chr., der altbabylonischen Periode, war dieses System voll entwickelt. Zahlen wurden nun mit Hilfe eines Stellenwertsystems ausgedrückt, so wie wir es heute tun; d. h. der Wert einer Ziffer richtet sich nach ihrer Position in der Zahl. (In der Zahl 555 hat jede Ziffer einen anderen Wert: 500, 50 und 5.) Der einzige schwere Mangel vor 4000 Jahren war das Fehlen der Null. Anscheinend merkten die Schreiber sich anstelle einer Null eine Leerstelle, wenn sie rechneten. Die Symbole des voll entwickelten Stellenwertsystems waren:

5	4	3	2	1
50	40	30	20	10

60^2 x 10 (36,000)	60^2 (3600)	60 x 10 (600)	60

Da 60 und 3600 sowie 600 und 36.000 das gleiche Zeichen hatten, war das System zweideutig. Zwar steht die Ziffer mit dem höchsten Stellenwert immer links (wie in unserem Dezimalsystem); aber wir können die beiden Zahlen oben auf der nächsten Seite dennoch verschieden lesen:

$60 + 10 + 5 = 75$
oder $60^2 + 10 + 5 = 3615$
oder sogar $1 + (15/60) = 1{,}25$

$(2 \times 60) + 40 + 5 = 165$
oder $(2 \times 60^2) + (40 \times 60) + 5 = 9605$
oder $2 + 45/60 = 2{,}75$

In der assyrischen Geschichte gibt es einen berühmten Fall einer Manipulation des Stellenwertsystems. Nachdem Sennacherib 689 v. Chr. Babylon erobert hatte, verkündete er, daß die Stadt auf Befehl des Gottes Marduk 70 Jahre lang verlassen bleiben müsse. Als sein Sohn Esarhaddon 680 den Thron bestieg, erklärte er, er wolle die Stadt wieder aufbauen. Marduk habe nämlich seine ursprüngliche Zahl geändert und so den Fluch auf 11 Jahre verkürzt:

70 11

Links: Eine sumerische Tafel (Vorder- und Rückseite) vom selben Ort und aus derselben Zeit wie die unten transkribierte Tafel. Sie bestätigt, daß Gerste an einen «Pflugmeister» namens Inimanisi geliefert wurde, damit er damit ein bestimmtes Feld bebaute und die Ochsen fütterte, die den Pflug zogen. Auch die Fläche des Feldes ist vermerkt.

Seite 86: Alte babylonische Multiplikationstabelle. Grundlage ist das Sexagesimalsystem, und alle Zahlen sind in Keilschrift geschrieben. Neben den Vielfachen vieler Zahlen enthält die Tafel auch eine Liste der reziproken Werte der Zahlen 1 bis 10 und ihrer Vielfachen. Solche Tafeln ermöglichten es den Schreibern, rasch zu multiplizieren.

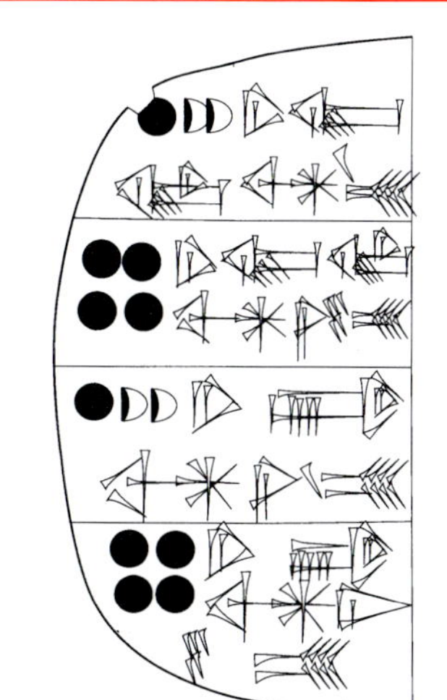

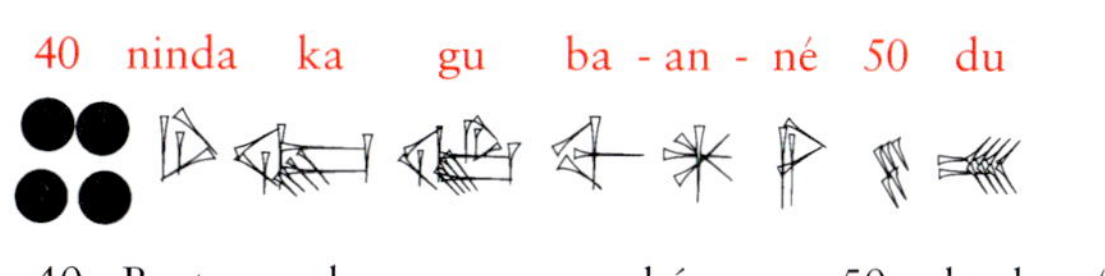

40 Brote kagu pro bán 50 gebacken (?)

Die oben transkribierte Tafel stammt aus Lagasch und gehört in die Periode vor 2350 v. Chr. Anscheinend beschreibt sie verschiedene Mengen zweier Arten von Brotlaiben und ihre Zutaten. Zwei Zählsysteme werden benutzt:
Die Zahl der Brotlaibe (40) ist in alten Zahlenzeichen angegeben (s. S. 64 f.), die Menge der Zutaten (50) in Keilschriftzahlen. Zudem sind hier – im Gegensatz zu älteren Tafeln aus Uruk – nicht nur Zahlen festgehalten, sondern auch eine *Sprache* (Sumerisch). Dennoch verstehen wir den Inhalt nicht ganz, so wie wir die moderne Buchhaltung nicht verstehen, wenn wir mit der Terminologie nicht vertraut sind.

Eine Tafel, die das Eigentum an Feldern betrifft. Sie stammt aus Schuruppak und gehört in die Periode um 2600 v. Chr. Auf beiden Seiten befinden sich insgesamt 104 Eintragungen über die Größe des Feldes und den Namen oder Titel des Eigentümers. Unter den Genannten sind zwei Händler, mehrere Schreiber, ein Fischer und viele andere Berufe. Sie standen vermutlich im Dienst eines Tempels und wurden mit einem Feld belohnt, von dessen Ertrag sie leben konnten. Die Größe der Felder liegt zwischen 2,5 und 10 Iku (2-8 Morgen). Die Gesamtfläche beträgt 672 Iku (etwa 600 Morgen). Auch Gerstenzuteilungen sind

Computer und Keilschrift

Wer Keilschrifttexte nach der traditionellen Methode veröffentlicht, benötigt eine geübte Hand, um sie zu kopieren. Wenn es um eine komplexe Tafel geht (wie die auf S. 88), ist dieses Verfahren immer noch am besten. Aber für einfachere Tafeln haben sich Computer als nützlich erwiesen. Der unten abgebildete Monitor zeigt ein Detail aus dem Foto einer Tafel, eine Zeichnung dieses Textes und eine Zeichnung der ganzen Tafel. Der Prozeß läuft etwa so ab: Ein Scanner digitalisiert das Bild und zerlegt es in einzelne Elemente, so daß der Computer sie verarbeiten kann. Das digitale Foto wird zur Zeichenschablone unter einer leeren elektronischen Leinwand, so daß man die Form der Tafel und die erkennbaren Zeichen auf dem Schirm nachziehen und drucken kann. Diese Kopie wird mit dem Original verglichen, korrigiert und von Hand ergänzt. Dann gibt man sie wieder in den Computer ein und macht auch sie zu einem Zeichenbrett, auf dem man die erste Kopie berichtigen kann. Die Schlußkopie kann man auf elektronischem Wege in ein Manuskript einfügen und veröffentlichen.

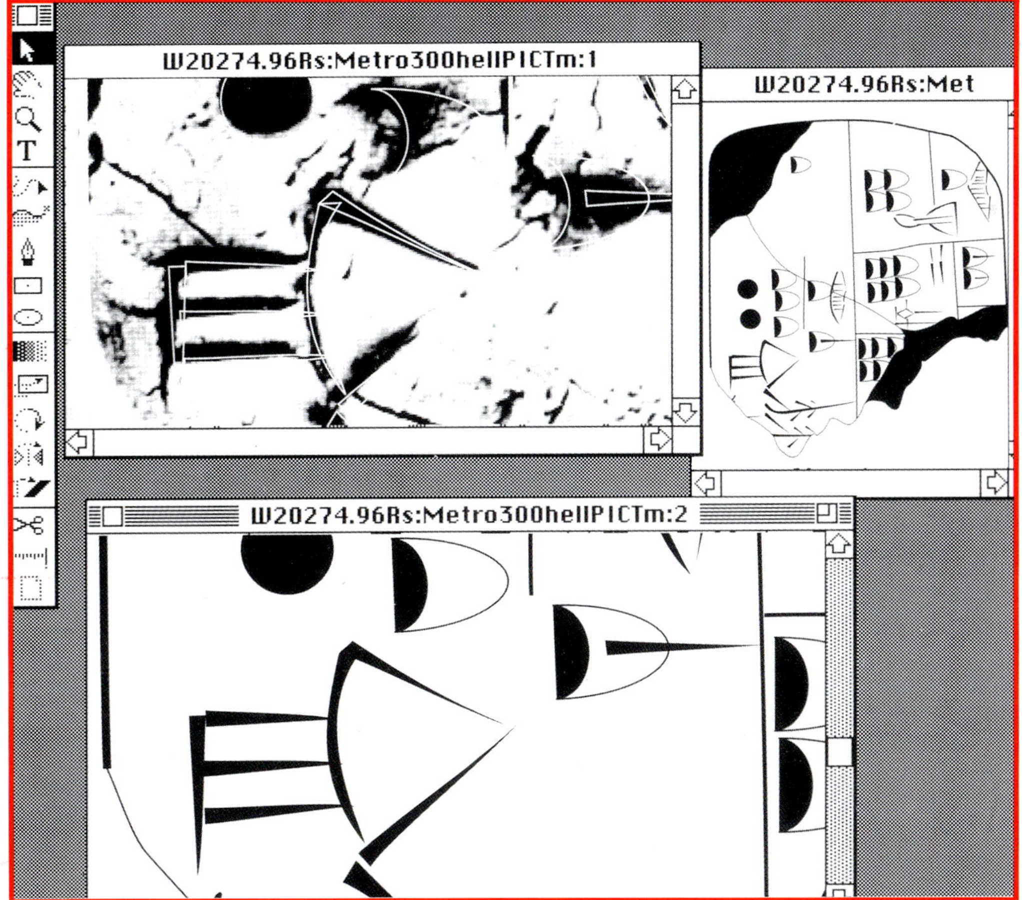

Computerzeichnung einer einfachen Keilschrifttafel in verschiedenen Stadien

Keilschrift-«Literatur»

In diesem Buch können wir die Keilschrift nur oberflächlich behandeln. Die Tontafeln, die wir gesehen haben, vermitteln vielleicht den Eindruck, daß es keine Keilschriftliteratur gegeben hat. In Wirklichkeit gab es viele Schriftwerke, die man Literatur nennen kann, vor allem das Gilgamesch-Epos und einige Werke von Königen und Gemeinen. Wir wollen hier nur zwei kurze Auszüge abdrucken. Der erste stammt aus der Gesetzesstele des babylonischen Königs Hammurabi:

Wenn ein Mann in seinem Haus einen flüchtigen Sklaven oder eine flüchtige Leibeigene im Besitz des Staates oder eines Bürgers beherbergt und trotz der Aufforderung des öffentlichen Ausrufers nicht herausgegeben hat, soll der Herr dieses Hauses erschlagen werden.

Diese Strenge ist typisch für das Gesetz; aber was Frauen und Kinder betraf, war es überraschend fortschrittlich, wohl um sie vor Willkür, Armut und Vernachlässigung zu schützen. Im Epilog konnte Hammurabi mit Recht erklären:

In meiner Brust trug ich die Menschen von Sumer und Akkad. Sie gediehen unter meinem Schutz. Ich habe sie in Frieden regiert. Ich habe sie mit meiner Kraft beschirmt.

Etwa zweieinhalb Jahrhunderte zuvor, um 2000 v. Chr., schrieb ein anonymer Lehrer eine Abhandlung mit dem Titel «Schulzeit», eines der menschlichsten Dokumente, die im Nahen Osten ausgegraben wurden. Darin blickt ein ehemaliger Schüler der Schreiberschule wehmütig auf seine Schulzeit zurück. «Mein Lehrer las meine Tafel und sagte: 'Da fehlt etwas' und schlug mich.» Fast jeder, der Autorität besitzt, findet einen Grund, den Schüler

Keilschrifttafeln der Bibliothek von Ebla, Syrien, um 2300 v. Chr. Im Jahr 1975 wurden hier über 15.000 Tontafeln entdeckt.

zu prügeln, und darum «begann ich die Schreibkunst zu hassen und vernachlässigte sie». Verzweifelt geht der Knabe nach Hause zu seinem Vater und bittet ihn, den Lehrer einzuladen. Dieser kommt, erhält den Ehrenplatz und wird von seinem Schüler bedient, der daraufhin seinem Vater zeigt, wie gut er schreiben kann. Der Vater lobt den Lehrer, wendet sich an seine Diener und sagt: «Laßt duftendes Öl wie Wasser auf seinen Bauch und Rücken fließen. Ich will ihn in ein Gewand kleiden, ihm mehr Lohn geben und ihm einen Ring anstecken.» Die Diener tun, was ihnen befohlen wurde, und der Lehrer spricht zu dem Knaben:

Junger Mann, weil du meine Worte nicht gehaßt und sie befolgt hast, sollst du die Schreibkunst vom Anfang bis zum Ende erlernen. Weil du mir ohne Zögern alles gegeben und mehr bezahlt hast, als ich verdiene, und mich ehrst, möge Nidaba, die Königin der Schutzengel, dein Schutzengel sein, möge dein gespitzter Griffel gut für dich schreiben, mögen deine Übungen fehlerlos sein.

Hethitische Keilschrift und hethitische Hieroglyphen

Die von den Sumerern geschaffene Keilschrift wurde während ihrer dreitausendjährigen Geschichte für 15 Sprachen benutzt, die wir in zwei Gruppen einteilen können: Sprachen, die sumero-babylonische Zeichen und Silben entlehnten (die meisten), und Sprachen, die nur das Prinzip des Tonkeils übernahmen, aber eine neue Keilschrift schufen, die mit den sumero-babylonischen Zeichen nicht verwandt ist.

Die Hethiter, ein indoeuropäisches Volk, das etwa zu Beginn des 2. Jahrtausends v. Chr. in Anatolien auftauchte, gehören zur ersten Gruppe. Bis in unsere Zeit waren die Hethiter fast unbekannt. Es gab nur spärliche Berichte über sie im Alten Testament und in ägyptischen und babylonischen Aufzeichnungen. Dann förderten Ausgrabungen in der hethitischen Hauptstadt bei Boghazköy (das alte Hattusa) 1906 ein königliches Archiv zutage, das 10.000 Schrifttafeln enthielt. Viele davon konnte man auf babylonisch lesen; aber die meisten waren in der unbekannten hethitischen Sprache geschrieben. Die hethitischen Schreiber waren jedoch frei von bestimmten hethitischen Ausdrücken zu den sumerischen oder babylonischen Entsprechungen übergewechselt, wenn sie historische oder rituelle Texte oder Gesetze geschrieben hatten. Das war ein guter Ausgangspunkt für die Entzifferung der hethitischen Keilschrift, die 1933 im wesentlichen beendet war.

Hethitische Hieroglyphen

Die Hethiter schrieben auch Hieroglyphen. Sie benutzten sie beinahe ausschließlich für Inschriften auf Siegeln und Felsen. Vielleicht erfanden sie diese Schrift, weil die ägyptischen Hieroglyphen so schön waren. Das Tarkumuwa-Siegel hat zwei Inschriften, eine in Keilschrift, die andere in Hieroglyphen. Die erste wurde mit *n Tar-rik-tim-me sar mat Er-me-e* transkribiert, das heißt «Tariktimme, König des Landes Erme» (Tariktimme war aus griechischen Quellen als Königsname bekannt). Die zweite Inschrift konnte man nicht übersetzen; aber es war klar, daß der Text doppelt vorhanden war, nämlich auf beiden Seiten der Gestalt in der Mitte. Wahrscheinlich enthielt sie ein Gemisch aus Laut- und Wortzeichen. Das einzelne Dreieck las man als «König», das Doppeldreieck als «Land», und auch die Logogramme für «Gott» und «Stadt» glaubte man identifiziert zu haben. Damit war es möglich, den hethitischen Inschriften die Namen von Königen, Ländern, Göttern und Städten zu entnehmen und unter den Hieroglyphen nach ihren Äquivalenten zu suchen.

Die Entzifferung war nicht das Werk eines einzelnen. Sie wird bis heute mit beträchtlichem, wenn auch nicht spektakulärem Erfolg fortgesetzt.

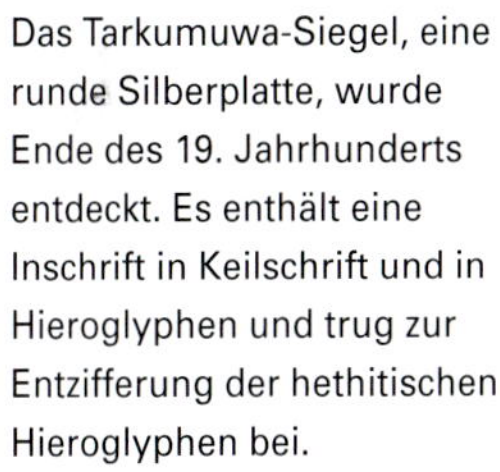

Das Tarkumuwa-Siegel, eine runde Silberplatte, wurde Ende des 19. Jahrhunderts entdeckt. Es enthält eine Inschrift in Keilschrift und in Hieroglyphen und trug zur Entzifferung der hethitischen Hieroglyphen bei.

Unten: Teil einer hethitischen Hieroglyphen-Inschrift (Wachsabdruck) aus Karkemisch. Der Name der Stadt umringt ihr Logogramm [Zeichen], der Name des Sturmgottes Tarhuns umringt das Zeichen [Zeichen].

Kapitel 5 Ägyptische Hieroglyphen

Links: **Auf dieser Schieferpalette des Königs Narmer aus der frühen dynastischen Periode werden die Hieroglyphen bereits phonetisch benutzt, und zwar nach dem Rebusprinzip. Über dem Kopf des Königs, der seinen Feind mit einer Keule schlägt, befinden sich zwei Hieroglyphen, ein Wels und ein Meißel . Sie liefern die Lautwerte nr und mr, was «Narmer» ergibt. Die richtige Aussprache ist n'r, wobei das ' ein gutturaler Laut ist, der in semitischen Sprachen, nicht aber in indoeuropäischen vorkommt.**

Rechts: **Teil eines Privatbriefes auf Papyrus, 11. Dynastie. Vergleichen Sie die hieratischen Zeichen mit ihren hieroglyphischen Entsprechungen links.**

Die Entwicklung der ägyptischen Schrift

Die wohl umstrittenste Frage lautet: Woher kommen die ägyptischen Hieroglyphen? Im Gegensatz zur Keilschrift haben sie sich anscheinend nicht im Laufe von Jahrhunderten entwickelt. Plötzlich, kurz vor Beginn des dynastischen Ägypten, gab es nahezu voll entwickelte Hieroglyphen. Viele Zeichen existierten bereits in der vordynastischen Periode. Man fand sie auf Keramik, Waffen, Amuletten, Ornamenten, Werkzeugen usw. Einige dieser Bildzeichen ähneln den Hieroglyphen des dynastischen Ägypten sehr oder sind identisch mit ihnen. Sie haben topographische (Land, Dorf, Berge) oder geographische (Sterne, Mond, Erde) Bedeutungen; sie symbolisieren Stämme und Gottheiten; und sie stehen für Ideen (z. B. Hacken als Symbol für «Ka», Seele, Geist). Sind diese Zeichen die Vorläufer der Hieroglyphen? Einige Wissenschaftler nehmen es an; doch die meisten halten die vordynastischen Zeichen für kleine Kunstwerke, die mit der Zeit besser wurden und aus denen man die ersten Hieroglyphen auswählte.

Sumerische Einflüsse?

Den Anstoß für die Schaffung der Hieroglyphen könnte die Schrift gegeben haben, die in Mesopotamien um 3300 v. Chr. geschaffen wurde. Es ist durchaus möglich, daß diese Idee auch in das nicht allzuweit entfernte Ägypten vordrang. (Um 3000 wurde Lapislazuli nach Ägypten importiert, wahrscheinlich aus Afghanistan, der nächsten und wichtigsten Quelle, die viel weiter entfernt war als Sumer.) Aber wir wissen es nicht genau. Vielleicht stolperten die Ägypter selbst über das phonetische Prinzip. Zwischen den frühen Hieroglyphen und den sumerischen Piktogrammen bestehen gewiß erhebliche Unterschiede in der Form der Zeichen. Außerdem war die ägyptische Schrift eher konsonantisch als silbisch (Vokale wurden nicht bezeichnet) und besaß mehr Lautzeichen als die sumerische Schrift. Dennoch ist es schwer vorstellbar, daß die Ägypter die Idee, Wortzeichen zu schreiben, nicht von den Sumerern übernahmen.

Aus den Hieroglyphen entwickelten sich zwei Kursivschriften, die hieratische und aus ihr die demotische. Die hieratische Schrift ist fast so alt wie die Hieroglyphen, die demotische entstand etwa 650 v. Chr. (Demotisch war zur Zeit des Rosette-Steins, in der Periode der griechischen Vorherrschaft, die übliche Urkundenschrift.) Die beiden Bezeichnungen sind etwas verwirrend. Hieratisch wurde erst dann eine Priesterschrift, nachdem die demotische Schrift es abgelöst hatte; ursprünglich war es die alltägliche Schrift der Verwaltung und der Kaufleute. Und «demotisch» bedeutet nicht, daß «das Volk» schreibkundig geworden wäre, obwohl das Wort von «demotikos», «allgemein üblich» abgeleitet ist.

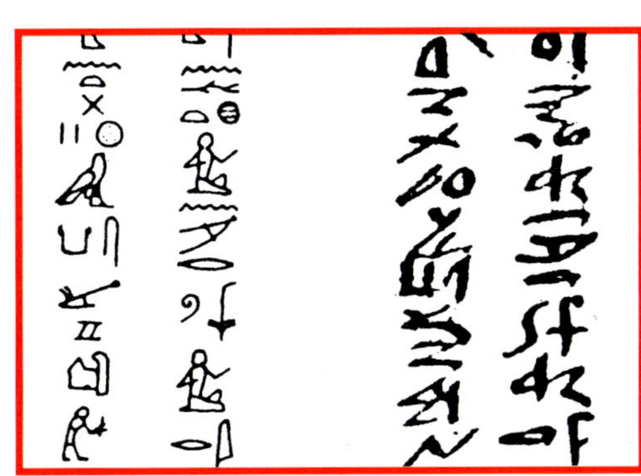

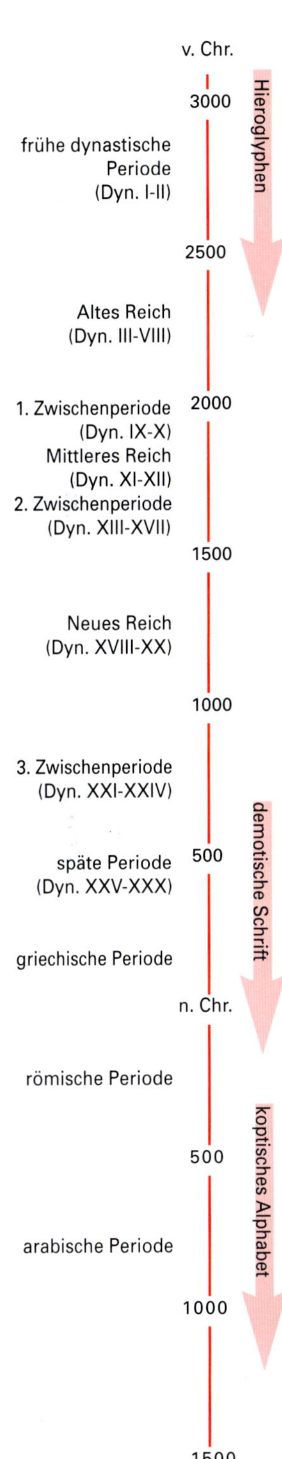

Die Richtung der ägyptischen Schrift

In der Geschichte gab es keine allgemeine Regel, welche die Richtung einer Schrift festgelegt hätte – von links nach rechts, von rechts nach links oder bustrophedon («wie der Ochse pflügt»), also abwechselnd rechts- und linksläufig. Experimente mit Kindern, die schreiben lernen, lassen darauf schließen, daß es einen grundlegenden Unterschied zwischen der natürlichen Anfangsstellung eines Neulings und der Schreibrichtung eines erfahrenen Schreibers gibt und daß dieser Widerspruch manche Schrift destabilisiert hat. Ein rechtshändiges Kind fängt ganz von selbst bei «fünf Uhr» an, dort wo die Hand auf dem Papier liegt. Dann wandert seine Hand nach «elf Uhr», wo Erwachsene beginnen.

Hieroglyphen wurden sowohl von rechts nach links wie auch von links nach rechts geschrieben und gelesen. Doch einerlei, welche Richtung man wählte – die einzelnen Zeichen waren so plaziert, daß das Auge des Lesers sie von vorne nach hinten überflog. Wenn wir also eine hieroglyphische Zeile betrachten, in der die Zeichen (Vögel, Menschen, Tiere usw.) nach rechts zeigen, ist die Schrift linksläufig – und umgekehrt.

Wenn nichts dagegen sprach, bevorzugten die Ägypter allerdings die rechtsläufige Schrift. Gründe, eine bestimmte Richtung zu wählen, waren ästhetische Aspekte und Symmetrie, Respekt vor Götter- oder Königsbildern sowie die Leseleichtigkeit. Ein hübsches Beispiel ist die «falsche Tür» der Khut-en-Ptah auf der folgenden Seite. Solche Türen bildeten in ägyptischen Gräbern die Grenze zwischen dem verbotenen Bereich der Toten und einem ziemlich leicht zugänglichen Teil, in dem Angehörige und Freunde beten und opfern durften. Khut-en-Ptah ist auf der Tür zweimal unten links und zweimal rechts abgebildet, und jedesmal blickt sie nach innen. Die Hieroglyphen-Kolumnen über ihr zeigen ebenfalls nach innen. Die Zeichen auf der rechten Seite sind also Spiegelbilder der links abgebildeten, obwohl die Reihenfolge nicht ganz die gleiche ist. Dem Bildhauer ist jedoch ein Fehler unterlaufen: Ein Zeichen hat die falsche Richtung. Können Sie es in dem untenstehenden Ausschnitt entdecken? Die Antwort steht auf Seite 218.

Die Symmetrie ist angenehm, und es ist ganz natürlich, nach dem «Eintreten» durch die falsche Tür die Hieroglyphen auf beiden Seiten zu sehen und zu lesen: links von der Tür von rechts nach links, rechts von ihr von links nach rechts. Die Hieroglyphen-Zeilen *über* der Tür sind dagegen nur in einer Richtung zu lesen und daher linksläufig.

Die falsche Tür der Khut-en-Ptah, um 2000 v. Chr. Sie zeigt, daß die Richtung der Hieroglyphen variabel ist, je nach Kontext. Khut-en-Ptah war eine Adlige. Diese «falsche Tür» zu ihrem Grab ist auf beiden Seiten gleich beschriftet. Eine Gruppe von Hieroglyphen ist rechtsläufig, die andere linksläufig, so daß jeder, der «durch» die Tür geht, die Zeichen mühelos lesen kann. Die Inschrift in jeder langen Kolumne (unten ist ein Teil zu sehen) lautet: «Eine, die vor Ptah und Sokar verehrt wurde, die edle Dame des Königs, Khut-en-Ptah.» (Nach Zauzich)

Der Klang der altägyptischen Sprache

Niemand weiß, wie die alten Ägypter sich anhörten, wenn sie miteinander sprachen. Die unter Ägyptologen üblichen Schreibweisen ägyptischer Namen und Wörter – zum Beispiel Tutenchamun, Ptah, Ramses und so weiter -, sind Konventionen. Der Name der Königin wird im Englischen Nefertiti geschrieben; im Deutschen heißt sie Nofretete. Statt Amenhotep finden wir auch Imenhetep, Amunhotpe und Amenhetep. Natürlich ist diese Schwierigkeit zum Teil darauf zurückzuführen, daß die altägyptische Sprache seit langem ausgestorben ist. Aber sie rührt auch daher, daß die alten Ägypter die Vokale nicht kennzeichneten. In Kenntnis dieser Tatsache fügen die Ägyptologen meist ein kurzes e zwischen den Konsonanten ein. Daher wird *mn* (von Ägyptologen) *men* ausgesprochen, *wbn* wird *weben* und *nfrt* wird *nefret.*

Trotzdem wissen wir einiges über die ursprüngliche Aussprache der Hieroglyphen. Es gibt nämlich zwei wichtige Anhaltspunkte. Der erste ist das Koptische, die letzte Entwicklungsstufe des Ägyptischen. Nur in dieser Epoche wurden Vokale geschrieben. Koptisch, das die koptische Kirche heute noch benutzt, wird hauptsächlich mit griechischen Buchstaben geschrieben, die wir mehr oder weniger gut aussprechen können. Zweifellos unterschied die Aussprache des Koptischen sich selbst in den ersten Jahrhunderten n. Chr. erheblich vom Griechischen und noch mehr vom Ägyptischen, das im Alten Reich gesprochen wurde; dennoch ist sie ein nützlicher Fingerzeig. Obwohl das koptische Vokabular griechische und andere Fremdwörter enthielt, stammt es zum größten Teil aus pharaonischen Zeiten. In der folgenden Liste finden Sie Koptisch auf der rechten, Hieroglyphen auf der linken Seite.

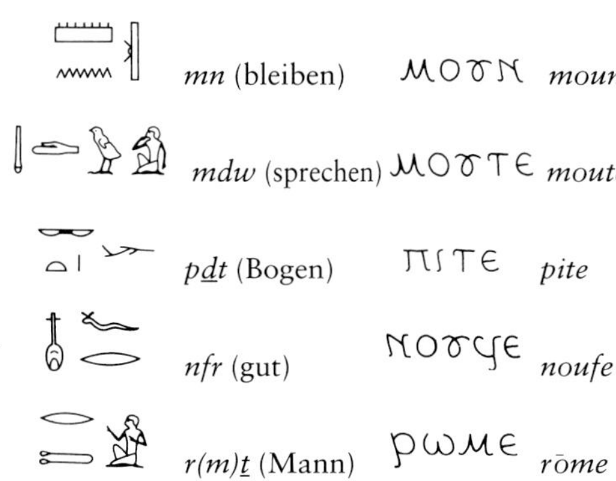

Hieroglyphen und ihre koptischen Entsprechungen.

Den zweiten Schlüssel zur Aussprache liefern alte Sprachen – Assyrisch und Babylonisch -, in denen die Vokale geschrieben wurden. Ihre Inschriften enthalten voll vokalisierte Transkriptionen ägyptischer Wörter, so wie das Englische französische Wörter entlehnt hat, z. B. «fiancé», und das Französische englische Wörter verwendet, etwa «le weekend». Auch beim Rosette-Stein war der «Fremdwörterschlüssel» von entscheidender Bedeutung für die Entzifferung. Die ältesten und wichtigsten dieser Transkriptionen finden sich in Keilschriftdokumenten aus der Zeit des ägyptischen Neuen Reiches. *R'-mss* (Ramses) wird zum Beispiel in der Keilschrift mit *Riamesesa*, *'Imn-htp* (Amenhotep) mit *Amanhatpi* wiedergegeben.

Wissenschaftler kombinieren die Hinweise im Koptischen und in fremdsprachigen Texten, die gleich alt sind wie die ägyptischen Handschriften, und leiten daraus begründete Vermutungen über die Aussprache der Konsonanten und Vokale im Altägyptischen ab. Leider werden sie aber nie sicher sein, ob ihre Annahme richtig ist.

Das hieroglyphische «Alphabet»

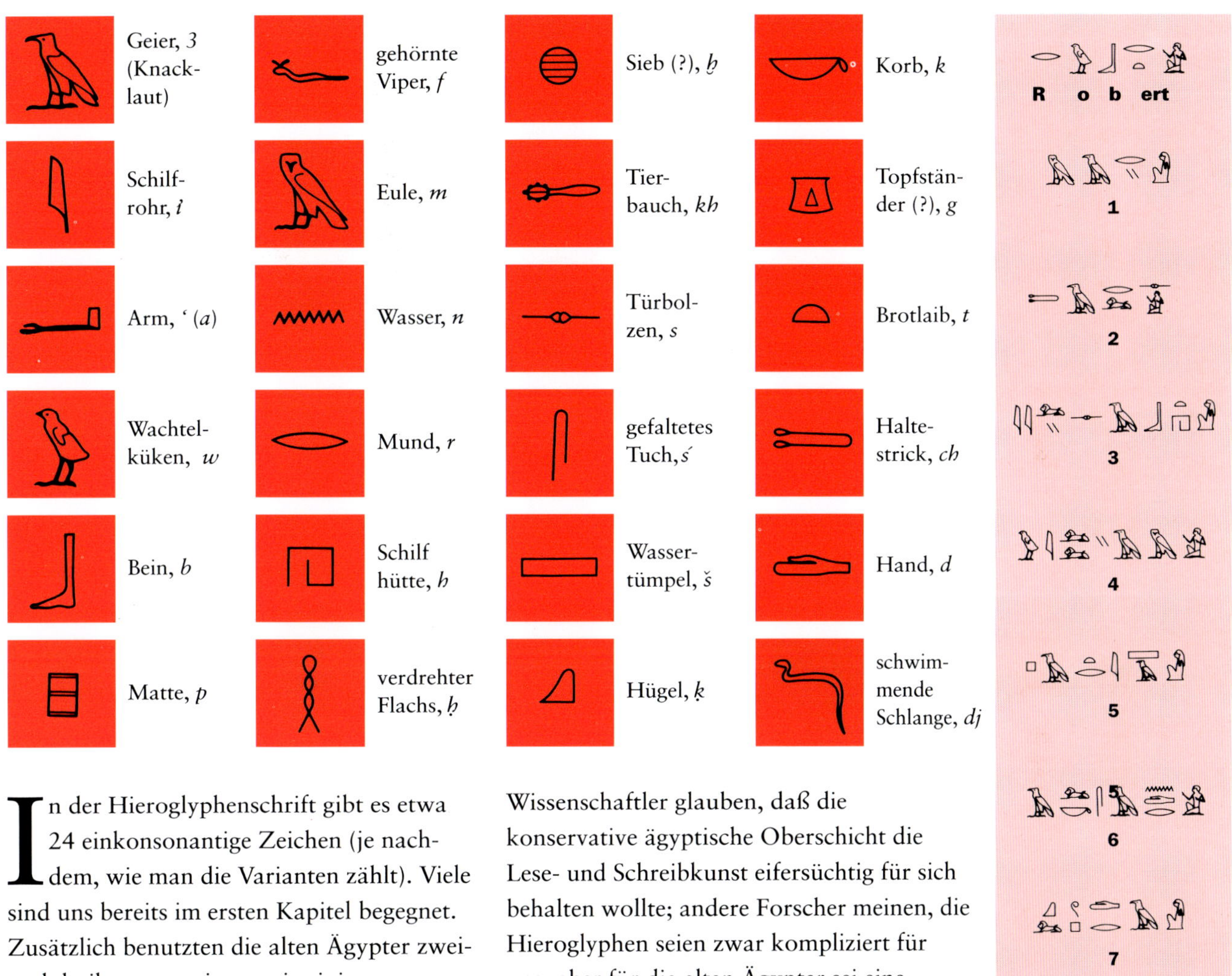

In der Hieroglyphenschrift gibt es etwa 24 einkonsonantige Zeichen (je nachdem, wie man die Varianten zählt). Viele sind uns bereits im ersten Kapitel begegnet. Zusätzlich benutzten die alten Ägypter zwei- und dreikonsonantige sowie einige nichtphonetische Zeichen. Die wenigen einkonsonantigen Symbole nennt man oft «Alphabet», obwohl darunter keine echten Vokale sind und obwohl sie nicht anders angewendet wurden als die übrigen phonetischen Zeichen. Wenn die Ägypter aber vor fast 5000 Jahren ein Alphabet hatten – warum brauchten sie dann all die anderen Zeichen? Warum machten sie ihre Schrift komplizierter als nötig? Eine klare Antwort gibt es nicht. Manche Wissenschaftler glauben, daß die konservative ägyptische Oberschicht die Lese- und Schreibkunst eifersüchtig für sich behalten wollte; andere Forscher meinen, die Hieroglyphen seien zwar kompliziert für uns, aber für die alten Ägypter sei eine gemischte Schrift aus Hunderten von Laut- und Wortzeichen – mit einem hohen Anteil der letzteren – sogar eine *bessere* Methode gewesen, die ägyptische Sprache exakt wiederzugeben. Für beide Auffassungen gibt es Indizien.

Hie sind einige moderne Vornamen mit Hieroglyphen geschrieben. Der erste ist transkribiert. Versuchen Sie, die anderen zu lesen! Die richtigen Antworten finden Sie auf Seite 218. (Nach Zauzich)

Die verborgene Macht der Hieroglyphen

Links: Hölzernes Spiegelkästchen des Tutenchamun in der Form eines «ankh».

Rechts: «Verewigte Prahlerei». Hieroglyphen im Tempel des Amun-Re zu Karnak preisen König Senusret I. (1965-1920 v. Chr.). Der Gott Atum führt den König zu seinem göttlichen Vater Amun-Re. Anders als die Götter des klassischen Griechenlands und Roms verkörperten die ägyptischen Götter nicht immer abstrakte Ideen. Es gab z. B. keinen ägyptischen Gott der Weisheit.

Hieroglyphische Inschriften werden zuweilen als «verewigte Prahlerei» bezeichnet. Aber die schönsten von ihnen üben einen rätselhaften Zauber aus, der den Reiz der anderen alten Schriften übertrifft. Die beiden hier abgebildeten Inschriften sind herrliche Beispiele dafür – Schrift verschmilzt mit Kunst. Die geschickte Integration der Hieroglyphen in die Gegenstände, die sie schmücken, ist ein hervorstechendes Merkmal der ägyptischen Schrift.

Das «ankh» ist sowohl eine Hieroglyphe wie auch ein Symbol des Lebens. Das Spiegelkästchen fand man im Grab Tutenchamuns. Die vertraute Kartusche des Pharaos befindet sich unten am Griff. In der Kartusche darüber steht ein weiterer Name des Königs, Nebkheperure; er ist außerdem in der Mitte des Behälters in Glasfluß eingelegt. Der «Korb» (hellblau) hat den Lautwert *neb*, der Skarabäus (königsblau) *kheper*, die drei Striche unter dem Käfer *u* und die Sonne (rot) *re*.

Hieroglyphenarten

Links: Thot, der göttliche Schutzpatron der Schreiber opfert «alles Leben und alle Herrschaft» dem Osiris. Aus dem Begräbnispapyrus des königlichen Schreibers und Kämmerers des Pharaos Seti I., Memphis, XIX. Dynastie, um 1310 v. Chr.

Mit diesem Vorbehalt können wir die Hieroglyphen wie folgt einteilen:

1. einkonsonantige Zeichen (das «Alphabet»)
2. zweikonsonantige Zeichen
3. dreikonsonantige Zeichen
4. phonetische Ergänzungen
5. Determinative/Wortzeichen

Die einkonsonantigen Zeichen sind auf Seite 97 aufgelistet. Hier sind einige zwei- und dreikonsonantige Symbole:

Zweikonsonantige Zeichen

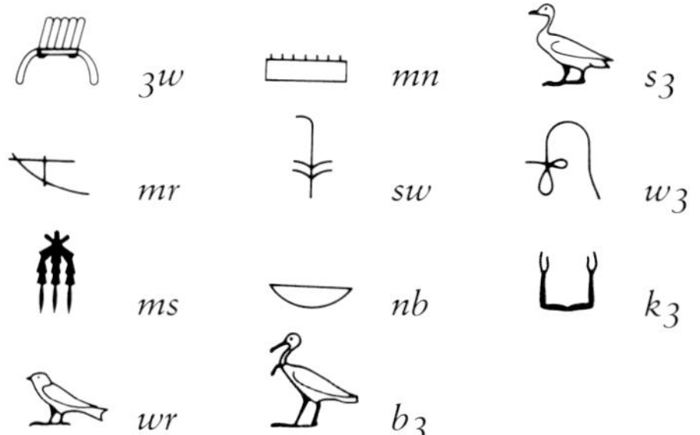

Dreikonsonantige Zeichen

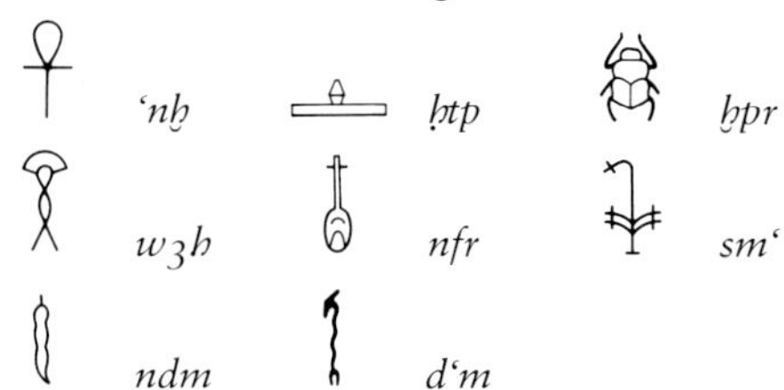

Wie die Hieroglyphen in etwa ausgesprochen wurden, haben wir bereits im Zusammenhang mit dem Namensring des Tutenchamun (S. 34 f.) und anderen von Champollion entzifferten Wörtern erörtert. Wir wissen, daß die Schrift ein Gemisch aus Wort- und Lautzeichen ist und daß viele Symbole je nach Kontext phonographisch oder logographisch sein können. Die Grenzen sind fließend – Hieroglyphen kennen keine Kastenunterschiede.

Von «phonetischer Ergänzung» sprechen wir, wenn einem Wort ein einkonsonantiges Zeichen oder mehrere hinzugefügt werden, um seine Aussprache klarzustellen. Das ist so ähnlich, als würden wir neben die Bilder zweier Insekten ein b und ein w schreiben, um «Biene» von «Wespe» zu unterscheiden. In der ägyptischen Schrift ist die phonetische Ergänzung meist ein einzelnes Zeichen, das den Schlußkonsonanten des Hauptzeichens wiederholt.

Hier sind einige phonetische Ergänzungen hervorgehoben:

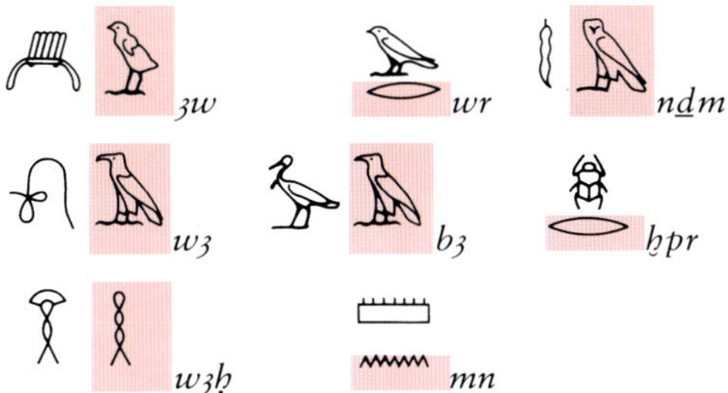

Häufig wurden auch zwei oder gar drei Zeichen hinzugefügt:

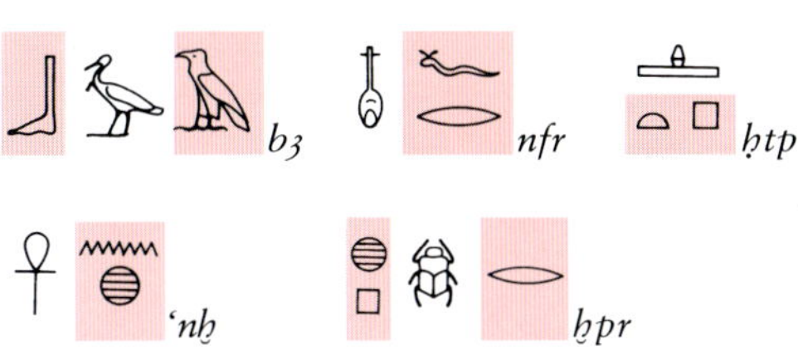

Determinative sind Wortzeichen am Ende von Lautzeichen, welche die Bedeutung eines Wortes angeben, wenn es mehrdeutig ist. (Auch Kartuschen sind eine Art Deutzeichen, ähnlich wie Großbuchstaben, die im Englischen auf einen Namen hinweisen.) Viele Determinative (nachfolgend hervorgehoben) sind eindeutig piktographisch:

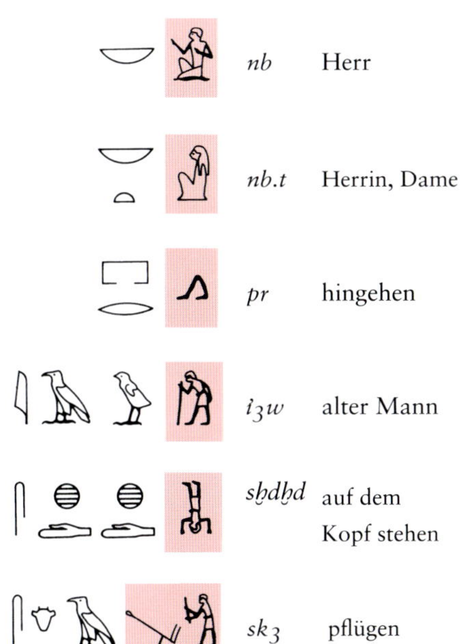

Das Determinativ «schlagender Mann» im letzten Wort wird auch in den Worten für «Erziehung» und «Steuern» benutzt! Es bezeichnet also Zwang jeder Art.

Ein herrliches Beispiel für Determinative liefert das Wort *wn* (*wen*), das aus dem Doppelkonsonanten und einer phonetischen Ergänzung besteht. Beide kann man mit den folgenden sechs Deutzeichen (nachfolgend hervorgehoben) verknüpfen:

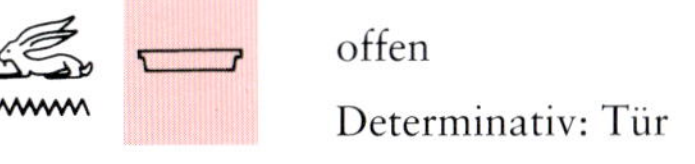

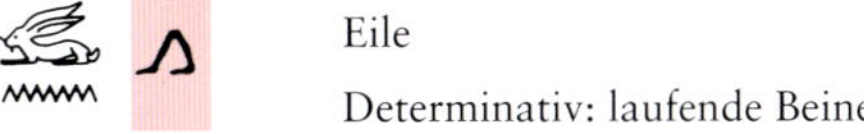

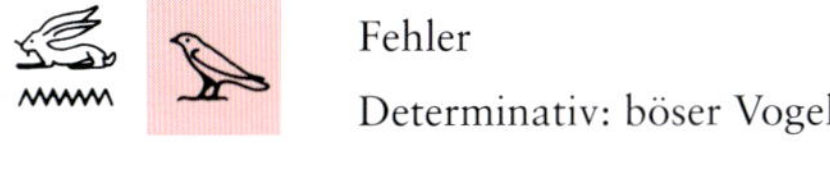

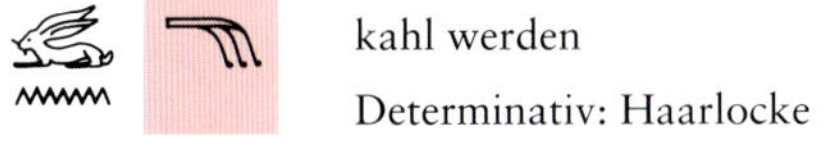

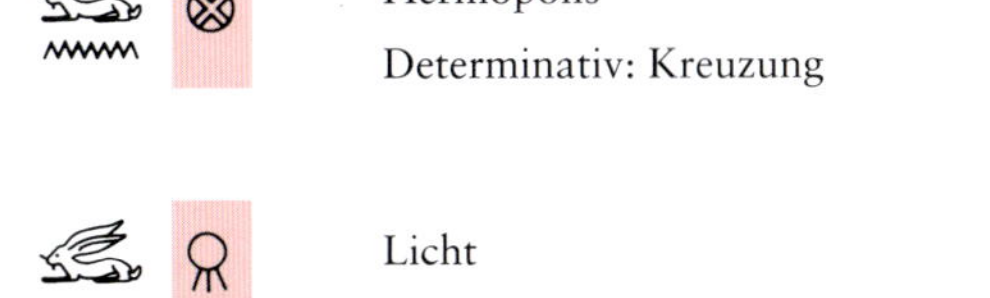

Manchmal benutzte man mehr als ein Determinativ:

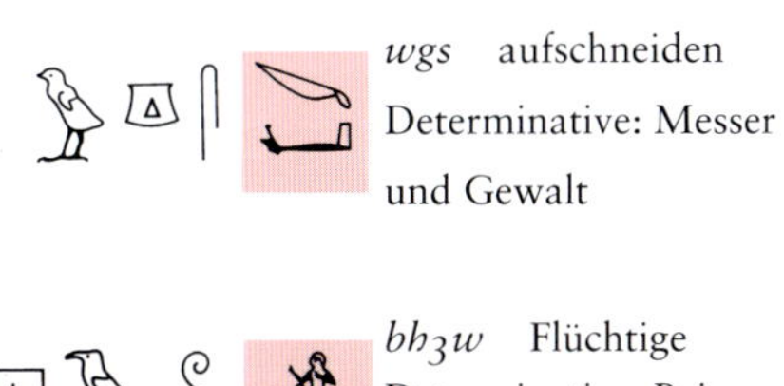

Das Buch der Toten

Im alten Ägypten gab es viele Abschriften des *Buches der Toten*. Sie enthielten religiöse Sprüche und Bilder auf Schriftrollen aus Papyrus und wurden in Gräbern aufbewahrt. Sie sollten die Toten in der anderen Welt glücklich machen. Ihre Qualität war sehr unterschiedlich, je nach dem Wohlstand des im Buch Erwähnten. Einige enthielten eine individuelle Textauswahl und schöne Illustrationen, andere waren Standardwerke ohne besonderen Kunstwert, in die der Name des Käufers eingefügt wurde.

Dieses Beispiel *(rechts)*, eines der schönsten, gehörte einem Mann namens *P3-wỉ3-n-‘d3* (Pawiaenadscha). Der Text links ist hieratisch, auf der rechten Seite sehen wir Hieroglyphen. Der Rahmen des Bildes besteht ebenfalls aus Hieroglyphen: unten sehen wir das Erdzeichen *t3*, oben das Zeichen für «Himmel», *p.t*, links und rechts zwei Szepter, *w3s*. Der Tote (rechts) gießt kühles Wasser auf Opfergaben, die er auf einen Altar vor den Gott Osiris gelegt hat.

Der hieroglyphische Text beginnt nicht ganz links oder rechts, sondern in der 2. Kolumne von links (siehe Pfeil); er wird von oben nach unten gelesen. Hier ist er waagrecht gedruckt, so daß Sie ihn von links nach rechts lesen können:

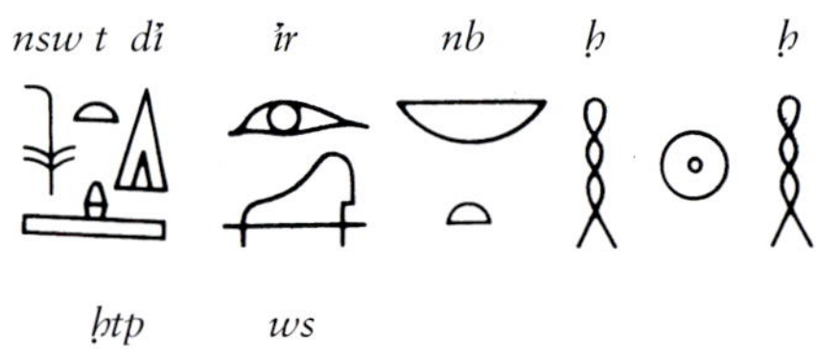

Ḥtp-dỉ-nsw.t Wsỉr nb (n)ḥḥ

Diese Worte kann man so übersetzen: «Ein Opfer, das der König Osiris, dem Herrn der Ewigkeit, gibt ...» (Das kleine ⌓ unter dem *neb*-Zeichen ist offenbar ein Schreibfehler; *nḥḥ* ist hier ohne das übliche Anfangs-*n* geschrieben.)

Der hieroglyphische Text fährt fort: «... dem großen Gott, dem Vornehmsten des Westens, damit der Vater des Gottes, Amun-Re, der König der Götter, Pawiaenadscha, der die Wahrheit spricht, ein gutes Begräbnis geben möge.»

Die letzte Kolumne der Hieroglyphen, ganz rechts, enthält das Zeichen eines Kindes, das die Hand zum Mund führt. Das entsprechende *hieratische* Zeichen sehen sie am Anfang (ganz rechts) der zweiten hieratischen Zeile.

Einige hieroglyphische Wörter

Wie wir gesehen haben, kann eine bestimmte Hieroglyphe verschiedene Funktionen haben. Sie kann in einem Wort ein Logogramm, in einem anderen ein Phonogramm (das Rebusprinzip) sein und in beiden Fällen zugleich ein Piktogramm. Ein gutes Beispiel ist , das «Riedgras», die Wappenpflanze Oberägyptens:

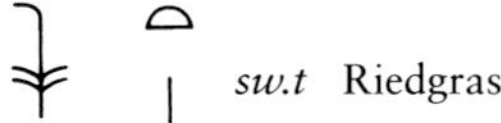

sw.t Riedgras

Hier ist ein Logogramm mit der phonetischen Ergänzung und dem Determinativ , das anzeigt, daß hier ein Logogramm ist.

Hnsw Mondgott

Hier ist ein zweikonsonantiges Phonogramm, und die beiden ersten Zeichen sind einkonsonantig.

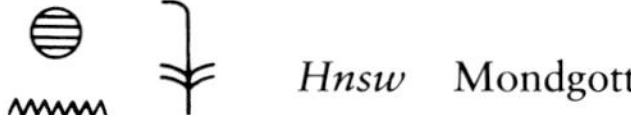

n-sw.t König von Oberägypten

Hier ist ein Logogramm und ein Phonogramm. Es steht am Anfang des Wortes, um Respekt vor dem königlichen Emblem zu bezeugen. Würden wir uns nur nach der Reihenfolge der Zeichen richten, wäre das Ergebnis nicht *n-sw.t*, sondern *sw-t-n*.

Das *t* am Ende dieser beiden Worte ist eine weibliche Endung. Sie erscheint in der Transliteration nach einem Punkt.

nb Herr

nb.t Dame, Herrin

sn Bruder

sn.t Schwester

(Aber nicht jedes Schluß-*t* ist eine weibliche Endung.) Plurale werden auf mindestens zwei Arten logographisch angezeigt. Man kann drei Striche hinzufügen:

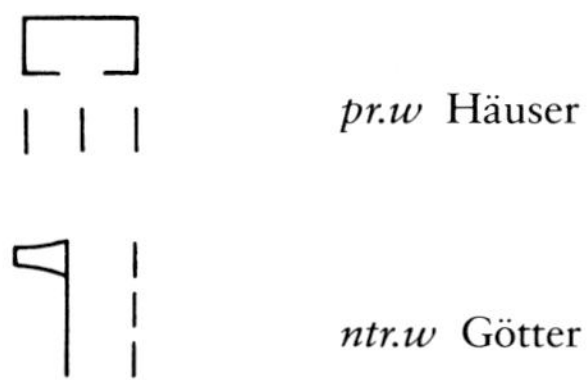

pr.w Häuser

ntr.w Götter

oder das Logogramm selbst verdreifachen:

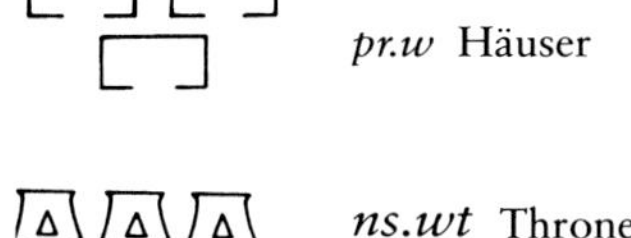

pr.w Häuser

ns.wt Throne

In der Transliteration ist die Endung *w*, wenn das Hauptwort männlich ist, *wt*, wenn es weiblich ist. Der trennende Punkt bedeutet Plural.

Oft kann man zwei Worte verbinden, um den Genitiv auszudrücken:

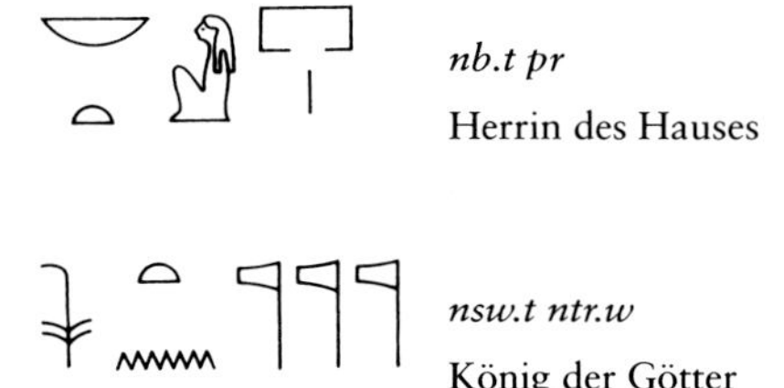

nb.t pr
Herrin des Hauses

nsw.t ntr.w
König der Götter

Eine glasierte Fliese Ramses' II.

Dies ist der «praenomen» (Thronname) Ramses' II., mit weißer Fayence in blaue Fayence eingelegt. Wir können die Hieroglyphen wie folgt transliterieren:

☉ (Sonne) Logogramm für den Gott Re

(Schakalkopf) dreikonsonantiges *wsr*: «stark sein»

(Göttin mit Feder) Logogramm für Maat (*M3ʿt*), die Göttin der Gerechtigkeit, die ein «ankh» (Leben) trägt.

(Krummaxt auf einem Holzblock) dreikonsonantiges *stp*: «auserwählt»

(Wasser) «Buchstabe» *n*

Der Name des Sonnengottes Re kommt zweimal vor. Beide Male wurde er aus Respekt vor dem Gott an die erste Stelle gerückt. Wir müssen die Zeichen daher so lesen:

Wsr- m3ʿ.t-Rʿ-stp-n-Rʿ

(User-maatre-setepenre)

Der erste Teil des *praenomens* ist die ursprüngliche Form von Ozymandias, dem Titel von Shelleys Gedicht über eine der zerstörten Statuen Ramses' II. in Luxor. Berühmt sind die Zeilen

> Mein Name ist Ozymandias, König der Könige:
> Seht meine Werke, ihr Mächtigen, und verzweifelt!

Der Rest der Übersetzung des *praenomens* ist völlig ungewiß, wie bei vielen anderen altägyptischen Königsdarstellungen. Die bevorzugte Übersetzung lautet: «Die Maat von Re ist stark, für Re auserwählt.» Denkbar wäre auch: «Stark in bezug auf die Maat von Re, die Re auserwählte.»

Die Berufsschreiber

«Ein fürstlicher Beruf.» Diese Kalksteinstatue, in Saqqara ausgegraben, ist 4500 Jahre alt. Ein Schreiber namens Kai sitzt in der üblichen Haltung da und hat eine halbgeöffnete Papyrusrolle auf dem Schoß. Die Augen sind mit weißem Quarz, Kristall und Elfenbein eingelegt.

Es ist nicht leicht zu schätzen, wie viele Bewohner Altägyptens lesen und schreiben konnten. Die Zahl der Einwohner kennen wir ungefähr: Offenbar stieg sie von einer Million während des Alten Reiches auf viereinhalb Millionen in der griechisch-römischen Periode. (Heute hat Ägypten fast 60 Millionen Einwohner.) Davon war vielleicht ein Prozent schreibkundig, später meist Griechen. Im Alten Reich gab es also wohl weniger als 10.000 Menschen, die lesen und schreiben konnten, und die Hieroglyphen waren noch weniger bekannt. In der griechischen Periode könnte diese Zahl sich noch verringert haben, da die Tempelpriester die Schrift bewußt komplizierter machten, um Laien auszuschließen.

Wie in Mesopotamien lebten auch ägyptische Schreiber vergleichsweise angenehm. Aber wir wissen weniger über sie, weil Berichte über sie auf Papyrus geschrieben wurden (Schreiber erwähnte man kaum in

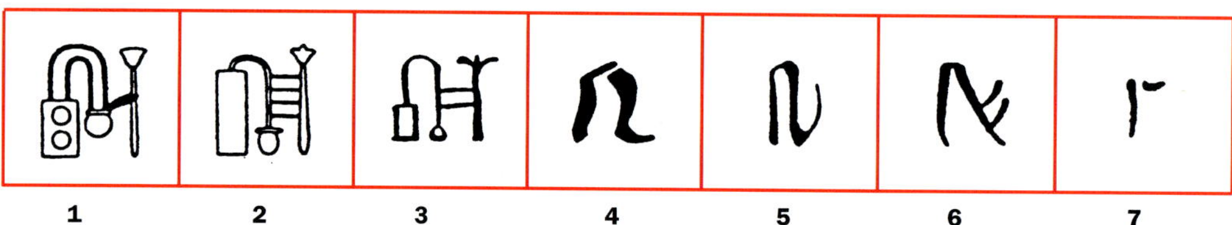

Unten: Hieroglyphische, hieratische und demotische Form des Zeichens «Schreiber»:

1 hieroglyphisch, um 1500 v. Chr.
2 hieroglyphisch, 500-100 v. Chr.
3 hieroglyphische Buchschrift, um 1500 v. Chr.
4 hieratisch, um 1900 v. Chr.
5 hieratisch, um 1300 v. Chr.
6 hieratisch, um 200 v. Chr.
7 demotisch, 400-100 v. Chr.

Inschriften) und Papyri sich nicht so gut erhalten haben wie Tontafeln. Erhaltene Fragmente geben angehenden Schreibern moralische Ratschläge, die an Keilschrifttafeln erinnern. Ein Lehrer schreibt an seinen Schüler: «Ich weiß, daß du deine Studien oft vernachlässigst und Vergnügungen suchst, daß du von Straße zu Straße gehst und jedes Haus nach Bier stinkt, wenn du es verläßt. Knabe, du hörst nicht zu, wenn ich spreche! Du bist dicker als ein großer Obelisk, der 100 Cubit hoch und 10 Cubit breit ist.» Ein anderes Fragment handelt von einem Vater, der seinen Sohn zur Schule bringt und ihm rät, eifrig zu lernen, um nicht von harter Arbeit leben zu müssen. «Ich habe den Schmid bei der Arbeit an seinem Schmelzofen gesehen», erklärt der Vater. «Seine Finger sind wie Krokodilshaut, und er stinkt schlimmer als Fischrogen.» Dann schmäht er der Reihe nach alle manuellen Tätigkeiten. In einem anderen Papyrus heißt es: «Der Schreiber hat einen fürstlichen Beruf. Sein Schreibmaterial und seine Bücherrollen bringen Freude und Wohlstand.»

Links: Der Aufseher der königlichen Schreiber, Hesire. Aus Saqqara, um 2700-2650 v. Chr. In diesem Holzschnitt hält Hesire seine Schreibutensilien in der linken Hand. Die Hieroglyphen über seinem Kopf enthalten das Zeichen für «Schreiber». Hesire war auch oberster Zahnarzt!

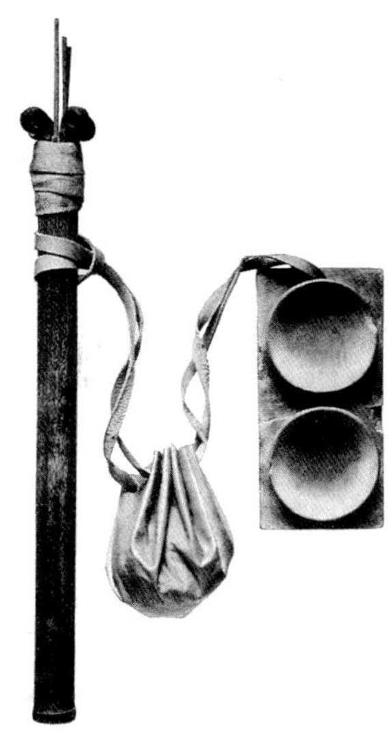

Oben: Schreibgeräte. Die Schieferpalette hat zwei Vertiefungen für die Tinte, einen Holzbehälter für einen Pinsel aus weichem Meeresschilf und einen Krug für das Wasser, mit dem man den Pinsel befeuchtete.

Papyrus

Der Name «Papyrus» ist offenbar vom ägyptischen «pa-en-per-aa», «das, was dem König gehörte» abgeleitet. Papyrus wurde wahrscheinlich unter königlichem Monopol hergestell. Es begann mit dem Mark des Papyrusschilfs, das man der Länge nach in dünne Scheibchen schnitt, senkrecht nebeneinander legte, so daß sie sich ein wenig berührten und horizontal mit einer weiteren Scheibchenschicht bedeckte. Diese «Matte» klopfte man mit einem Holzhammer und ließ sie mehrere Wochen unter einem schweren Gewicht liegen. Wenn der Saft trocknete, wurde daraus ein festes Blatt. Die Blätter klebte man zusammen und machte lange Rollen. Die Seite mit waagrechten Fasern mußte oben sein, damit das aufgerollte Blatt auf der beschrifteten Seite nicht brach.

Links: Tutenchamuns Schreibgeräte *(von links nach rechts)*: Elfenbeinpalette, vergoldete Holzpalette, Polierkolben aus Elfenbein und Gold, kunstvolles Pinselkästchen aus vergoldetem und eingelegtem Holz.

Kapitel 6 *Linear B*

Porträt von Sir Arthur Evans (1851-1941) in Knossos. Evans hält eine Linear-B-Tontafel in der Hand, ein deutlicher Hinweis auf seine frühe Begeisterung für diese Schrift. Das Porträt malte Sir W. B. Richmond 1907. Als Evans 1941 starb, hatte er bei der Entzifferung der Linearschrift B kaum Fortschritte gemacht.

«Thronsaal» im Palast zu Knossos, restauriert nach den Vorstellungen von Evans. Evans war davon überzeugt, daß ein gebräuchliches Zeichen im Linear B, das 𐀵, ein Piktogramm für «Thron» war. 𐀀 war nach Evans ein Piktogramm für «Doppelaxt», ein Motiv, das an verschiedenen Stellen des Palastes erscheint (eine Doppelaxt ist durch die Tür zu sehen). Beide Annahmen erwiesen sich als völlig falsch.

Unten: Die erste veröffentlichte Linear-B-Tafel. Evans veröffentlichte sie im Jahr 1900.

Im 19. Buch der *Odyssee* heißt es: «Draußen, inmitten der weindunklen See, liegt ein Land namens Kreta, ein reiches, liebliches Land, vom Meer umspült an allen Seiten; dort gibt es viele Völker und neunzig Städte. Dort mischt eine Sprache sich mit der anderen ... Eine der Städte ist Knossos, eine große Stadt; dort war Minos neun Jahre König, der gütige Gefährte des mächtigen Zeus.» Mehr als 2500 Jahre nach Homer, im Jahre 1900, begann der Archäologe Arthur Evans die «große Stadt» Knossos auszugraben und zu rekonstruieren. Er entdeckte etwas, was er für den Palast des Königs Minos hielt, samt seinem berüchtigten Labyrinth, in dem der Minotaurus lebte. Außerdem fand er Tontafeln mit Zeichen, die keine Ähnlichkeit mit den Hieroglyphen, der sumerischen Keilschrift und dem griechischen Alphabet hatten. Evans war davon überzeugt, daß die Tafeln nicht griechisch beschriftet waren; darum gab er ihr die Bezeichnung «minoisch» und nannte die unbekannte Schrift «Linearschrift der Klasse B». Die letzten 40 Jahre seines Lebens verbrachte er damit, sie zu entziffern-erfolglos. Die Entzifferung des Linear B durch Michael Ventris im Jahre 1952 steht Champollions Entzifferung der Hieroglyphen im Jahre 1823 kaum nach. In beiden Fällen war der Durchbruch hauptsächlich einem hochbegabten Mann zu verdanken. Linear B ist die älteste europäische Schrift, die wir verstehen. Obwohl sie 1500 Jahre jünger ist als die ältesten Schriften Sumers und Ägyptens, geht sie den griechischen alphabetischen Inschriften ein halbes Jahrtausend voraus.

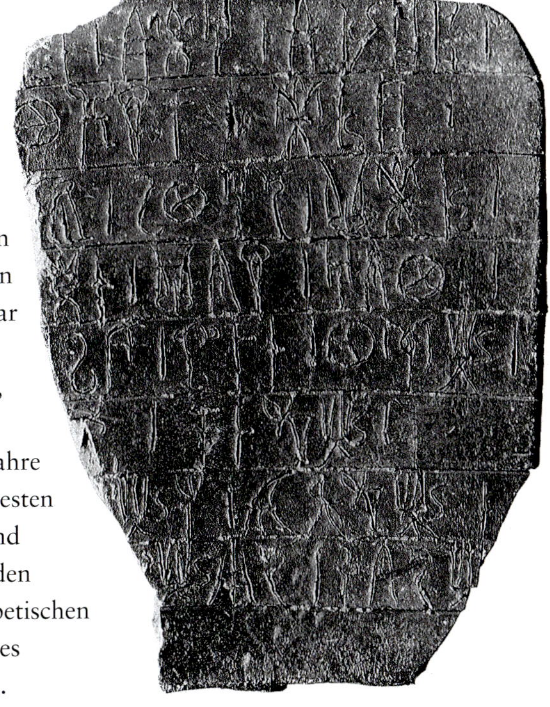

Arthur Evans als Entzifferer

Obgleich es Evans nicht gelang, Linear B zu entziffern, machte er einige wichtige Schritte in die richtige Richtung. Zunächst erkannte er, daß man im alten Kreta mindestens drei verschiedene Schriften benutzt hatte: eine «hieroglyphische» Schrift, Linear A und Linear B. Die Hieroglyphen waren auf Siegelsteinen entdeckt worden, und sie hatten eine oberflächliche Ähnlichkeit mit den ägyptischen Hieroglyphen (siehe dazu S. 149). Linear A fand man als Inschrift auf Tontafeln, vor allem im Palast des Minos im Süden Kretas; in Knossos gab es nur sehr wenig Linear A. Linear B war nur in Knossos entdeckt worden. Später tauchte es allerdings zu jedermanns Überraschung und zum gelinden Kummer Evans' auch in Griechenland auf (man fand es 1939 in einem großen Tontafellager im antiken Pylos). Obwohl Linear A und B mit Sicherheit verwandt sind, haben sie viele unterschiedliche Zeichen. Linear A ist heute noch im wesentlichen unentziffert. Evans konzentrierte sich auf Linear B und identifizierte die kurzen senkrechten Striche, die häufig nahe der Zeilenlinien zu sehen waren, als Worttrenner:

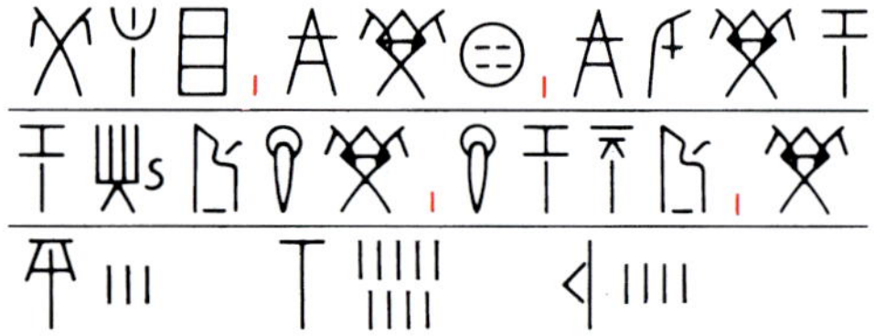

Auch das Zahlensystem erkannte er:

| = 1 Einheit — = 1 zehn

○ = 1 hundert -◇- = 1 tausend

Hier sind zwei Beispiele für Zahlen auf den Linear-B-Tafeln, 362 und 1350:

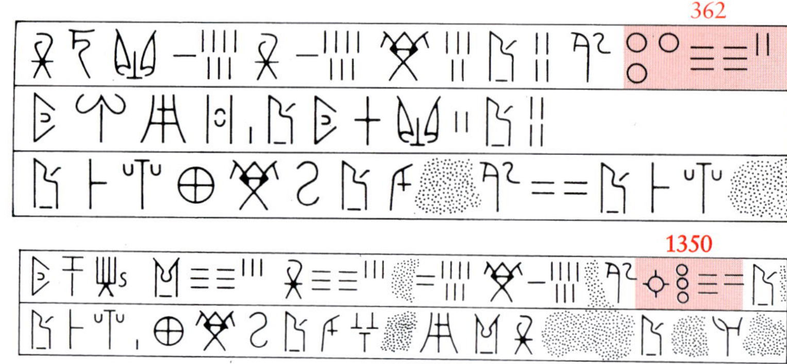

Evans fand zudem heraus, daß viele Tafeln Inventare waren und daß die Summe, oft mit einem Piktogramm, unten stand. Zum Beispiel:

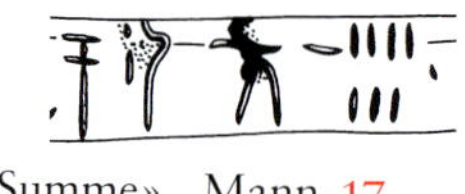

«Summe» Mann 17

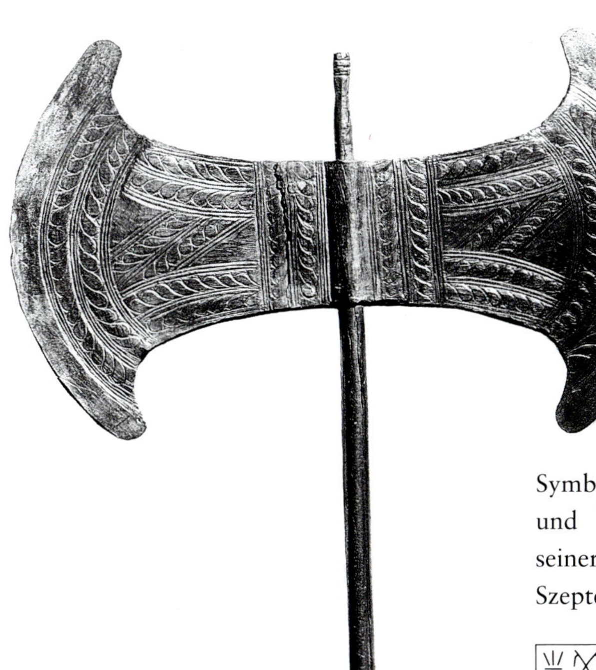

Links: Minoische goldene Doppelaxt aus Arkalochori, Kreta, um 1500 v. Chr. Dieses Motiv wurde an verschiedenen Stellen des Palastes zu Knossos und in unterschiedlichen Formen gefunden.

war. Die Piktogramme führten Evans in die Irre. Er hielt nach Bildzeichen Ausschau, und natürlich fand er sie. Dann – unter dem Einfluß der Determinative unter den Hieroglyphen – behandelte er die angeblichen Linear-B-Piktogramme als Wortzeichen. Nach Evans war , das auf der unten abgebildeten Tafel viermal vorkommt, das Symbol der minoischen Doppelaxt *(links)*, und , das fünfmal vorkommt, war seiner Meinung nach ein «Thron mit Szepter».

Im Hinblick auf die Form und die augenscheinliche Bedeutung des echten Thrones, den Evans bereits ausgegraben hatte, war seine zweite Analogie nicht unvernünftig.

Die Karte zeigt, wo und wann Linear-B-Tafeln gefunden wurden. Nach Evans hätte Linear B nur auf Kreta vorkommen dürfen.

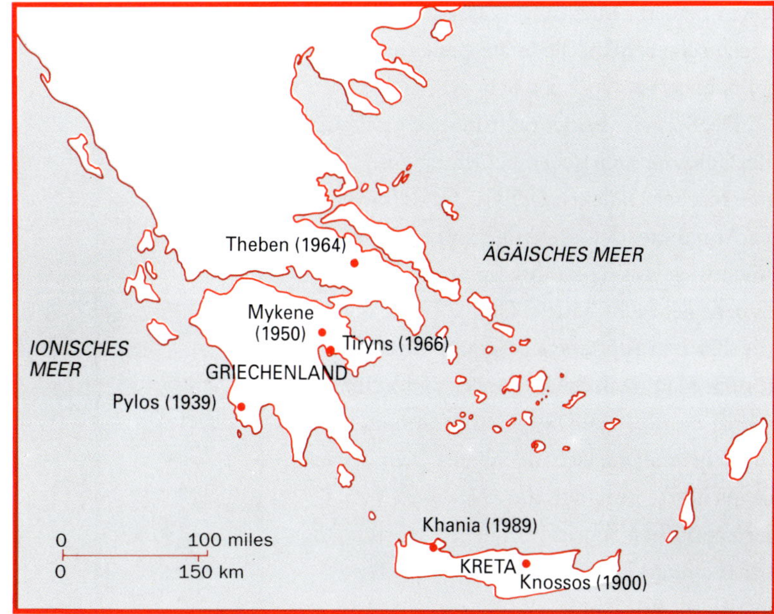

Es gab noch andere Piktogramme, die offensichtlich Worte symbolisierten, zum Beispiel:

Frau

Pferd

Rad

Krug

Tasse

Einige Bildzeichen hatten zwei Formen:

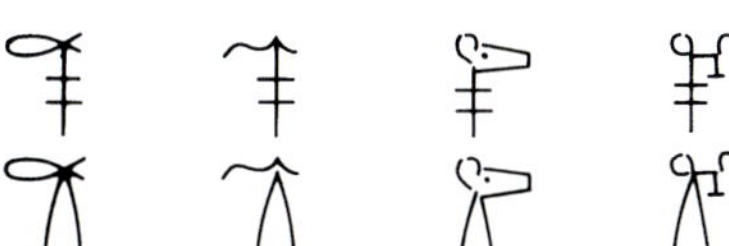

Evans erkannte, daß sie für männliche und weibliche Tiere standen, die vermutlich für den Palast des Minos gezählt worden waren. Er konnte aber nicht bestimmen, welches Piktogramm männlich und welches weiblich

Der zyprische Schlüssel

Auf der Suche nach weiteren Hinweisen für die Entzifferung des Linear B wandte Evans sich nach Osten, nach Zypern. Auf dieser Insel hatte man ebenfalls eine alte Schrift entdeckt. Doch im Gegensatz zum Linear B war die zyprische Schrift entziffert. Sie erschien auf zweisprachigen Inschriften wie der oben abgebildeten, die fast zur selben Zeit entstand wie das Parthenon in Athen und daher etwa tausend Jahre jünger ist als Linear B. Die ersten beiden Zeilen sind klassische griechische Schrift, die letzte Zeile (nachgezeichnet) ist zyprische Schrift.

Die Sprache beider Schriften ist griechisch (der Text der zyprischen Schrift ist ein griechischer Dialekt). Der Grund dafür war die Annahme, daß griechisch sprechende Flüchtlinge aus Troja ihre Sprache nach Zypern gebracht hätten. Da die Laute des griechischen Alphabets bekannt waren, konnte man auch die Laute der zyprischen Schrift bestimmen. Das gelang erstmals 1870. Die Schrift stellte sich als Silbenschrift heraus. Evans hoffte nun, daß die *bekannten* Laute der zyprischen Schrift ihm helfen würden, die *unbekannten* Laute der Linearschrift B zu entziffern. Er glaubte, die zyprische Schrift sei vom Linear B abgeleitet. Minoisch sprechende Leute, vielleicht Händler, mußten sich in Zypern niedergelassen und ihre Schrift mitgebracht haben. Darum, meinte Evans, ähnelten einige zyprische Zeichen den Zeichen des Linear B. Hier sind die acht ähnlichsten Zeichen und ihre zyprischen Lautwerte:

Linear B	Zyprisch	zyprische Lautwerte
𐀡	𐠡	*po*
𐀲	𐠭	*ta*
𐀫	𐠒	*lo*
𐀵	𐠰	*to*
𐀮	𐠩	*se*
𐀞	𐠞	*pa*
𐀙	𐠙	*na*
𐀴	𐠯	*ti*

Evans beschloß, diese Lautwerte an einer vielversprechend aussehenden Tafel aus Knossos zu prüfen. Auf der Tafel bemerkte er sechs Pferdeköpfe, von denen zwei unvollständig waren. (Den linken Teil der Tafel fügte John Chadwick nach Evans' Tod hinzu; er fehlt auf Evans' Zeichnung.) Zwei von den vier Pferdeköpfen in der Mitte und auf der rechten Seite hatten Mähnen, die beiden anderen hatten keine. Vor den unbemähnten – vermutlich Fohlen – standen zwei Zeichen:

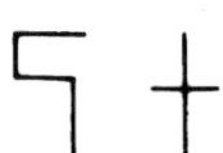

Den zyprischen Lautwerten zufolge müßte man die beiden Zeichen *po-lo* lesen. Was könnte das in der minoischen Sprache bedeuten? Evans bemerkte, daß es dem klassisch-griechischen Wort «pōlos» ähnelte, das aus derselben Wurzel stammt wie das deutsche «Fohlen». Wenn die minoische und die griechische Sprache überhaupt verwandt waren, konnte das minoische «polo» durchaus dem klassisch-griechischen «pōlos» entsprechen. Dann wäre die Tafel so zu lesen:

Pferde 2 *polo* Fohlen
polo Fohlen 2 Pferde 4

Wenn diese Vermutung stimmte, hatte der minoische Schreiber das Wort hinzugefügt, um klarzustellen, daß das mähnenlose Bildzeichen ein *Fohlen* und kein erwachsenes Tier meinte.

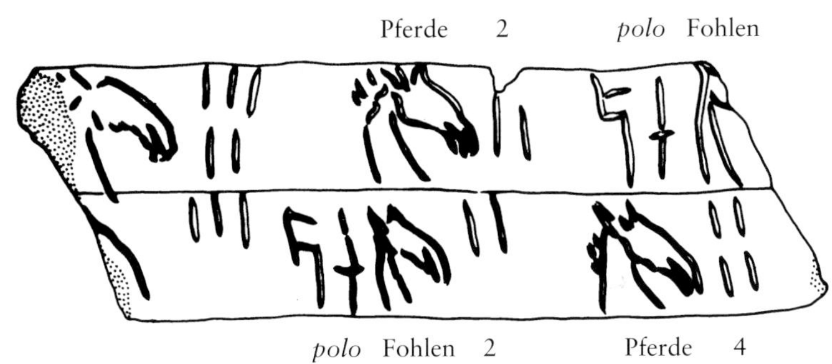

Doch Evans ließ diesen vernünftigen Gedanken fast sofort wieder fallen. Er weigerte sich zu glauben, daß die Minoer ein archaisches Griechisch sprachen und schrieben, das sie mit nach Zypern brachten. Seiner Meinung nach waren Minos und die Minoer, nicht die Festlandsgriechen, Herr im Hause, und die minoische Sprache konnte unmöglich griechisch sein. Nur wenige Archäologen wagten es, ihm zu widersprechen. Evans tat die Ähnlichkeit zwischen Linear B und der zyprischen Schrift in Bezug auf «polo» als bloßen Zufall ab.

Heiligtum der Aphrodite in Paphos, Zypern. Evans erkannte, daß die Zeichen auf den zyprischen Inschriften denen auf Kreta ähnelten.

Linear B wird entziffert

Als Evans 1941 starb, hinterließ er ein ungeordnetes Vermächtnis, was Linear B betraf. Von den über 3000 Tafeln, die er und andere ausgegraben hatten, waren weniger als 200 veröffentlicht, und wer sich in den vierziger Jahren an der Entzifferung versuchte, hatte wenig Anhaltspunkte. Dennoch machte Alice Kober, eine scharfsinnige amerikanische Altertumswissenschaftlerin, wichtige Fortschritte. Obwohl letztlich Michael Ventris den Zugang zum Linear B erschloß, trug Alice Kober wesentliche Erkenntnisse bei, auf die Ventris sich stützte. Sie ging einem Hinweis nach, den Evans gegeben hatte: Es gab Anzeichen für eine Deklination im Linear B. Sie kannte die Deklinationen des Lateinischen und Griechischen. Dort deklinieren Hauptwortendungen mit dem Fall, und die Endungen der Verben konjugieren. Im Englischen sind Deklination und Konjugation recht schwach ausgeprägt, im Französischen stärker (z. B. j'aime, tu aim**es**, il aime, nous aim**ons**, vous aim**ez**, ils aim**ent**). Im Linear B entdeckte Alice Kober fünf Wortgruppen, und jeweils drei Worte (Ventris taufte sie später «Kobers Drillinge») legten eine Deklination nahe. Sie kannte die Wortbedeutungen nicht; doch der Kontext ließ darauf schließen, daß es sich um Substantive handelte, vielleicht um Personen- oder Ortsnamen.

Hier sind zwei der «Drillinge»:

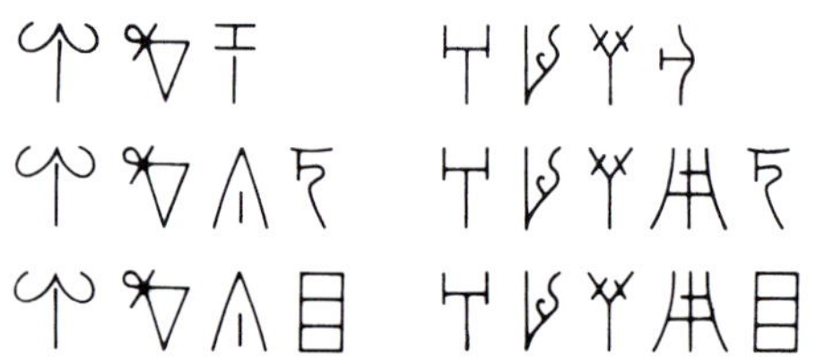

Die Beugung ist deutlicher zu sehen, wenn wir die Wortendungen hervorheben:

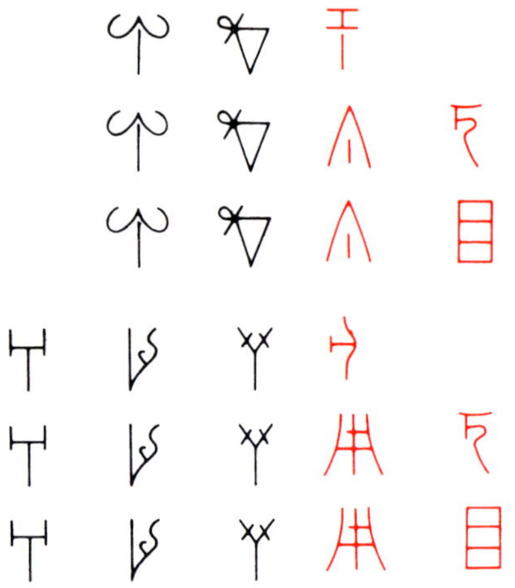

Eine Entsprechung wäre in etwa

Ka-na-da Ar-gen-ti-na
Ka-na-di-er Ar-gen-ti-ni-er
Ka-na-di-erin Ar-gen-ti-ni-erin

Wenn diese Parallelen zutrafen (und Linear B silbisch war wie die zyprische Schrift), hatten und verschiedene Konsonanten (K), aber den gleichen Vokal (V), wie oben *da* und *na*. Zum Beispiel:

V1

K1

K2

Dasselbe galt für und (wie oben *di* und *ni*):

V1 V2

K1

K2

Ebenso verfuhr Alice Kober mit den anderen «Drillingen» und erhielt so «den Anfang eines vorläufigen phonetischen Musters»:

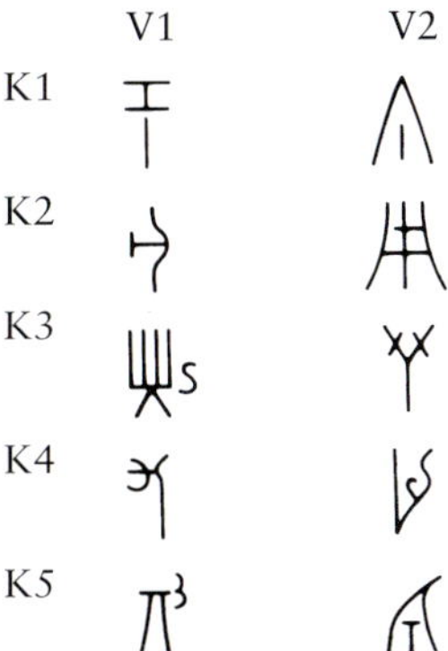

Die Lautwerte dieser Silben waren noch unbekannt; aber ihre Wechselbeziehungen (den leeren Feldern eines Kreuzworträtsels vergleichbar) waren vorläufig bestimmt. Diese analytische Methode – Ventris nannte sie *grid* («Silbenrost» oder «Gitternetz») – legte den Grundstein für die Entzifferung des Linear B.

Michael Ventris

Als Ventris sich für Linear B zu interessieren begann, war er noch Schüler. Patrick Hunter, sein Lehrer für klassische Sprachen, besuchte 1936 mit Ventris und anderen Schülern eine von Evans organisierte Ausstellung über die minoische Welt. Evans, damals 85 Jahre alt, war selbst anwesend und zeigte den Jungen einige Linear-B-Tafeln. Hunter hörte, wie Ventris den Forscher sehr höflich fragte: «Heißt das, daß sie noch nicht entziffert sind, sir?» Von 1936 bis 1952, als ihm der Durchbruch gelang, arbeitete Ventris an Linear B, wann immer er sich weitere Zeichnungen der Tafeln beschaffen konnte. Vom Januar 1951 an begann er seine Ideen in Form von «Arbeitsnotizen», die zuweilen «Gitternetze» enthielten, an andere Wissenschaftler weiterzugeben. Nebenstehend ist ein Teil der Arbeitsnotiz 15 abgedruckt, die er am 28. September 1951 in Athen zusammenstellte.

Der Entzifferer der Linear B, der britische Architekt Michael Ventris (1922-56) als 15-jähriger im Jahre 1937.

LINEAR SCRIPT B SYLLABIC GRID
(2ND STATE)
DIAGNOSIS OF CONSONANT AND VOWEL EQUATIONS IN THE INFLEXIONAL MATERIAL FROM PYLOS:

WORK NOTE 15
FIGURE 10
ATHENS, 28 SEPT 51

THESE 51 SIGNS MAKE UP 90% OF ALL SIGN-OCCURRENCES IN THE PYLOS SIGNGROUP INDEX. APPENDED FIGURES GIVE EACH SIGN'S OVERALL FREQUENCY PER MILLE IN THE PYLOS INDEX.

	vowel 1	vowel 2	vowel 3	vowel 4	vowel 5
	"Impure" ending, typical syllables before - & - in Case 2c & 3	"Pure" ending, typical nominatives of forms in Column 1	Includes possible "accusatives"	Also, but less frequently, the nominatives of forms in Column 1	
	THESE SIGNS DON'T OCCUR BEFORE - -	THESE SIGNS OCCUR LESS COMMONLY OR NOT AT ALL BEFORE - -			
	MORE OFTEN FEMININE THAN MASCULINE?	MORE OFTEN MASCULINE THAN FEMININE ?			MORE OFTEN FEMININE THAN MASCULINE ?
	NORMALLY FORM THE GENITIVE SINGULAR BY ADDING -		NORMALLY FORM THE GENITIVE SINGULAR BY ADDING -		
pure vowels?	30.3				37.2
a semi-vowel?				34.0	29.4
consonant 1	14.8	32.5	21.2	28.1	18.8
2	19.6	17.5			13.7
3		9.2		3.3	10.0
4	17.0	28.6			0.4
5	17.7	10.3		4.1	10.2
6	7.4	20.5		14.8	14.4
7	4.1	44.0			
8	6.1	6.1		13.5	15.2
9		33.1		32.3	2.4
10	22.2		38.2	3.5	2.2
11	31.2	33.8	34.4	8.3	0.7
12	17.0			37.7	24.0
13		9.4	14.2		
14	5.0				
15	12.6				

MICHAEL VENTRIS

Seit 1951 fertigte Ventris «Arbeitsnotizen» an, die er an andere Gelehrte weiterreichte. Lange vorher, im Jahre 1942, hatte er gesagt: «Man kann sicher sein, daß kein Champollion still in einem Winkel an einer vollständigen und überraschenden Offenbarung arbeitet, weil niemand genügend Reproduktionen besitzt.»

Durchbruch

Ventris benutzte viele analytische Methoden neben dem Vergleich der «Drillinge», um die Wechselbeziehungen zwischen den Linear-B-Zeichen aufzuspüren. Die Häufigkeit bestimmter Zeichen und die Regelmäßigkeit ihres Erscheinens in einem bestimmten Kontext auf den Tafeln lieferten nützliche Hinweise. Im Februar 1952 konnte er ein vielversprechendes «Gitternetz» zusammenstellen *(folgende Seite)*.

Doch wie sollte er die Lautwerte dieser Zeichen bestimmen? Zunächst ordnete er den reinen Vokal *a* der «Doppelaxt» 𐀀 zu («pure vowel 5»). Dieses Zeichen erschien häufig am Wortanfang wie bei allen Silbenschriften. Andere Indizien legten nahe, daß die «Doppelaxt» wahrscheinlich den Lautwert *a* hatte, sofern sie ein Vokal war.

Danach wandte Ventris sich dem zyprischen Schlüssel zu, an dem Evans sich einst versucht hatte: Er verglich die Formen der Linear-B-Zeichen mit den Formen der zyprischen Schrift. Ventris war so klug gewesen, auf diesen Vergleich zunächst zu verzichten, da er ihm mißtraute. Aber er glaubte immer noch an eine historische Verbindung zwischen den Sprachen Kretas, Zyperns und der Ägäis. Nun vermutete er, daß Linear B 𐀙 dem zyprischen 𐠙 *–na* und Linear B 𐀵 dem zyprischen 𐠯 *–ti* entsprach. Wenn das stimmte, mußte Konsonant 8 *n* und Vokal 1 *i* sein. Dann war 𐀛 dem Gitter zufolge *ni*. Ventris nächster Schritt war genial. Er hatte schon seit einiger Zeit vermutet, daß die Knossos-Tafeln, die Alice Kober studiert hatte, Ortsnamen enthielten, und ihm war aufgefallen, daß die «Drillinge» nur in den Tafeln aus Knossos, nie in den Tafeln aus Griechenland vorkamen. Bezeichnete jeder Drilling eine andere kretische Stadt? Vielleicht auch Amnisos, den Hafen von Knossos? Wenn man Amnisos silbisch buchstabierte, wurde daraus *A-mi-ni-so* ohne das Endungs-*s*, das eine klassisch-griechische Beugung war. (Wir erinnern uns, daß Evans die gleichen Überlegungen mit «polo» und «pōlos» angestellt hatte.) Fügte man dem Gitter die neuen Lautwerte hinzu, mußte man *a-mi-ni-so* wie folgt schreiben:

𐀀 - ? - 𐀛 - ?

Das erste Wort in einem Drilling war 𐀀𐀖𐀛𐀱. Wenn es «Amnisos» bedeutete, dann war

𐀖 = *mi* und 𐀱 = *so*.

Dem Gitter zufolge mußte demnach Konsonant 9 *m* und Vokal 2 *o* sein. Das würde wiederum heißen, daß 𐀜 = *no* war.

Das erste Wort in einem anderen Drilling war 𐀒𐀜𐀱. Mit Hilfe des Gitters wurde daraus ?-*no-so*. War 𐀒 = *ko*, dann konnte der Name «Knossos» sein! Nach und nach bestimmte Ventris aus den Drillingen die Namen von drei weiteren kretischen Städten:

𐀷𐀪𐀱 *Tu-li-so* (Tylissos)
𐀟𐀂𐀶 *Pa-i-to* (Phaistos)
𐀭𐀑𐀶 *Lu-ki-to* (Luktos).

Ein vollständiger Drilling ließ sich nunmehr so transliterieren:

𐀀𐀖𐀛𐀱 *A-mi-ni-so* (Amnisos)

𐀀𐀖𐀛𐀰𐀍 *A-mi-ni-si-jo* (Amnisier)

𐀀𐀖𐀛𐀰𐀊 *A-mi-ni-si-ja* (Amnisierin).

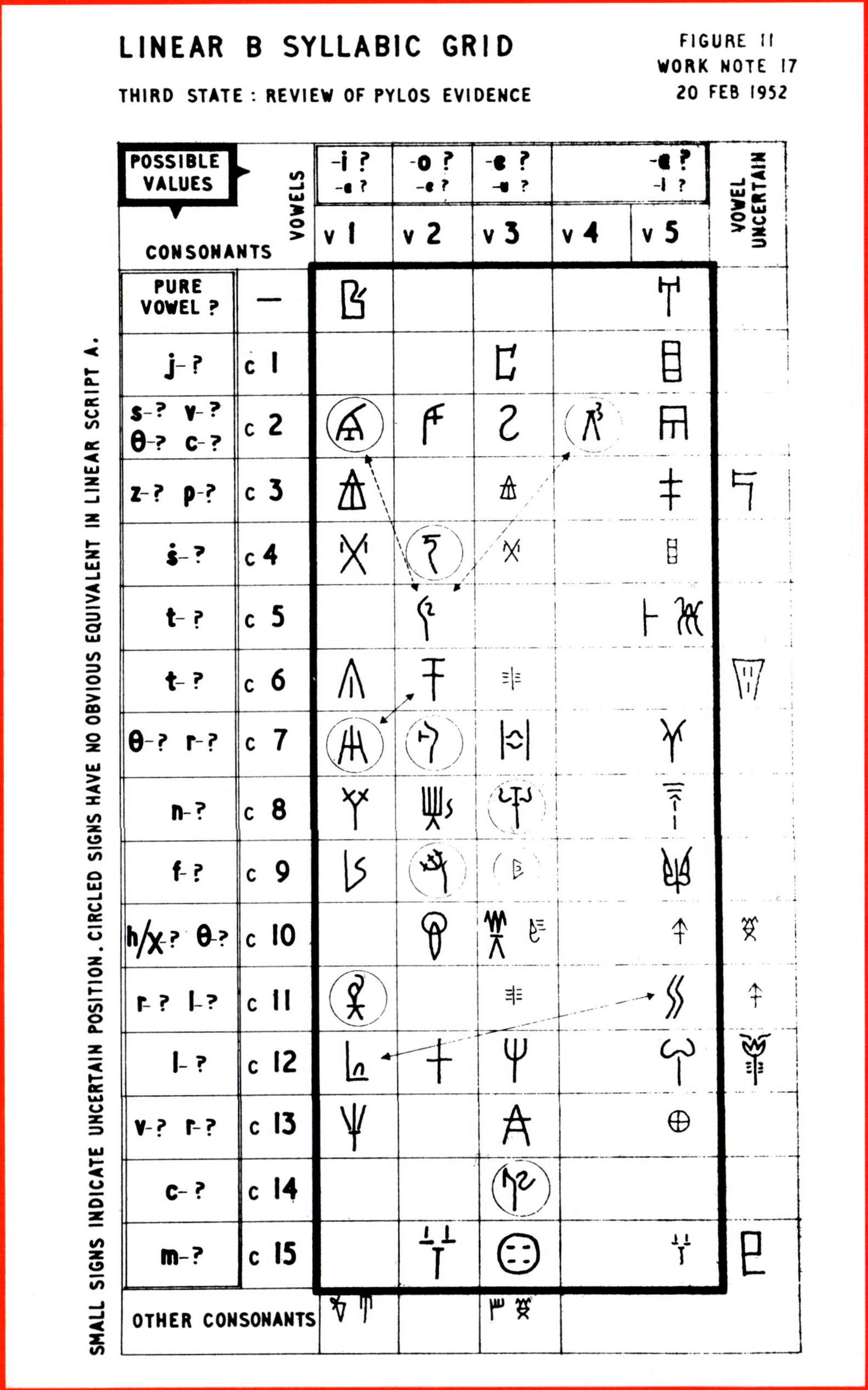

LINEAR B SYLLABIC GRID

THIRD STATE : REVIEW OF PYLOS EVIDENCE

FIGURE 11
WORK NOTE 17
20 FEB 1952

POSSIBLE VALUES		-i ? -e ?	-o ? -e ?	-e ? -u ?		-e ? -i ?	
CONSONANTS	VOWELS	v 1	v 2	v 3	v 4	v 5	VOWEL UNCERTAIN
PURE VOWEL ?	—						
j- ?	c 1						
s- ? v- ? θ- ? c- ?	c 2						
z- ? p- ?	c 3						
ś- ?	c 4						
t- ?	c 5						
t- ?	c 6						
θ- ? r- ?	c 7						
n- ?	c 8						
f- ?	c 9						
h/χ- ? θ- ?	c 10						
r- ? l- ?	c 11						
l- ?	c 12						
v- ? r- ?	c 13						
c- ?	c 14						
m- ?	c 15						
OTHER CONSONANTS							

SMALL SIGNS INDICATE UNCERTAIN POSITION. CIRCLED SIGNS HAVE NO OBVIOUS EQUIVALENT IN LINEAR SCRIPT A.

Michael Ventris' Arbeitsnotiz 17 vom 20. Februar 1952. Die Zusammenhänge zwischen vielen Linear-B-Zeichen waren jetzt bekannt, nicht aber ihre Lautwerte. Aus dem Gitter geht jedoch hervor, daß Ventris Vermutungen über die Lautwerte von Vokalen und Konsonanten anstellte. Später im selben Jahr bestimmte er mit Hilfe dieses Gitters – und einiger genialer Einfälle – viele Lautwerte. Vokal 1 stellte sich z. B. als *i* heraus, Konsonant 8 als *n* und das Zeichen als *ni*. (Ventris' andere Ausarbeitungen sind hier nicht von Belang.)

«Die Tafeln sind *griechisch* geschrieben»

Viele der entzifferten Worte waren leicht als archaisches Griechisch zu erkennen. Zuerst war Ventris äußerst skeptisch; denn wie Evans war er davon überzeugt, daß die minoische Sprache nichts mit der griechischen, sondern eher etwas mit der unbekannten etruskischen Sprache zu tun hatte. Aber in den folgenden Monaten der Jahre 1952-53 wies Ventris, unterstützt von John Chadwick, einem Spezialisten für Frühgriechisch, nach, daß immer mehr Tafeln zur «griechischen Lösung» paßten. Es sah ganz so aus, als hätten die Minoer und Mykener Griechenlands schon Jahrhunderte vor Homer griechisch gesprochen.

Mitte 1953 – zur selben Zeit, als die Struktur der DNS entziffert und der Everest bestiegen wurde – war Linear B endlich «geknackt» und die Lösung über jeden vernünftigen Zweifel erhaben. Der amerikanische Archäologe Carl Blegen fand im alten Pylos in Griechenland eine neue Tafel, die Ventris bestätigte. Kaum hatte Blegan diese Tafel gesäubert, wandte er auf sie die Lautwerte an, die Ventris und Chadwick ausgearbeitet hatten. Und plötzlich begannen die stummen Zeichen nach über 3000 Jahren Stille zu sprechen.

a	*e*	*i*	*o*	*u*
da	*de*	*di*	*do*	*du*
ja	*je*		*jo*	*ju*
ka	*ke*	*ki*	*ko*	*ku*
ma	*me*	*mi*	*mo*	*mu*
na	*ne*	*ni*	*no*	*nu*
pa	*pe*	*pi*	*po*	*pu*
qa	*qe*	*qi*	*qo*	
ra	*re*	*ri*	*ro*	*ru*
sa	*se*	*si*	*so*	*su*
ta	*te*	*ti*	*to*	*tu*
wa	*we*	*wi*	*wo*	
za	*ze*		*zo*	

Oben: Die grundlegende Linear-B-Silbenliste.

Links: Die Pylos-Tafel, welche die Entzifferung der Linear B bestätigte. Die Transliteration ins Griechische und die Übersetzung finden Sie auf der nächsten Seite.

tiripode *aikeu* *keresijo* *weke* 2

(dreifüßige Kessel griechischer Arbeit vom aikeu-Typ 2)

tiripo *eme* *pode* *owowe* 1

(dreifüßiger Kessel mit einem Griff auf einem Fuß 1)

tiripo *keresijo* *weke*

(dreifüßiger Kessel kretischer Arbeit)

apu *kekaumeno* *kerea*

(an den Füßen verbrannt)

qeto 3

(Weinkrüge 3)

dipa *mezoe* *qetorowe* 1

(größerer Kelch mit 4 Griffen 1)

dipae *mezoe* *tiriowee* 2

(größerer Kelch mit 3 Griffen 2)

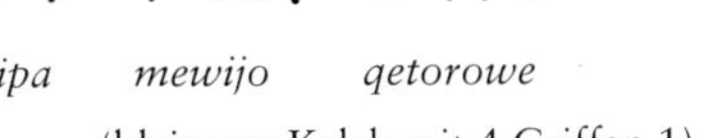

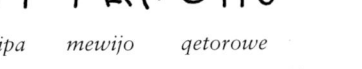

dipa *mewijo* *qetorowe* 1

(kleinerer Kelch mit 4 Griffen 1)

dipa *mewijo* *tirijowe* 1

(kleinerer Kelch mit 3 Griffen 1)

dipa *mewijo* *anowe* 1

(kleinerer Kelch ohne Griff 1)

Dies ist nicht das Griechisch Homers, geschweige denn das klassische Griechisch des Euripides – so wie das moderne Deutsch nicht das Deutsch Grimmelshausens ist. Linear B stellte sich als literarisch wertlos heraus. Auf den Tafeln ging es nur um banale Details der Palastverwaltung wie z. B. Namenslisten mit Beruf (Schäfer, Töpfer, Bronzeschmied usw.) sowie Warenlisten. Linear B sagt uns nichts über Königsnamen oder Heldentaten. Aber es war zweifellos Griechisch. Mit für ihn typischer Bescheidenheit schrieb Ventris damals an seinen ehemaligen Lehrer Hunter:

Leider nicht ganz das Griechisch, das Sie mir beibrachten! Mit besten Wünschen,
Michael

Aufgeregt begann Ventris die Lautwerte im Linear-B-«Silbenrost» auf unbekannte Worte anzuwenden. Mitte Juni 1952 schrieb er einen Brief an Sir John Myres, den emeritierten Professor für alte Geschichte an der Universität Oxford, einen Freund von Evans und Herausgeber der Knossos-Tafeln. Ventris räumte ein: «Obwohl es allem, was ich bisher gesagt habe, völlig widerspricht, bin ich nun fast gänzlich davon überzeugt, daß die [Linear-B-] Tafeln *griechisch* beschriftet sind.»

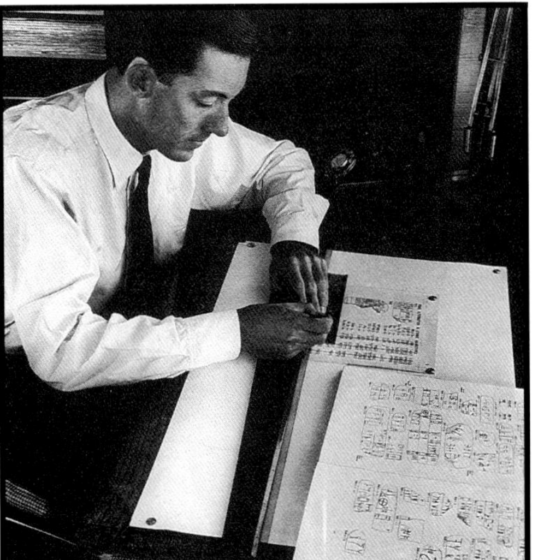

Dieses Foto zeigt Ventris Mitte Juni 1953, als er Linear B endgültig entzifferte. Er war ein hervorragender Zeichner. Alle Zeichen auf dieser Seite und die Zeichnung der Tafel gegenüber sind von ihm. Als er drei Jahre später bei einem Autounfall starb, war er erst 34 Jahre alt.

Kapitel 7 *Die Glyphen der Mayas*

Eine Seite aus dem Dresdener Kodex, dem Schlüssel zur Entzifferung der Maya-Glyphen. Er wurde wahrscheinlich kurz vor der spanischen Eroberung Mexikos gemalt und dann von Cortés nach Europa gebracht. 1739 kaufte ihn offenbar die königliche Bibliothek des sächsischen Hofes zu Dresden. Auf dem Höhepunkt ihrer Macht (zwischen 250 und 800 n. Chr.) schufen die Mayas Kodizes mit Einbänden aus Jaguarhaut, und Schreiber bemalten sie mit Pinseln oder Federn, die sie in schwarze oder rote Farbe, aufbewahrt in Tintenfässern aus Tritonshorn, tauchten.

Der Mythos der alten Mayas

Das Bild auf der vorigen Seite ist einem von nur vier erhaltenen «Büchern» der alten Mayas in Mittelamerika entnommen. Es zeigt eines der 39 Blätter des Dresdener Kodex, eine «spanische Wand» von der Größe eines Michelin-Reiseführers, die entfaltet fast 3,5 Meter lang ist. Auf jedem Blatt – alle sind mit einer dünnen Kalkschicht grundiert – hat der Künstler mit peinlicher Sorgfalt, oft in vielen Farben, eine Reihe von Göttern und Tieren und hieroglyphische Zeichen gemalt.

Es fällt schwer zu glauben, daß die Glyphen im Kodex Teil einer voll entwickelten Schrift sind. Sie haben keine Ähnlichkeit mit der sumerischen Keilschrift, dem Linear B oder auch den ägyptischen Hieroglyphen. Sie sehen aus wie kabbalistische Symbole, die für einen esoterischen Kult entworfen wurden. Und genau dafür hielten die meisten Wissenschaftler sie noch in den fünfziger und sechziger Jahren. Sir Eric Thompson, der führende Mayaforscher, versicherte 1972: «Die Mayaschrift ist teilweise noch ganz silbisch oder alphabetisch.» Man hielt die alten Mayas für theokratische Verehrer der Zeit mit einem unglaublich ausgeklügelten Kalender und einer äußerst spirituellen Einstellung. Ihr Ideal war angeblich «Mäßigung in allen Dingen», ihr Motto «leben und leben lassen», ihre Tugenden «Disziplin, Zusammenarbeit, Geduld und Rücksicht». Ihre Kultur habe sich von allen anderen unterschieden, behauptete Thompson. Er betrachtete die Mayas als Quelle spiritueller Werte in einer modernen Welt, der materieller Wohlstand viel wichtiger ist. Wie Evans die edlen Minoer pries und sich bemühte, sie von den vulgären Griechen zu unterscheiden, verehrte Thompson die alten Mayas und stellte sie weit über die brutalen, Menschen opfernden Atzteken, ihre Nachfolger. Erst nach Evans' Tod 1941 wurde der Mythos zusammen mit dem profanen Inhalt der Linear-B-Tafeln entlarvt. Ähnliches geschah in den Jahren nach Thompsons Tod 1975.

Heute wissen wir dank der phonetischen Entzifferung der Glyphen, daß die Mayas besessen vom Krieg waren und daß Herrscher und Götter gerne Halluzinogene nahmen oder sich berauschende Einläufe verabreichen ließen. «Es war das höchste Ziel dieser stolzen Dynasten, den Herrscher eines konkurrierenden Stadtstaates im Kampf gefangenzunehmen, ihn zu foltern und zu demütigen (mitunter jahrelang) und ihn dann nach einem Ballspiel, das er immer verlor, zu köpfen», sagt Michael Coe, ein Forscher, der zur Entzifferung beitrug.

Die abgebildete Seite des Dresdener Kodex zeigt einen Hund und darüber die Glyphe für «Hund»:

Nach Sir Eric Thompson (1898-1975, links) waren beide Zeichen reine Piktologogramme; das erste stelle die Rippen eines Tieres dar, das zweite sei das Symbol des Todes. Diese Deutung lag nahe; denn nach dem Glauben der Mayas begleitete ein Hund die Toten ins Jenseits. Dennoch sind beide Zeichen phonetisch und stehen für Silben. Das erste hat den Lautwert *tsu*, das zweite den Lautwert *l(u)*. Das Wort «*tsul*» bedeutet in einer der heute noch gesprochenen Mayasprachen «Hund».

Wer sind die Mayas?

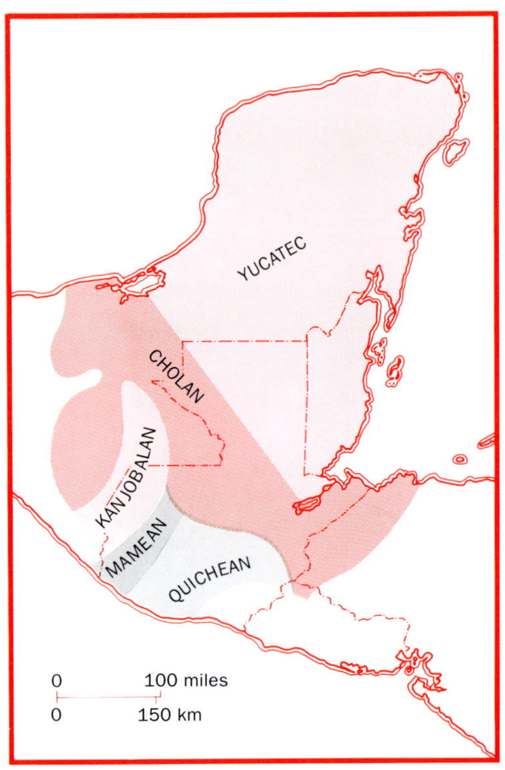

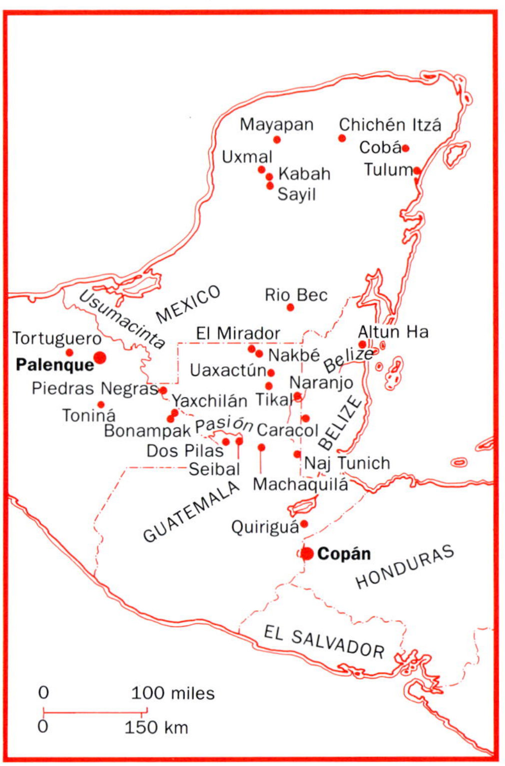

Die wichtigsten Siedlungsgebiete der Mayas.

Die Maya-Sprachgruppen. Insgesamt gibt es etwa 30 Mayasprachen.

Die ersten Europäer, die der Mayakultur begegneten, waren die Spanier, die im 16. Jahrhundert Mexiko eroberten. Sie berichteten von erstaunlichen Bauwerken, die im Urwald verborgen waren, und lieferten wertvolle Hinweise für die Entzifferung der Glyphen. Aber erst um 1840 wurde die Welt auf die Mayas aufmerksam. Der Amerikaner John Lloyd Stephens, ein kühner Reisender, und sein Begleiter, der Engländer Frederick Catherwood, ein brillianter Illustrator, veröffentlichten einen der Bestseller des 19. Jahrhunderts: *Incidents of Travel in Central America, Chiapas, and Yucatan.* Die Autoren glaubten, sie seien über ähnliche Wunder gestolpert wie Napoleons Gelehrte vor 40 Jahren in Ägypten. Stephens schrieb über die Bauwerke von Copán: «Wäre eine vergleichbare Entdeckung in Italien, Griechenland, Ägypten oder Asien, in Europa oder seiner näheren Umgebung gelungen, hätte sie nicht weniger Aufsehen erregt als die Entdeckung Pompejis.» Er war fest davon überzeugt, daß die kunstvollen Glyphen auf den Monumenten, die Catherwood kopiert hatte, eine Schrift waren: «Kein Champollion hat ihnen bisher die Energie seines forschenden Geistes geopfert. Wer wird sie lesen?»

So wie das Koptische, der Abkömmling des Altägyptischen, Champollion geholfen hatte, fanden die Entzifferer der Mayaschrift Hilfe bei den lebenden Mayas. Heute leben etwa sechs Millionen Mayas im selben Gebiet wie ihre Vorfahren. Zwar sind die meisten von ihnen Katholiken (eine Folge der spanischen Eroberung), aber sie sprechen verschiedene Mayasprachen und haben sich ihre eigene Kultur bewahrt, obwohl die Regierungen von Mexiko, Guatemala und anderen Ländern sie blutig unterdrückten. (Rigoberta Menchú, eine Maya, die 1992 den Friedensnobelpreis erhielt, verlor fast alle Angehörigen durch Todesschwadrone.) Sie können zwar die Glyphen ihrer Ahnen nicht lesen, aber viele Worte, die sie benutzen, liegen den Glyphen zugrunde.

Die sprachliche Situation ist jedoch komplex. Die Mayasprachen sind für Europäer nicht nur schwer zu lernen, sondern es gibt auch ungefähr 30 davon. Einige sind miteinander etwa so verwandt wie Holländisch und Deutsch, andere unterscheiden sich so wie Englisch und Französisch. Vor allem zwischen Cholan und Yucatec verläuft eine Trennlinie. Die monumentalen Texte in Copán und Palenque – zwei der größten Städte der alten Mayas – sind in Cholansprachen verfaßt. Dagegen sind drei der vier erhaltenen Kodizes in Yucatec geschrieben (allerdings sind im Kodex zu Dresden Einflüsse des Cholan erkennbar).

Immerhin haben Wörterbücher dieser Sprachen, so wie sie in den letzten Jahrhunderten gesprochen wurden, Worte geliefert, die zu den alten Inschriften passen. Und Maya-Muttersprachler haben dank ihrer einzigartigen Kenntnis ihrer Sprache und Kultur mit Unterstützung amerikanischer und europäischer Inschriftenforscher wichtige Einsichten beigesteuert.

Dieses Gemälde von Tatjana Proskouriakoff, die wichtige Beiträge zur Entzifferung der Maya-Glyphen geleistet hat, stellt die Hauptgruppe der Bauwerke von Copán dar, wie sie Ende des 8. Jahrhunderts n. Chr. auf dem Zenit der Mayakultur ausgesehen haben könnten. In der Mitte die Treppe, die aus zahlreichen Glyphen besteht, darunter die «Wappenglyphe» Copáns (unten), die uns verrät, daß ihr Träger der «Blutherr» von Copán war (die Perlen links symbolisieren Blut, die beiden Zeichen oben bedeuten «Herr»).

Die Zahlen und die Zeit der Mayas

Die Zahlen waren der erste Teil der Mayaschrift, den die Gelehrten im 19. Jahrhundert entzifferten. Das System stellte sich als erstaunlich ausgeklügelt heraus. Wie wir (und die Babylonier) kannten die Mayas den Stellenwert. Doch während wir einen Stellenwert haben, der sich von rechts nach links verzehnfacht, erhöhte sich der Stellenwert bei den Mayas jeweils um das Zwanzigfache (also 1, 20, 400, 8000 usw.). Eine Muschel stand für null. Die Null hatten die Mayas (und die Hindus) den Römern und Babyloniern voraus, und in Europa war sie erst viel später bekannt. Ein Punkt symbolisierte 1, ein Balken fünf. Einige Beispiele:

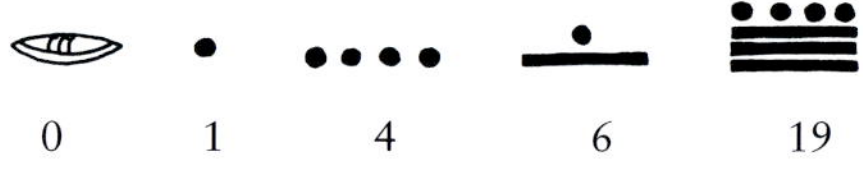

Der Stellenwert vergrößerte sich nicht waagrecht von rechts nach links wie bei uns, sondern senkrecht:

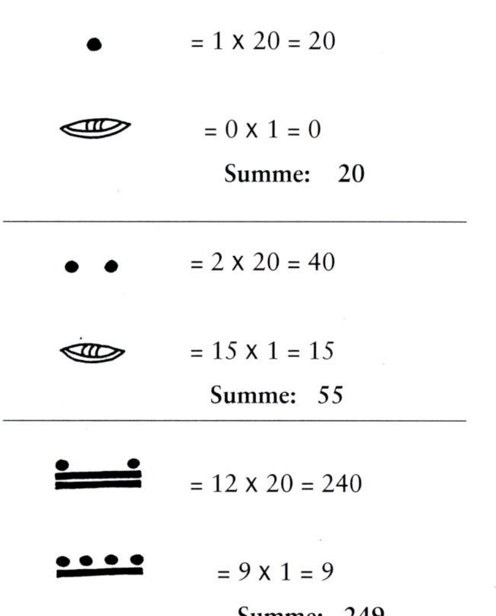

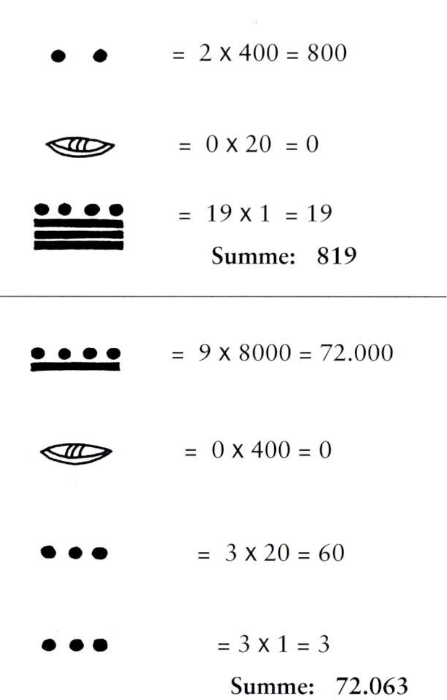

= 2 x 400 = 800
= 0 x 20 = 0
= 19 x 1 = 19
Summe: 819
= 9 x 8000 = 72.000
= 0 x 400 = 0
= 3 x 20 = 60
= 3 x 1 = 3
Summe: 72.063

Damit ist das Zahlensystem jedoch nicht am Ende. Mayaschreiber liebten komplexe Ornamente. Darum konnte man jede Zahl von 1 bis 20 auch durch das Gesicht eines Gottes, manchmal durch mehrere Gesichter, ausdrücken – ein Indiz für die entmutigende Vielfalt der Schrift als Ganzes. Einige Beispiele:

Bei der Zeitmessung kombinierten die Mayas zunächst die Zahlen 1 bis 13 mit 20 benannten Tagen. Zwei drehbare Scheiben mögen das verdeutlichen. Die Tage sowie ihre Glyphen und ihre Namen in der Yucatec-Sprache stehen auf dem oberen Rad. Das angezeigte Datum ist

1 Imix
(Erdwesen, Welt, Krokodil)

In 4 Tagen (drehen Sie das Rad im Geiste) lautet das Datum

5 Chicchan
(Schlange)

In 13 Tagen hat sich das untere Rad vollständig gedreht, und das Datum ist

1 Ix
(Jaguar)

In 20 Tagen hat sich das obere Rad vollständig gedreht, und das Datum lautet

8 Imix

Wie wir gleich sehen werden, enthält der Dresdener Kodex viele solche Daten.

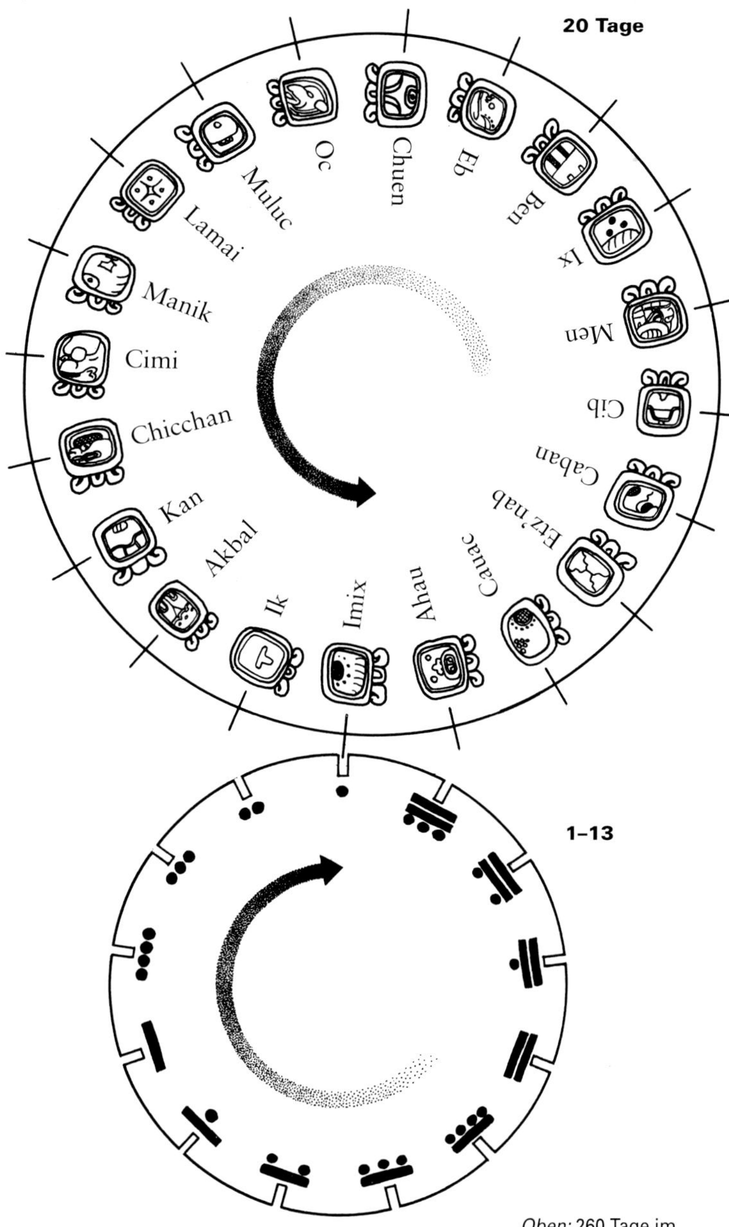

Oben: 260 Tage im Mayakalender (nach Coe, 1993).

Ein Hasengott schreibt in einen faltbaren, mit Jaguarhaut eingebundenen Kodex. Dieses Bild stammt nicht aus einem Kodex, sondern von einer zylindrischen Vase im Kodexstil aus dem 8. Jh. n. Chr.

Das Datum bei den Mayas

Die Mayas erweiterten die 260-Tage-Folge, indem sie die benannten Tage mit einer dritten «Scheibe» verzahnten, das die 365 Tage eines Jahres symbolisierte. Es bestand aus 18 benannten Monaten mit jeweils 20 Tagen und einem Monat namens Uayeb mit 5 Tagen. Das ergibt zusammen ein «ungefähres Jahr» mit (18 x 20) + (1 x 5) = 365 Tagen. Den Vierteltag, der je Sonnenjahr übrigblieb, ignorierten die Mayas.

Die drei Scheiben auf der nächsten Seite zeigen, wie das Datum sich verändert. Das angezeigte Datum ist 4. Ahau 8. Cumku. In vier Tagen lautet es 8. Kan 12. Cumku.

Wenn die Scheibe sich weiterdreht, vergehen 52 «ungefähre Jahre», bis das gleiche Datum wiederkehrt. Das genügt für das tägliche Leben, nicht aber für die Geschichtsschreibung. Es wäre so, als würden wir die französische Revolution und den Bau des Eiffelturms ins Jahr «89» oder die amerikanische Unabhängigkeitserklärung und ihre 200-Jahr-Feier ins Jahr «76» verlegen. Die Mayas mußten sich also eine Zählweise für längere Zeiträume ausdenken, die unabhängig von den 260-Tage-Folgen war, solange man nicht alle drei «Scheiben» verzahnte. Der «Nullpunkt auf der historischen Scheibe» fällt mit 2. Ahau 8. Cumku zusammen und enspricht dem 13. August 3114 v. Chr. auf unserem Kalender. Für die Mayas ist das 0.0.0.0.0. – der Beginn des letzten Großen Zyklus der Zeit, der am 23. Dezember 2012 enden wird. Jeder Große Zyklus ist in kleinere Zyklen unterteilt, so wie wir Jahrtausende, Jahrhunderte und Jahrzehnte haben. Ein Datum besteht demnach aus einer Zahlenreihe, deren erste Ziffer angibt, wieviel Zeit seit dem «Nullpunkt» auf der großen Scheibe vergangen ist. Dann folgen die Zahlen für die kleineren Zyklen, und schließlich wird alles mit dem Zyklus der 52 «ungefähren Jahre» korreliert. Nehmen wir als Beispiel das Datum 9.15.4.6.4.8. Kan 17. Muan, dessen erste fünf Ziffern folgende Bedeutung haben:

9 Zyklen von 144.000 Tagen = 1.296.000 Tage
15 Zyklen von 7200 Tagen = 108.000 Tage
4 Zyklen von 360 Tagen = 1440 Tage
6 Zyklen von 20 Tagen = 120 Tage
4 Zyklen von 1 Tag = 4 Tage
Summe: 1.405.564 Tage

seit Beginn des letzten Großen Zyklus am 13. August 3114 v. Chr. Das entspricht unserem 29. November 735 n. Chr.

Die Monatsglyphen mit ihren Namen im Yucatec-Maya. Jeder Monat besteht aus 20 Tagen; nur der Uayeb hat 5 Tage (nach Coe, 1993).

Rechts: Die 52-Jahre-Folge der Mayas.

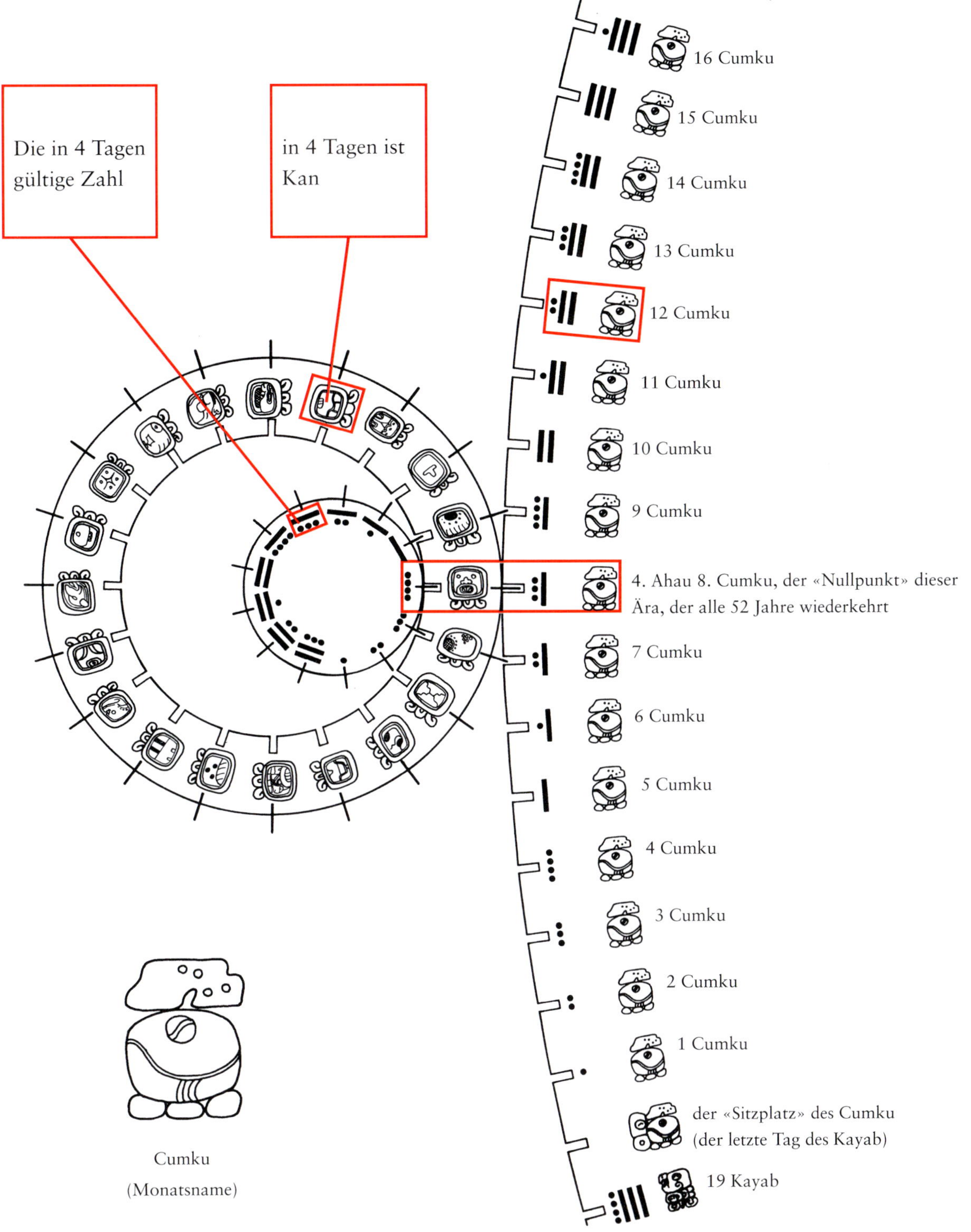
es folgen 17., 18., 19. Cumku,
dann Uayeb usw.
16 Cumku
15 Cumku
Die in 4 Tagen gültige Zahl
in 4 Tagen ist Kan
14 Cumku
13 Cumku
12 Cumku
11 Cumku
10 Cumku
9 Cumku
4. Ahau 8. Cumku, der «Nullpunkt» dieser Ära, der alle 52 Jahre wiederkehrt
7 Cumku
6 Cumku
5 Cumku
4 Cumku
3 Cumku
2 Cumku
1 Cumku
der «Sitzplatz» des Cumku
(der letzte Tag des Kayab)
19 Kayab
Cumku
(Monatsname)

Der Dresdener Kodex

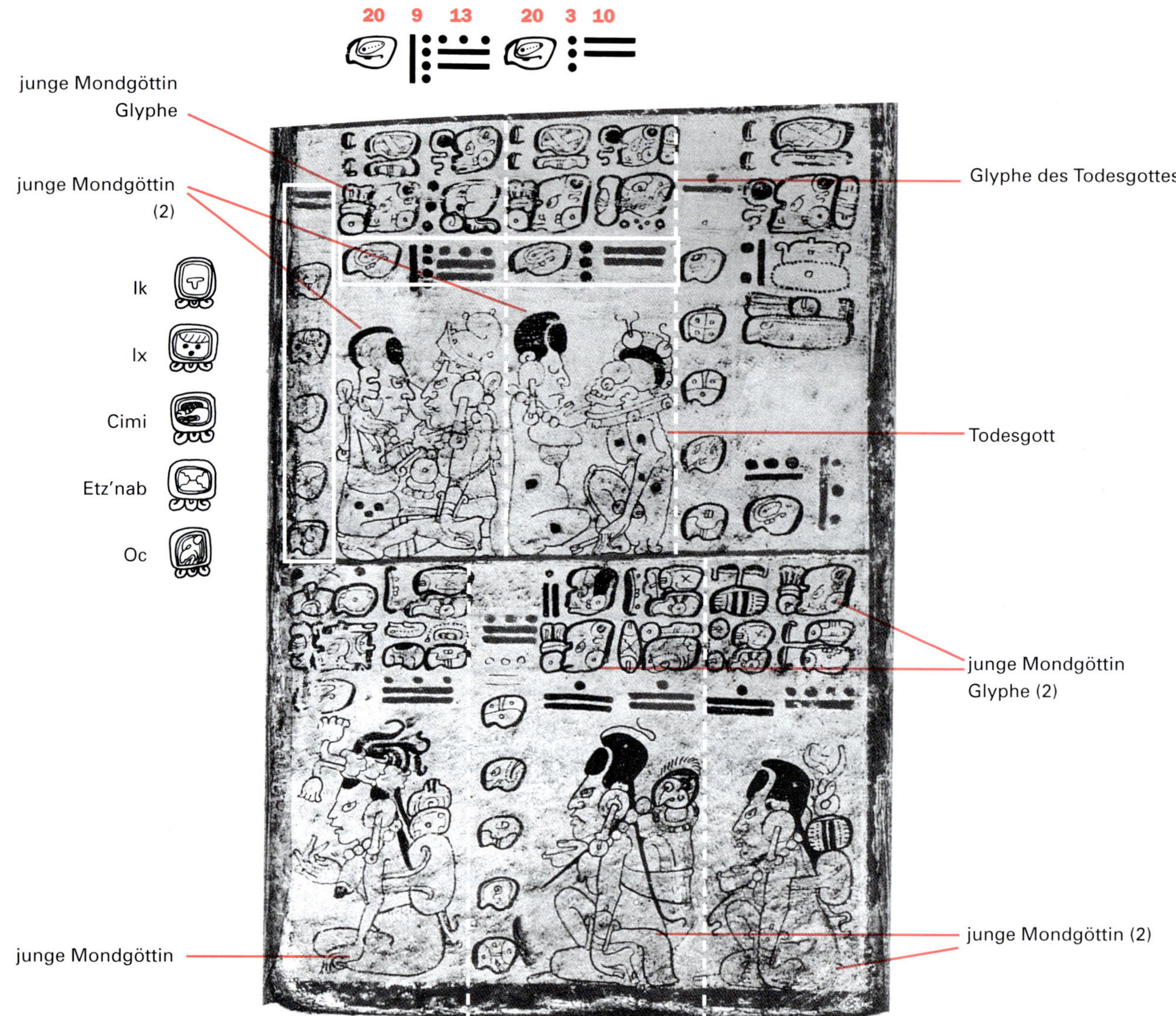

Der Dresdener Kodex enthält viele Datumsangaben. Er ist ein Almanach zum Wahrsagen, in dem jeder Tag aufgrund umfangreicher astronomischer Berechnungen (Ausgangspunkte sind Finsternisse und die Bewegungen der Venus) mit anderen Tagen zusammenhängt und dadurch eine (ungünstige oder günstige) astrologische Bedeutung gewinnt, die sich in den Taten und Launen einer verwirrenden Vielfalt von Göttern, Göttinnen und kaum erkennbaren vergöttlichten Tieren widerspiegelt. Der Name jeder Gottheit steht über ihrem Bild. Wir können uns den Kodex als eine Art Comic-Heft über Mayagottheiten vorstellen.

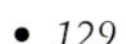

Steinkopf und Torso des jungen Maisgottes aus Copán.

Bemerkungen stehen allerdings nicht in Sprechblasen, sondern über dem Symbol. Nur wenige Trennlinien sagen dem Leser, wo eine Bildunterschrift endet und wo die nächste beginnt (auf der vorigen Seite helfen Ihnen gestrichelte weiße Linien, sich zurechtzufinden). Fünf Monatsglyphen aus dem Kodexblatt auf Seite 128 (senkrechter weißer Kasten) sind zur Verdeutlichung noch einmal am linken Rand abgebildet. Wenn wir sie mit den Ziffern im waagrechten weißen Kasten verknüpfen, können wir eine Rechnung anstellen.

Die Zahlen ergeben 10. Ik, 10. Ix, 10. Cimi, 10. Etz'nab und 10. Oc, wie eine Drehung der beiden 260-Tage-Scheiben *(unten)* zeigt. Wir beginnen beim 10. Ik. Wenn wir die Scheiben im Geiste durch 20 + 9 = 29 Positionen (Tagesnamen) drehen, landen wir beim 13. Chuen. Nun drehen wir die Scheiben durch 20 + 3 = 23 (Tagesnamen) und erhalten als neues Datum 10. Ix. Der 10. Ix ist 29 + 23 Tage nach dem 10. Ik. Wenn wir diese Rechnung weitere vier Male wiederholen, bewegen wir uns vom 10. Ix zum 10. Cimi zum 10. Etz'nab zum 10. Oc und zurück zum 10. Ik. Der Almanach umfaßt demnach 5 x 52 = 260 Tage, eine überaus wichtige Zahl für die Mayas.

Mit der 260-Tage-Folge kann man die Datumsangaben im Dresdener Kodex berechnen.

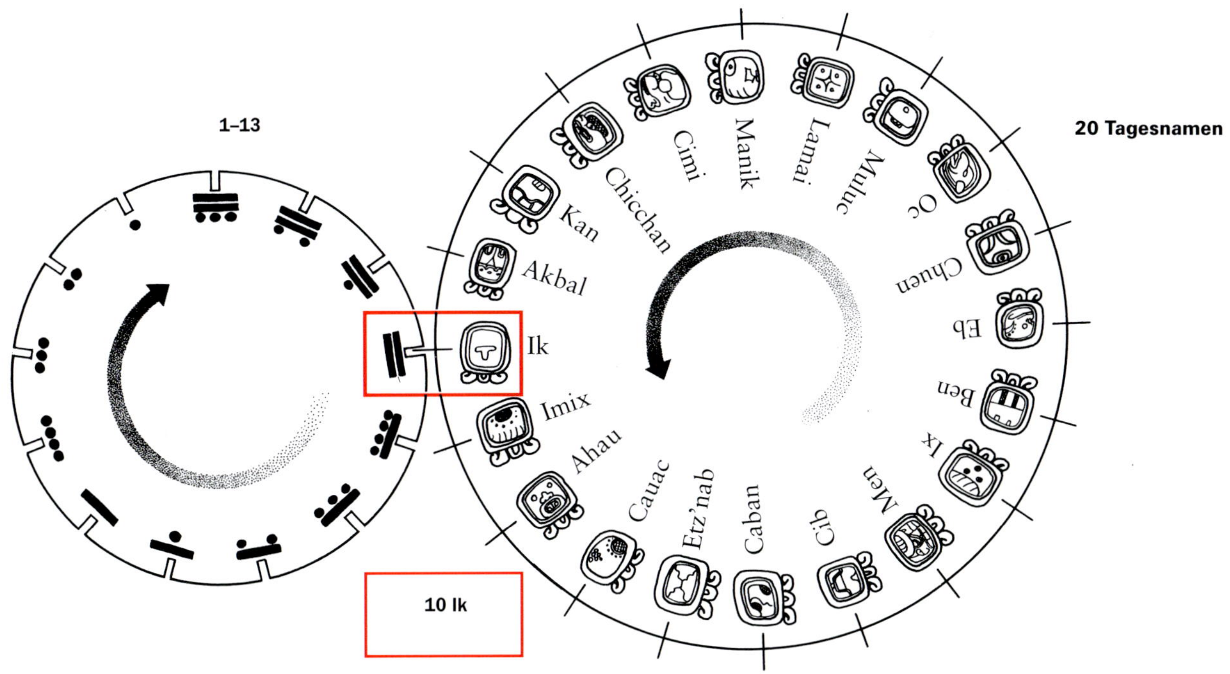

Das «Alphabet» der Mayas

Der nächste wichtige Schritt zur Entzifferung der Maya-Glyphen, die Erkenntnis, daß sie teilweise phonetisch sind, geht auf die Zeit der spanischen Inquisition zurück. Es ist eine Ironie der Geschichte, daß wir fast unser gesamtes unmittelbares Wissen über die alten Mayas den spanischen Inquisitoren verdanken, die nahezu alle Mayaschriften und viele Sitten auslöschten. Der bedeutendste Inquisitor war Fray Diego de Landa, der seit 1561 in Yucatán lebte und dort Bischof wurde. Nachdem die spanischen Behörden ihm Übereifer vorgeworfen hatten, schrieb er, um sich zu rechtfertigen, sein Buch *Relación de las Cosas de Yucatán* (Bericht über die Dinge in Yucatán). Es enthält ein Maya-«Alphabet», das im 20. Jahrhundert als Schlüssel zur Entzifferung der Glyphen diente.

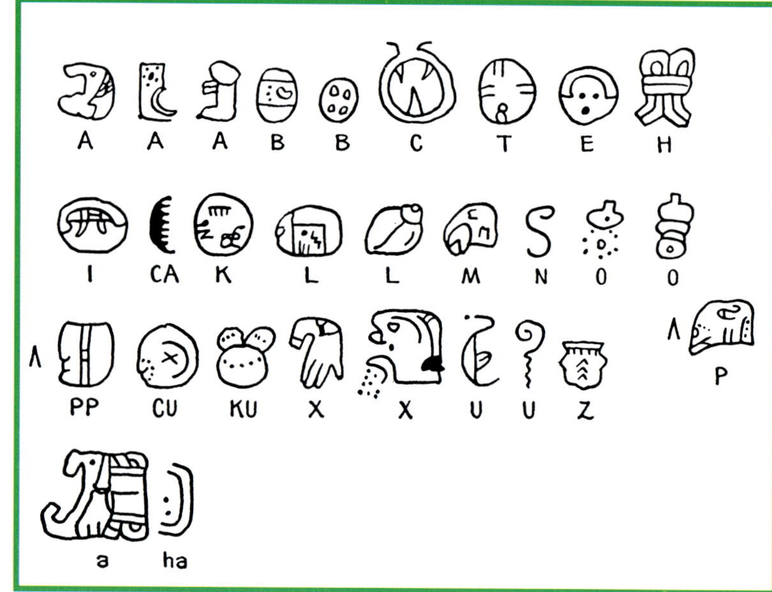

Das Maya-«Alphabet», reproduziert nach der erhaltenen Kopie von Diego de Landas Originalmanuskript.

Es ist gewiß kein gewöhnliches Alphabet, da es für einige Buchstaben mehr als ein Zeichen sowie Silbenzeichen enthält. Wir wissen heute, daß das «Alphabet» eine Mischung korrekter und falscher Deutungen war, die sich auf eine fundamentale Fehleinschätzung stützten. Landa hatte in spanischer Sprache einen alten Maya befragt, mit dem er befreundet war, und keiner der beiden hatte den anderen richtig verstanden. (Der Name «Yucatán» ist von «uic athan» abgeleitet. Diese Worte sagten die Mayas zu den spanischen «Conquistadores», die sie nach dem Namen ihres Landes fragten; sie bedeuten «Wir verstehen euch nicht».) Landa neigte zu der Annahme, daß die Mayas wie die Spanier alphabetisch schrieben. Wenn Landa beispielsweise in einem Kodex das Bild einer Schlinge am Bein eines Hirsches sah (er wußte, daß «Schlinge» im Yucatec-Maya *le* ausgesprochen wurde), zeigte er wohl auf die Zeichnung und sagte: «Zeig mir bitte, wie du '*le*' schreibst. Es hat zwei Buchstaben.» Dann gab er den beiden Buchstaben vermutlich spanische Namen und sprach das vollständige Wort noch einmal aus: «*ele*» oder «*e:le*». Das dürfte seinen Informanten verblüfft haben, der daraufhin schrieb:

 *le*

Nun war Landa seinerseits überrascht. Wieso brauchte man *vier* Glyphen, um *zwei* Buchstaben zu schreiben? Und warum mußte man jede Glyphe wiederholen? Die Erklärung ist, daß die Schrift teilweise *silbisch* war und daß sie auch einige reine Vokale enthielt. [Glyphe] hatte den Lautwert *e*, [Glyphe] den Lautwert *le*. Da Landa nie etwas von einer Silbenschrift gehört hatte, war er verwirrt, obwohl er anscheinend begriff, daß einige Glyphen Silben

Fray Diego de Landa (1524-79), Bischof von Yucatán von 1572 bis zu seinem Tod. Er ist eine der faszinierenden Gestalten in der Geschichte der Maya-Glyphen. Zwar verbrannte er die meisten Kodizes, gab der Nachwelt aber den Schlüssel zum Verständnis der übrigen. Er folterte die Mayas, aber er liebte sie auch und betrachtete sie als moralische, der Erlösung würdige Wesen. Dagegen verboten seine katholischen Vorgesetzten die Folter, hielten die Mayas jedoch für primitiv. Um 1570 mußte Landa nach Spanien reisen, um sich zu rechtfertigen. Er wurde entlastet und kehrte als Bischof zu seinen geliebten Mayas zurück. Dieses Bild Landas hängt in der Kathedrale von Izmal in Nordyucatán, wo Landa diente und wo heute viele Mayas – die Nachkommen der von Landa Gefolterten – die heilige Kommunion empfangen.

symbolisierten. Er wußte auch, daß die Konsonanten ihre Bedeutung ändern konnten, je nachdem ob sie glottal waren oder nicht (d. h. ob der Rachen verengt wurde oder nicht). Die folgenden Beispiele stammen aus dem Yucatec-Maya (nach Coe, 1992):

nicht glottal	*glottal*
pop (Matte)	p'op (Kürbissamen schälen)
cutz (Truthahn)	kutz (Tabak)
tzul (in Ordnung bringen)	dzul (Fremder)
muc (begraben)	muk (erlauben)

Landa drückte die Unterschiede dadurch aus, daß er für *cu* und für *ku* schrieb. Aber sein Informant hatte offenbar keine Lust mehr, wie der folgende Satz zeigt:

ma i n ka ti

Das bedeutet «Ich will nicht». Landa hatte den Mann wohl gebeten, weitere Lautwerte der rätselhaften Glyphen aufzuschreiben.

Oben links: Ein Gebäude in Chichén Itzá, Yucatán, das «Kirche» genannt wird, eines der vielen erstaunlichen Mayabauwerke, die Landa bewunderte. Die Maske in der Mitte der Fassade stellt die gekrümmte, vorstehende Nase des Regengottes Chac dar.

Die Entzifferung beginnt

Juri Knorosow (geb. 1922) lieferte den entscheidenden Beitrag zur Entzifferung der Maya-Glyphen. Er nahm 1945 als junger Artillerist am Angriff auf Berlin teil und rettete ein Buch aus der brennenden Staatsbibliothek – eine einbändige Ausgabe (veröffentlicht in Guatemala) der Mayakodizes in Dresden, Madrid und Paris. Es weckte sein Interesse an der Mayaschrift, und ab den fünfziger Jahren veröffentlichte er wichtige Aufsätze darüber. Die Mayaruinen in Guatemala konnte er erst 1990 besuchen. Nach seiner ersten Veröffentlichung in russischer Sprache dauerte es noch länger als ein Vierteljahrhundert, bis seine Auffassung allgemein anerkannt wurde.

Konnte man das «Alphabet» Landas auf die Glyphen in den Mayakodizes anwenden? Ende des 19. Jahrhunderts wurden viele entsprechende Versuche gemacht, vernünftige und unvernünftige. Die Glyphen für bestimmte Tiere, zum Beispiel für Hund, Truthahn, Papagei und Jaguar, hatte man durch Vergleiche mit Bildern dieser Geschöpfe identifiziert (die gleiche Methode wurde benutzt, um die Glyphen für Götter und Göttinnen zu bestimmen). 1876 wandte Léon de Rosny das Landa-«Alphabet» auf das erste Zeichen der Glyphe «Truthahn» im Madrider Kodex an:

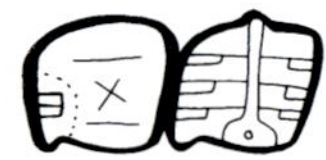

Truthahn-Glyphe

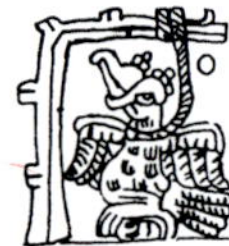

Truthahn

Er las das erste Zeichen als *cu*, indem er es mit Landas

cu

verglich. Dann folgerte er kühn, daß die ganze Glyphe *cutz(u)* zu lesen sei, weil «Truthahn» im Yucatec-Maya «cutz» heißt. Außerdem stellte er die Theorie auf, daß die Mayaschrift phonetisch sei und auf Silben basiere.

Andere Gelehrte kritisierten Rosny und lieferten unsinnige Lesarten. Thompson, dem wir bereits begegnet sind (S. 121), war in der Mitte unseres Jahrhunderts der führende Mayaforscher. Er lehnte Landas «Alphabet» und die phonetische Theorie nahezu gänzlich ab und neigte zu einer logographischen Erklärung der Glyphe «Hund». Ein Zeichen, meinte er, symbolisiere «Rippen», das andere «Tod».

1952 wurde er aus einer unerwarteten Richtung herausgefordert: aus Leningrad. Juri Knorosow, ein russischer Wissenschaftler, der nicht in Mittelamerika gewesen war, schlug phonetische Deutungen vieler Glyphen vor, auch der Glyphe «Hund». Er hatte bemerkt, daß das erste Zeichen in dieser Glyphe identisch mit dem zweiten Zeichen in der Glyphe «Truthahn» war:

Hunde-Glyphe

Truthahn-Glyphe

Wenn das erste Zeichen in der Hunde-Glyphe den Lautwert *tzu* hatte (wie Rosny vorschlug), konnte man das zweite Zeichen *l(u)* lesen, weil es einem von Landas Symbolen glich:

l

Die Glyphe «Hund» konnte demnach für *tzul* stehen:

tzu *l(u)*

Gab es ein Yucatecwort «tzul»? Es gab eines – und es bedeutete «Hund»!

Knorosow konnte dieses Verfahren verbessern. Auf einer Seite des Dresdener Kodex erscheint anstelle des erwarteten Balkens und Punktes für die Zahl 11 oder des entsprechenden Göttergesichtes eine Glyphe, die aus drei Zeichen besteht:

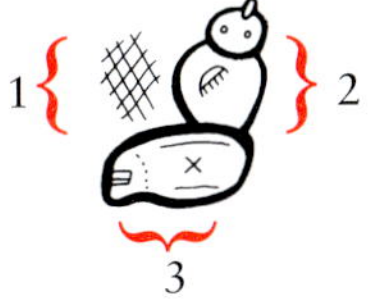

(1 ist im Kodex beschädigt)

«Elf» heißt auf Yucatec-Maya «buluc». Vielleicht setzte diese Glyphe sich aus *bu*, *lu* und *cu* zusammen (*bu* ist beschädigt):

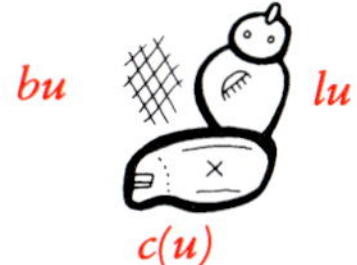

Eine beschädigte Glyphe auf einer anderen Seite des Dresdener Kodex *(oben rechts)* setzte sich aus zwei Zeichen zusammen, die nach Knorosow offenbar *lub(u)* bedeuteten:

Das Wort «lub» bedeutet im Yucatec-Maya «fallen» oder «regnen», und das Bild im Kodex bestätigt die Lesart; denn auf die Gestalt in der Mitte fällt Regen.

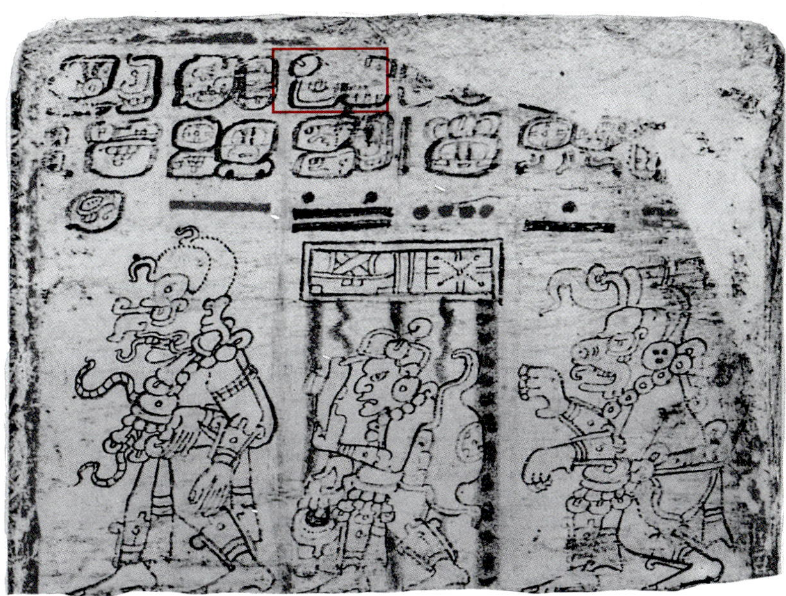

Nr.	Lesung	Nr.	Lesung
1.	c(u).	11	cutz
2.	tz(u).	12.	tzul.
3.	l(u)	13	buluc
4.	b(u)	14	can tzuc
5	k(a)	15	lub
6	m(a)	16	kati
7	t(i)	17	kam
8.	u	18.	ukah
9.	h(a)	19	pak
10	p(a)	20.	Mam

Oben: Ein Teil des Dresdener Kodex. Die eingerahmte Glyphe bedeutet «regnen».

Links: Transliteration von Maya-Glyphen, wie Juri Knorosow sie in den fünfziger Jahren vorschlug. Nicht alles erwies sich als korrekt; aber grundsätzlich war sein Ansatz richtig.

Knorosow lieferte eine ganze Reihe solcher Deutungen. Thompson machte sich darüber lustig, und er führte eine Art Privatkrieg gegen den Russen, ganz im Stil des kalten Krieges. Doch einige jüngere Mayakenner in den USA glaubten, daß Knorosow auf etwas Wichtiges gestoßen war.

Ein gemischtes Schriftsystem

Mayaspezialisten, die Knorosow folgen wollten, standen zwei fundamentalen Hindernissen gegenüber. Erstens waren die Mayasprachen damals den Gelehrten kaum bekannt, und das hat sich bis heute nicht geändert. Wenn ein Forscher in den Maya-Wörterbüchern kein offensichtlich zutreffendes Wort fand, konnte er eine vorgeschlagene Transliteration weder bestätigen noch ablehnen.

Zweitens handelte es sich um ein gemischtes Schriftsystem, das Phonogramme und Logogramme enthielt. Die ägyptischen Hieroglyphen waren zwar ähnlich gemischt; aber die Glyphen der Mayas erwiesen sich als viel schwerer durchschaubar. Ein Wort konnte mehrere Schreibweisen haben, nicht nur zwei oder drei. Außerdem waren die einzelnen Glyphen oft miteinander verschmolzen (ähnlich wie in der chinesischen, jedoch nicht in der ägyptischen Schrift) – so innig, daß nur ein sehr geübtes Auge die Bestandteile erkannte. Ventris' Probleme beim Auseinanderhalten der Linear-B-Zeichen erschienen einfach verglichen mit diesen Schwierigkeiten.

Hier sind z. B. zwei Glyphen, die «chum tun» lauten. Sie werden auf verschiedene Weise verschmolzen, und alle vier Schreibweisen sind möglich (Großbuchstaben weisen auf ein Logogramm, Kleinbuchstaben auf ein Phonogramm hin):

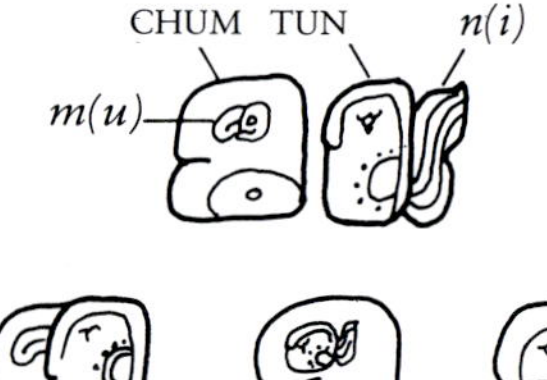

Hier sind fünf mögliche Schreibweisen von «balam» (Jaguar) mit unterschiedlichen phonographischen und logographischen Anteilen:

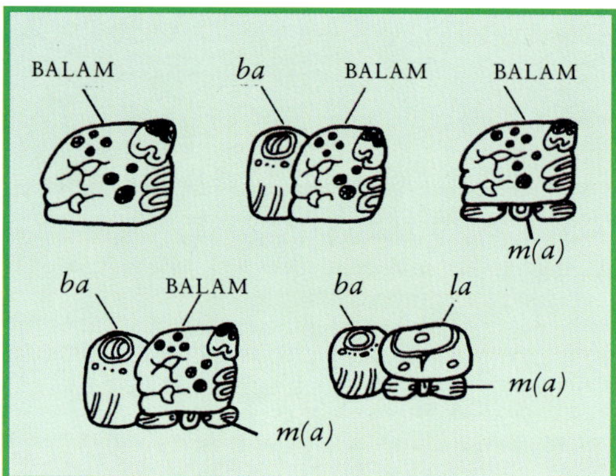

Das erste ist völlig logographisch (und piktographisch), das letzte gänzlich phonographisch (und kein Bildzeichen).

Unten: Steinsturz aus Yaxchilán, um 770 n. Chr. Das Bild zeigt Vogel-Jaguar mit Schädel und Schlangenskelett als Kopfschmuck. Neben ihm eine seiner Frauen, Balam Ix, beim rituellen Aderlaß. Die Glyphen beschreiben die Szene wie im Sturz auf der nächsten Seite.

Eine Mischung aus phonographischen und logographischen Elementen sehen wir auch auf einem Relief aus Yaxchilán *(rechts)*, das einen Sieg des «Vogel-Jaguars» feiert. Er steht rechts, trägt einen prächtigen Kopfschmuck und packt «Juwelenschädel», seinen Gefangenen, am Arm. Links ergreift Vogel-Jaguars Stellvertreter K'an Tok einen zweiten Gefangenen am Haar. Die Glyphen (nicht vollständig entziffert) werden erläutert. Das Datum ist 7. Imix 14. Tzec (überprüfen Sie anhand der Seiten 124-127), das entspricht dem 9. Mai 755 n. Chr. «Vogel-Jaguar» verdankt seinen Namen dem Umstand, daß seine Glyphe einen Vogel und einen Jaguar verbindet:

Sein Mayaname könnte Yaxun Balam gewesen sein. Die Glyphe unmittelbar unter seinem Namen ist die «Wappenglyphe» von Yaxchilán. Jeder Stadtstaat der Mayas hatte seine Wappenglyphe, wie Heinrich Berlin Ende der fünfziger Jahre entdeckte. Hier sind acht solche Glyphen, die jeweils ein Paar phonetischer Zeichen enthalten, welche für «ahaw» (Herr) stehen:

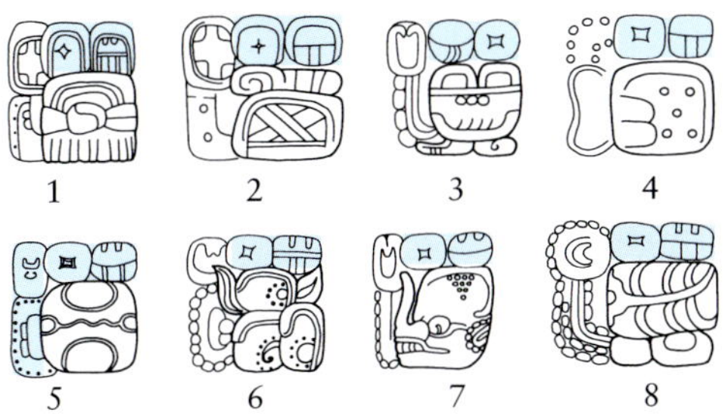

Ein zweites Zeichenpaar (im Zeichen 5 hervorgehoben) symbolisiert Yucatec: «k'ul» (göttlich). Die Orte sind 1. Tikal, 2. Naranjo, 3. Yaxchilán, 4. Piedras Negras, 5. Palenque, 6. Seibal, 7. Copán, 8. Quiriguá (s. Karte S. 122).

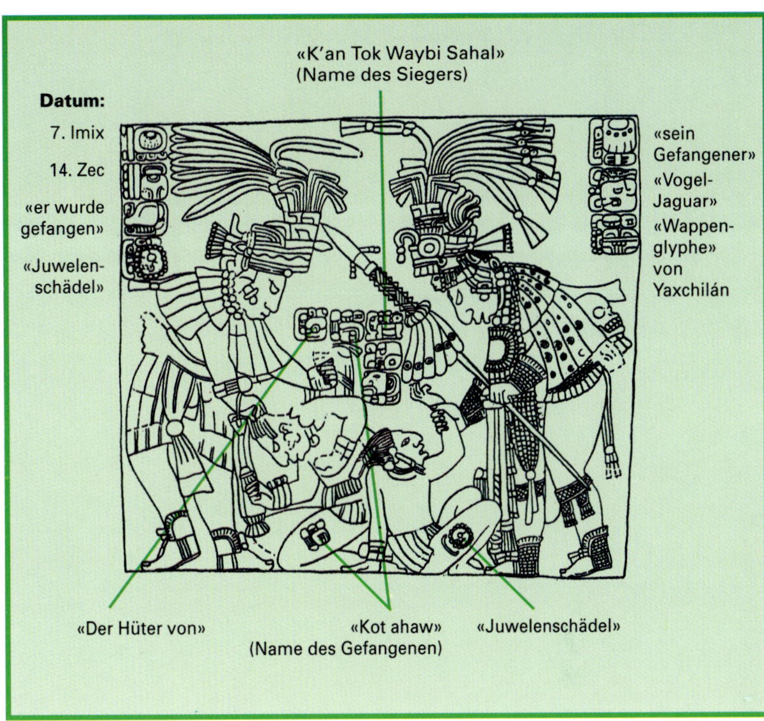

Zwei Worte im Relief von Yaxchillán werden rein phonetisch geschrieben:

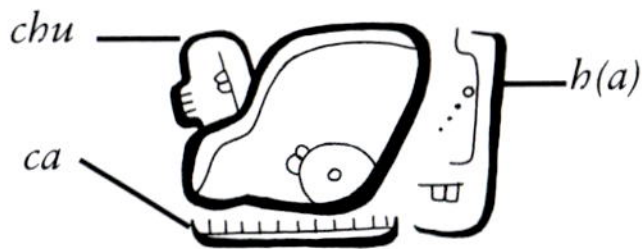

chucah(a) (er wurde gefangen)

Zwei dieser drei Silbenzeichen finden wir in Landas «Alphabet»:

Auch diese Glyphe ist phonetisch:

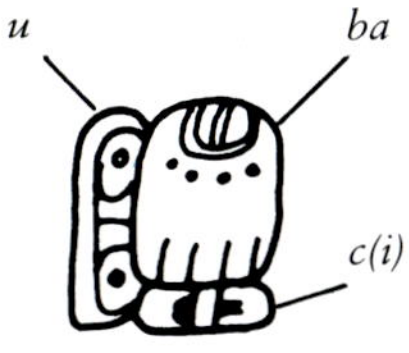

u bac(i) (sein Gefangener)

Ein Maya-Silbenverzeichnis

Heute, mehr als 40 Jahre nach Knorosows veröffentlichter Entzifferung, haben Dutzende von – meist amerikanischen – Forschern die dazugehörige Silbenliste erstellt. Die meisten, wenn auch nicht alle Transliterationen sind allgemein anerkannt. Wir können heute bis zu 85% aller Maya-Glyphen «lesen», das heißt, wir kennen ihre Bedeutung, jedoch nicht immer ihre Aussprache, ziemlich genau.

Die Komplexität der Mayaschrift ist offensichtlich, selbst wenn wir von den Hunderten nichtsilbischen Glyphen absehen. Das auffälligste Merkmal der Liste sind die vielen verschiedenen Zeichen für einzelne Laute – zum Beispiel neun Glyphen für den reinen Vokal *u* und sieben für die Silbe *na*. Im Silbenverzeichnis des Linar B (S. 118) gibt es nichts Vergleichbares. Gäbe es nicht Landas «Alphabet», hätte niemand ein «Silbenrost» für die Mayaschrift zusammenstellen können. Mehr noch – außer den zahlreichen Homonymen gibt es auch Silbenzeichen, die Logogramme sein können.

Die immanente Homophonie der Schrift verdeutlichen drei verschiedene Glyphen, die im Yucatec-Maya jeweils *can* gesprochen werden (die phonetischen Elemente im ersten und dritten Zeichen sind angegeben):

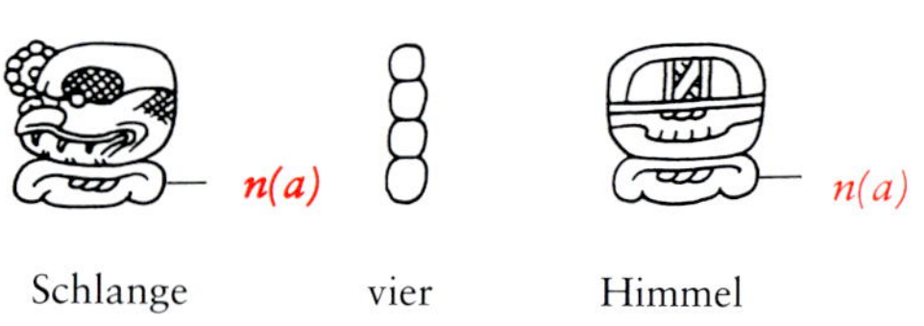

Die folgenden vier Glyphen sind Beispiele für die Polyphonie der Mayaschrift (d. h. ein Zeichen wird unterschiedlich ausgesprochen und hat mehrere Bedeutungen):

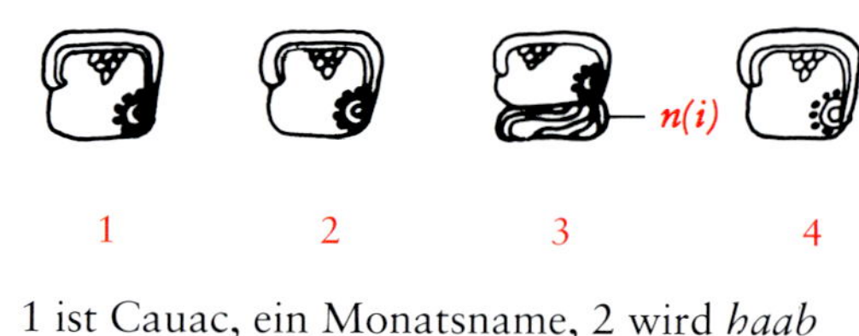

1 ist Cauac, ein Monatsname, 2 wird *haab* gesprochen (das 365-Tage-Jahr), 3 hat die phonetische Ergänzung *n(i)* und wird *tun* gesprochen, 4 ist die Silbe *cu*.

Rechts: Dieses Silbenverzeichnis – die gemeinsame Arbeit vieler Wissenschaftler – ermöglicht es uns, etwa 85 % aller Maya-Glyphen zu lesen. Es ist allerdings noch nicht allgemein anerkannt. (Nach Coe, 1992)

Unten: Gemaltes Muster auf einer Keramik-Zylindervase aus Guatemala, um 672-830. Es zeigt Künstler mit ihren Werkzeugen (Griffel und Muschelfarbtopf). Einer malt einen Kodex, der andere hält eine Maske in der Hand. Glyphen vor jeder Figur geben den Namen und/oder Titel der Künstler an.

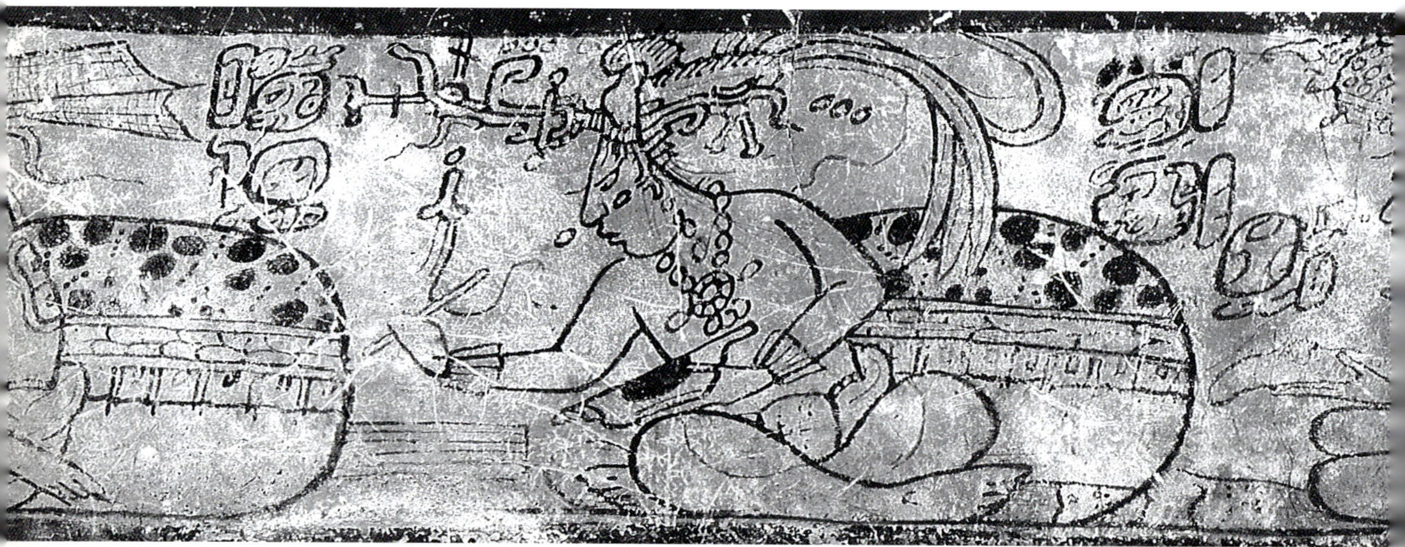

	a	e	i	o	u
b					
ch					
ch’					
h					
c					
k					
l					
m					

	a	e	i	o	u
n					
p					
s					
t					
tz					
dz					
u					
x					
y					

Ein Maya-«Tutenchamun»

Eine archäologische Entdeckung im Jahre 1952 ermöglichte bei der Entzifferung der Mayaschrift einen Durchbruch, den man beinahe mit der Entdeckung des Grabes von Tutenchamun vergleichen kann. Der mexikanische Archäologe Alberto Ruz untersuchte den Tempel von Palenque mit seinen Inschriften, als er im Fußboden eine große Steinplatte mit einer Doppelreihe von Löchern nebst entfernbaren steinernen Stöpseln fand. Als er die Platte entfernte, sah er ein gewölbtes Treppenhaus, das hinab ins Innere der Pyramide führte, aber bewußt mit Geröll versperrt worden war. Es dauerte Monate, bis er das Gewölbe gesäubert und eine Kammer auf etwa der Höhe des Pyramidenfußes erreichte. Auch sie war mit Schutt gefüllt. Auf dem Fußboden fand er die Skelette von fünf oder sechs jungen Erwachsenen, die wahrscheinlich alle geopfert worden waren. Am anderen Ende versperrte eine riesige, dreieckige Platte den Weg. Nachdem er auch sie entfernt hatte, starrte Ruz in die große Gruft, etwa 24 Meter unter dem Fußboden des oberen Tempels. Er war der erste Mensch, der sie nach ungefähr 13 Jahrhunderten sah.

Ein gewaltiger rechteckiger Sarkophag verbarg die Überreste eines alten Mayaherrschers. Darin befanden sich das Skelett und ein Schatz: eine lebensgroße Jademake lag auf dem Gesicht des Herrschers; Jade- und Perlmuttscheiben dienten ihm als Ohrschmuck; mehrere Halsbänder aus röhrenförmigen Jadeperlen schmückten seine Brust, Jaderinge seine Finger. In jeder Hand und im Mund lag ein großer Jadestein – ein Brauch, den die Yucatec-Mayas, die Atzteken und die Chinesen pflegten. Zwei Jadefiguren lagen neben dem Skelett; eine symbolisierte den Sonnengott.

Das Relief auf dem Sarkophag zeigt den Herrscher (der einen Klumpfuß besaß), wie er vom Himmelsvogel stürzt. Während er am Stamm des Weltbaumes entlang in die offenen Kiefer der anderen Welt fällt, begleitet ihn ein halb skelettiertes Ungeheuer mit einer Opferschale, die das Zeichen der Sonne trägt. Die Glyphe symbolisiert die Sonne beim Übergang zwischen Leben und Tod. Wie die Sonne wird auch der König nach seiner Reise durch die andere Welt im Osten auferstehen.

Rechts: Der Deckel des Sarkophags von Pacal aus der Grabkammer, die 1952 im Tempel von Palenque entdeckt wurde.

Unten: Lebensgrosse Jademaske aus der Grabkammer des Tempels von Palenque, 683 n. Chr. Die Augen sind aus Muscheln und Obsidian. Der hölzerne Untergrund ist vermodert.

Geburt und Tod des Pacal

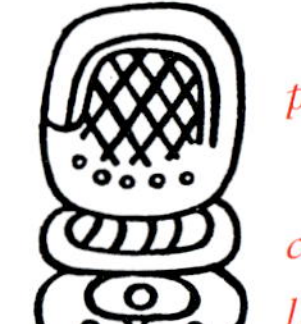

Wer war der große Mayaherrscher von Palenque? Acht an einer Kante des Sarkophags eingekerbte Glyphen liefern eine teilweise Erklärung. Unter ihnen befinden sich mehrere Ziffern, Tages- und Monatsnamen (versuchen Sie, sie zu identifizieren):

1 ist das Datum 8. Ahau.
2 ist das Datum 13. Pop.
3 ist die Glyphe für «Geburt» (mit dem Spitznamen «umgedrehter Frosch»). Der Herrscher wurde also am 8. Ahau des 13. Pop geboren, das ist der 26. März 603 n. Chr.
4 ist das Datum 6. Etz'nab.
5 ist das Datum 11. Yax.
6 bezieht sich auf 4 Zyklen zu je 7200 Tagen, das sind etwa 80 Jahre.
7 ist eine Glyphe, die «Tod» bedeutet. Der Herrscher starb demnach am 8. Ahau des 13. Pop oder am 31. August 683.
8 ist der Name des Herrschers: «Handschild» (nach dem Zeichen unten links in der Glyphe).

Aber wie nannte der Herrscher sich selbst? Eine Glyphe im Tempel oberhalb der Gruft gab einen Anhaltspunkt. Dem Kontext zufolge war diese Glyphe eindeutig der Name des begrabenen Herrschers; doch sie unterschied sich recht stark von der Glyphe auf dem Sarkophag. Wissenschaftler, die sich 1973 in Palenque trafen, erkannten plötzlich, daß die Namensglyphe auf dem Sarkophag ein *Logogramm*, die im Tempel dagegen ein *Phonogramm* war. Die Tempelglyphe konnte man wie auf der Zeichnung rechts übersetzen (siehe Silbenverzeichnis Seite 137). Der «Tutenchamun der Mayas» hieß also Pacal, «Schild». Hier sind drei verschiedene Schreibweisen des Namens «Pacal» mit ihren phonetischen Elementen in Kleinbuchstaben:

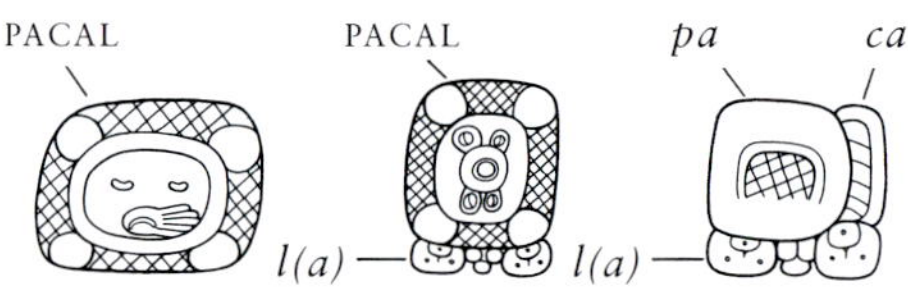

Wenn die Inschrift die Wahrheit sagt (wofür es keine Garantie gibt), starb Pacal im Alter von 80 Jahren. Von anderen Glyphen wissen wir, daß er schon als Zwölfjähriger den Thron bestieg. Er regierte also ungefähr 68 Jahre – länger als Königin Viktoria! Wir können außerdem die Namen seines Vaters Kan-Bahlum-Mo' und seiner Mutter Zac-Kuk sowie anderer Angehöriger identifizieren. Seltsamerweise regierte sein Vater nie (er starb am 1. Januar 643), während seine Mutter kurze Zeit Herrscherin war, von 612 bis zu seiner Thronbesteigung 615 (sie starb am 12. September 640). Die Entzifferung der Glyphen verschaffte den Mayas eine detaillierte dynastische Geschichte, die noch vor wenigen Jahrzehnten völlig unbekannt war.

1 2 3 4 5 6 7 8

Kante des Sarkophags von Pacal (603-683). Glyphen unterrichten über sein Leben und seinen Tod. Eine Transkription finden Sie auf der gegenüberliegenden Seite.

Die Wandgemälde von Bonampak

Die zweite große Entdeckung der Maya-Archäologie nach dem Krieg waren die Wandgemälde von Bonampak in der Nähe von Yaxchilán. Zwei amerikanische Abenteurer, die bei den Lacandón-Indianern gelebt hatten, wurden 1946 zu den Ruinen von Bonampak gebracht. Einige Monate später zeigten die Indianer die Gemälde dem Fotografen Giles Healey, dessen Bilder großes Aufsehen erregten. Wissenschaftler interessieren sich dafür, was die Gemälde uns über das Leben in der klassischen Periode der Mayas (Ende des 8. Jahrhunderts) kurz vor dem Zusammenbruch des Mayareiches erzählen. Viele Glyphen auf den Wandgemälden sind noch nicht entziffert. Die Gemälde zeigen die Geschichte einer siegreichen Schlacht, ihrer Folgen und der Siegesfeiern. In der Szene unten wurden die unglücklichen Gefangenen ausgezogen und gefoltert (man riß ihnen die Fingernägel aus). Auch ein abgetrennter Kopf ist zu sehen. Eine nackte Gestalt sitzt oben auf dem Podium und fleht die Gestalt in der Mitte an, den großen Herrn Chaan-muan, Herrscher von Bonampak, der eine Kampfweste aus Jaguarhaut trägt und von Untertanen umgeben ist. Unter den Zuschauern ist eine Dame im weißen Mantel, die einen Fächer in der Hand hält. Sie ist Chaan-muans Hauptfrau und stammt den Glyphen zufolge aus Yaxchilán.

Die Wandgemälde von Bonampak aus dem 8. Jahrhundert blieben unvollendet, weil Bonampak aufgegeben wurde. Anscheinend wurden sie anläßlich der Thronbesteigung eines kleinen Erben gemalt. Sie zeigen rituelle Schlachten, Folterungen, Enthauptungen, Mummenschanz, Tanz, Musik und edle Herren und Damen, die Blut vergießen.

Ein Maya-Schokoladenkelch

Maya-Keramikgefäß aus Rio Azul in Guatemala. Die Glyphe in der Mitte steht für «Kakao». Eine chemische Analyse bestätigte, daß sich im Topf Kakaoreste befinden. Diego de Landa, der als erster Europäer die Mayas studierte, schrieb: «Sie bereiten eine Art schaumiges Getränk aus gemahlenem Mais und Kakao. Es ist sehr lecker, und sie trinken es auf ihren Festen. Und sie gewinnen aus Kakao ein Fett, das der Butter ähnelt, und daraus sowie aus Mais stellen sie ein anderes wohlschmeckendes Getränk her, das sehr geschätzt wird.» Das «Alphabet», das Landa um 1560 erstellte, trug im 20. Jahrhundert dazu bei, Landas Berichte über die Kultur der Mayas zu bestätigen.

Die Keramikmalereien sind wohl die ansprechendsten aller sonderbaren und wundervollen Kunstwerke der Mayas. In den letzten zwei Jahrzehnten wurden viele Exemplare gestohlen und an Kunsthändler in Amerika, Europa und anderswo verkauft. Immerhin hatte dieser Handel auch eine gute Seite: Er erleichterte die Entzifferung der Glyphen.

1971 organisierte der Mayanist Michael Coe eine Ausstellung mit Mayakeramik in New York. Dabei fiel ihm auf, daß die Ränder vieler Töpfe eine ähnliche Reihe von Glyphen aufwiesen. Coe nannte sie «Primäre Standardfolge» und vermutete, daß sie mit mythischen Abenteuern in der anderen Welt zusammenhingen, jenen im ägyptischen Buch der Toten ähnlich. Offenbar war dies das Thema der Kunst auf vielen Keramikobjekten, die wohl bei Begräbnissen verwendet wurden.

Später stellte sich heraus, daß die Glyphen eine andere Bedeutung hatten. Eine der häufigsten Glyphen in der «Standardfolge» kommt in dieser Reihe vor:

Eine phonetische Entzifferung ergibt den Lautwert *uch'ibi:*

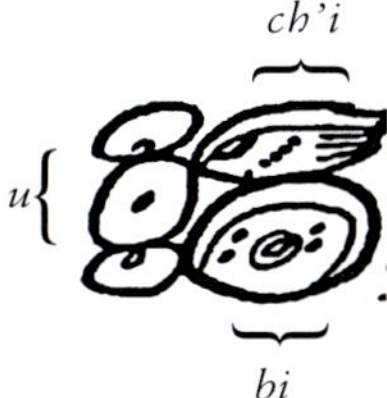

In der Sprache der Cholan-Mayas bedeutet *uchi'i* «trinken». Wahrscheinlich bedeutet die Glyphe demnach «Trinkgefäß von». Offenbar ließen die adeligen Mayas wie manche Leute unserer Zeit ihre Krüge mit Namensschildchen versehen.

Die weitere Entzifferung war noch aufschlußreicher. Zur Primären Standardfolge gehört auch eine Glyphe, deren Lautwerte wir mit etwas Phantasie bestimmen können:

Kakao! Und als man Mayatöpfe mit dieser Glyphe ausschabte und die Überreste analysieren ließ, stellte sich heraus, daß es sich in der Tat um Kakao handelte.

Kapitel 8 Unentzifferte Schriften

Dieses Steinsiegel stammt von der Induskultur, die vor etwa 4000 Jahren in Nordwestindien (heute Pakistan) blühte. Es ist eines von vielen Siegeln, die Zeichen tragen – wahrscheinlich eine voll entwickelte Schrift. Niemand weiß es genau, weil die Zeichen bisher nicht entziffert wurden. Die Indus-Schrift ist vielleicht die faszinierendste der vielen unentzifferten Schriften aus allen Teilen und fast allen Epochen der Welt.

Schwierigkeiten beim Entziffern

Die wichtigsten unentzifferten Schriften sind in der Tabelle unten aufgeführt. Von anderen nicht entzifferten Schriften unterscheiden sie sich insofern, als sie aus bedeutenden Kulturen stammen. Die etruskische Schrift wurde beispielsweise von einem Volk benutzt, das Kunstwerke und Grabmale von großer Schönheit schuf und die Römer stark beeinflußte. Die kretische Linearschrift A benutzten die Minoer vor und neben der Linearschrift B, die Michael Ventris entzifferte. Die «Rongorongoschrift» der Osterinsel (Rapanui) wurde vielleicht von den Schöpfern der gigantischen steinernen Statuen benutzt, die über die Insel verstreut sind. Dagegen haben die wenigen unentzifferten Zeichen, die 1961 bei einer Ausgrabung in Rumänien gefunden wurden (die «Tartaria-Tafeln») vergleichsweise wenig Aufmerksamkeit erregt. Das lag zumindest teilweise daran, daß die übrigen Funde wenig interessant waren.

Was heißt «entziffert»?

Viele Schriften sind natürlich weder entziffert noch unentziffert, sondern teilweise entziffert. Das trifft, wie wir gesehen haben, auf die hethitischen Hieroglyphen und die Mayaschrift zu, aber auch auf Linear B und sogar auf die ägyptischen Hieroglyphen. Unentzifferte Schriften können wir in drei Gruppen einteilen: unbekannte Schriften in bekannten Sprachen, bekannte Schriften in unbekannten Sprachen und unbekannte Schriften in unbekannten Sprachen. Die Mayaschrift gehörte bis vor kurzem in die erste Kategorie, die etruskische Schrift in die zweite, und die Schrift des Industals sowie die Rongorongoschrift in die dritte.

Ventris gab die folgende meisterhafte Zusammenfassung der üblichen Entzifferungsmethoden: «Jedes Verfahren bedarf einer Planung in drei Phasen: einer erschöpfenden *Analyse* der Zeichen, Worte und Kontexte aller verfügbaren Inschriften, um jeden denkbaren Hinweis auf Schreibweise, Bedeutung und Struktur der Sprache herauszuziehen; einer experimentellen *Substitution* der Lautwerte, die mögliche Worte und Beugungen in einer bekannten oder angenommenen Sprache ergeben; und einer eingehenden *Prüfung*, am besten an neuem Material, um sicherzustellen, daß die Ergebnisse keine Phantasieprodukte sind oder auf Zufall oder Zirkelschlüssen beruhen ... Das setzt voraus, daß das Material so umfangreich ist, daß die Analyse brauchbare Resultate liefert und (im Falle einer nicht lesbaren Schrift ohne Bilinguen oder identifizierbare Eigennamen) daß die unbekannte Sprache mit einer bereits bekannten verwandt ist.»

Wichtige unentzifferte Schriften.

Name der Schrift	Fundort	älteste Zeugnisse	Schrift bekannt?	Sprache bekannt?
Proto-Elamisch	Iran/Irak	um 3000 v. Chr.	nein	nein
Indus	Pakistan/ NW-Indien	um 2500 v. Chr.	nein	*
«Pseudohieroglyphen»	Byblos (Libanon)	2. Jahrtausend v. Chr.	nein	nein
Linear A	Kreta	18. Jh. v. Chr.	teilweise	nein
Phaistos-Diskos	Phaistos (Kreta)	18. Jh. v. Chr.	nein	nein
Etruskisch	Norditalien	8. Jh. v. Chr.	ja	teilw.
Meroitisch	Meroë (Sudan)	um 200 v. Chr.	ja	teilw.
La Mojarra	Mittelamerika	um 150 n. Chr.	*	*
Rongorongo	Osterinsel	vor dem 19. Jh. n. Chr.	nein	nein

Ein * zeigt Uneinigkeit unter den Wissenschaftlern an.

Geheimnisvolle Siegel am Indus

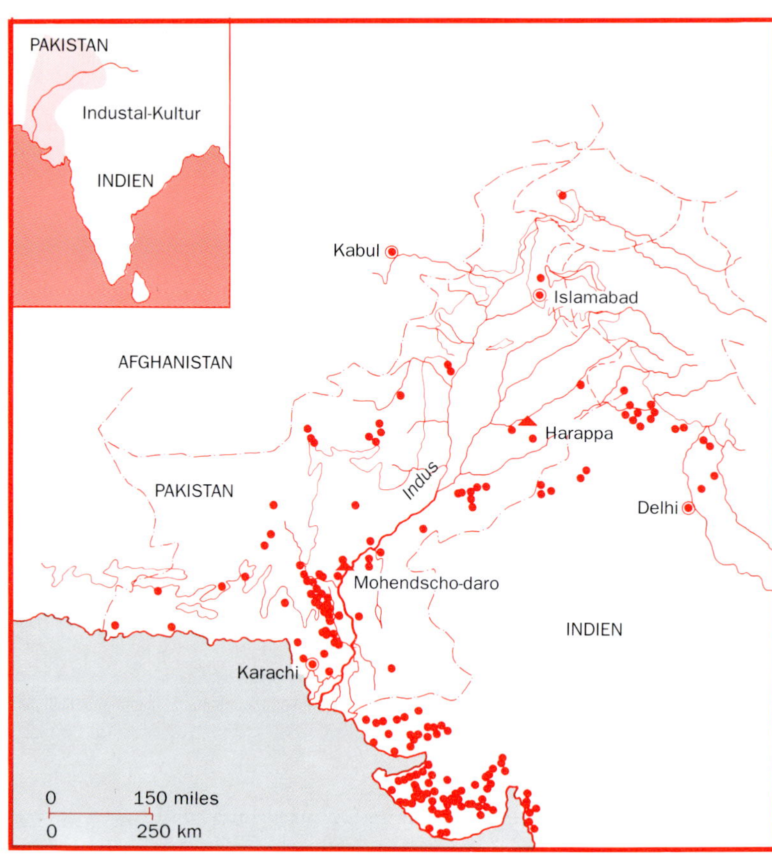

Die Ausdehnung der Indus-Kultur. Die Karte stützt sich auf archäologische Funde, die eine klare kulturelle Verwandtschaft aufweisen. Mohendscho-daro und Harappa, die beiden wichtigsten Städte, sind bezeichnet.

Oben links: Der «Priesterkönig» der Indus-Kultur, um 1920 in Mohendscho-daro entdeckt.

Die oben abgebildete, 15 cm hohe Skulptur aus Stearit – sie wird «Priesterkönig» genannt – wurde um 1920 am Ufer des Indus in einem Ruinenhügel namens Mohendscho-daro im heutigen Pakistan gefunden. Über seine Identität wissen wir nichts, obgleich die Kleeblattmuster auf seiner Kleidung angeblich eine Bedeutung haben sollen. Die Skulptur ist vielleicht 4000 Jahre alt, also fast 2000 Jahre vor Alexanders Indienfeldzug entstanden, und sie ist der berühmteste erhaltene Gegenstand der Indus-Kultur.

Die Überreste dieser Kultur finden sich in Pakistan und Nordwestindien über ein Gebiet verstreut, das etwa so groß ist wie ein Viertel Europas. Auf ihrem Höhepunkt, zwischen 2500 und 1900 v. Chr., standen ihre großen Städte denen Mesopotamiens und Ägyptens nicht nach. Sie kann sich keiner großen Pyramiden, Statuen und Goldschätze rühmen; aber ihre gut angelegten Straßen und ihr fortschrittliches Entwässerungssystem hätten alle Städteplaner vor unserer Zeit beschämt. Dennoch hatte vor 1921 niemand die Existenz einer solchen Kultur auch nur vermutet.

Allerdings wußten Archäologen schon um 1870, daß es im Indus-Tal eine rätselhafte Schrift gab. Seit etwa 1920 haben Gelehrte aus vielen Ländern versucht, sie zu entziffern.

Die Indus-Schrift

Die Indus-Schrift ist nicht auf Mauern, Gräbern, Statuen, Tontafeln oder Papyri zu finden, sondern auf Steinsiegeln, Terrakottasiegeln, Töpfen, Kupfertafeln, Bronzegeräten sowie Elfenbein- und Bronzestäben, die man verstreut in den Häusern und auf den Straßen von Mohendscho-daro und anderen Städten entdeckte. Etwa 3500 Inschriften sind bekannt, und die meisten befinden sich auf Siegelsteinen.

Die Inschriften sind unangenehm kurz. Im Durchschnitt haben sie weniger als vier Zeichen in einer Zeile und fünf Zeichen in einem Text. Die längste Inschrift umfaßt nur 20 Zeichen in drei Zeilen. Außer der Zeichen sind in viele Siegelsteine auch die Umrisse von Tieren eingeritzt, die oft erkennbar sind: z. B. Rhinozerosse, Elefanten, Tiger und Büffel, aber auch ein «Einhorn» und einige unbekannte anthropomorphe Figuren, die Götter und Göttinnen sein könnten. Einige Wissenschaftler halten diese Gestalten für die Vorläufer der Hindugottheiten.

Die Entzifferung der Indus-Schrift

Jeder Versuch, die Indus-Schrift zu entziffern, beginnt mit zwei Fragen: Sind die Zeichen einer Analyse zugänglich, wie Kober, Ventris und andere sie auf die Linearschrift B anwandten? Und können wir die Sprache erschließen, die den Zeichen zugrunde liegt (wie Griechisch dem Linear B)?

Was die Zeichen angeht, so können wir nach Ähnlichkeiten mit Schriften anderer Kulturen suchen, so wie Ventris Linear B mit der zyprischen Schrift verglich. Hier ist jedoch Vorsicht geboten; denn es gibt auch zufällige Ähnlichkeiten. In der Tat besteht keinerlei Ähnlichkeit zwischen den Zeichen vom Indus und den Zeichen des alten Iran, Sumer und Ägypten. Wohl aber gibt es verblüffende Übereinstimmungen zwischen 40 – 50 Indus-Zeichen und den Zeichen, die man auf der Osterinsel gefunden hat!

Sir John Marshall, der Mohendscho-daro ausgrub, vermutete, daß die von Tieren umgebene Figur mit den gekreuzten Beinen *(unten)* ein «Proto-Shiva» ist (Shiva ist einer der wichtigsten Götter des späteren Hindupantheons). Auch die Sterne und der Feigenast im Kopfschmuck der zweiten Figur sowie die Fischzeichen könnten solche «Vorläufer» sein – aber jede Entzifferung wäre bestenfalls vorläufig.

Das Alter dieser Zeichen von der Osterinsel *(rechts)* ist unbekannt; vielleicht sind sie nur zweihundert Jahre alt. Ist es denkbar, daß die Indus-Zeichen *(links)* über 3500 Jahre und 21.000 Kilometer hinweg vom Indus zu einer einsamen Insel im Pazifik gelangten? In den 30er Jahren vertraten einige Gelehrte ernsthaft diese Theorie, doch heute erscheint sie unglaubhaft. Die meisten Indus-Zeichen finden wir auf Siegeln. Einige sind leicht zu verstehen, andere – z. B. diese beiden Figuren in Yogahaltung – verblüffen uns.

Die Zahl der Zeichen und die Richtung der Schrift

Können wir herausfinden, wie viele Indus-Zeichen es gibt? Dazu müßten wir bestimmen, ob diese drei Zeichen Varianten desselben Zeichens oder verschiedene Zeichen sind:

Die Wissenschaftler sind sich über solche Details uneinig. Immerhin stimmen sie darin überein, daß es insgesamt etwa 400 Zeichen (plus/minus 25) gibt. Das sind zu viele für ein Alphabet oder eine Silbenschrift wie Linear B, und darum ist die Indus-Schrift wahrscheinlich eine «gemischte» Schrift wie die Schriften von Mesopotamien und Ägypten.

Wurde sie von links nach rechts oder von rechts nach links geschrieben? Wir können fast sicher sein, daß man sie gewöhnlich von rechts nach links schrieb; denn wenn wir auf einen «Zeichenstau» stoßen, dann befindet er sich immer links, und manchmal sehen wir Zeichen auf der oberen, linken oder unteren Kante eines Siegels, während die rechte frei ist.

Die Sprache der Indus-Schrift

Wie haben die Bewohner des Indus-Tals gesprochen? Es gibt drei Möglichkeiten. Erstens könnte ihre Sprache völlig erloschen sein. Zweitens könnte sie mit Sanskrit, der klassischen Sprache Indiens, verwandt sein. Drittens könnte sie mit Drawidisch verwandt sein, also mit der Sprachfamilie, die dem Sanskrit vorausging und die heute in Südindien und interessanterweise auch in den Bergtälern und Hochebenen von Belutschistan und Afghanistan – nicht weit vom Indus-Tal – gesprochen werden (die Sprache heißt Brahui). Die zweite Hypothese ist wahrscheinlicher; denn Sanskrit war die Sprache der Arier, die in Indien eindrangen – vermutlich in zwei Wellen zwischen 1900 und 1700 v. Chr. – und auch die Indus-Kultur unterwarfen. Die Arier stießen jedoch nicht nach Südindien vor, so daß dieses Gebiet seine eigenen Sprachen behalten konnte, die möglicherweise mit der Sprache der Indus-Kultur verwandt sind.

Wenn diese Auffassung richtig ist, können wir vielleicht zu Worten aus dem Tamil, einer drawidischen Sprache, passende Indus-Zeichen finden. Ein sehr verbreitetes Zeichen ist der Fisch. Das Alttamilische Wort für «Fisch» ist «mīn. Doch «mīn» hat noch eine andere Bedeutung: «Stern» oder «Planet». Könnte das Fischzeichen ein Rebus sein, der einen Sternnamen symbolisiert? Diese Annahme wird dadurch gestützt, daß Fischzeichen mit Sternen und anthropomorphen Bildern vorkommen. Auch auf Tonscherben aus dem Indus-Tal sehen wir Fische und Sterne nebeneinander:

In der Schrift erscheint der Fisch mitunter nach sechs Strichen – ein Hinweis auf die Plejaden, eine Konstellation aus sechs Sternen, die in den meisten altdrawidischen Sprachen «aru-mīn» heißt.

Wir sind noch weit von einer Entzifferung der Indus-Schrift entfernt. Asko Parpola, der führende Forscher, schrieb 1994: «Viele Zeichen der Indus-Schrift sind so einfach und schematisiert, daß ihre bildhafte Bedeutung sehr schwer eindeutig und objektiv zu bestimmen ist. Eine weitere Erschwernis ist das dürftige Material ... Es ist äußerst unwahrscheinlich, daß die Indus-Schrift jemals vollständig entziffert werden wird, es sei denn, wir finden ein völlig anderes Quellenmaterial.»

Die kretische Linearschrift A

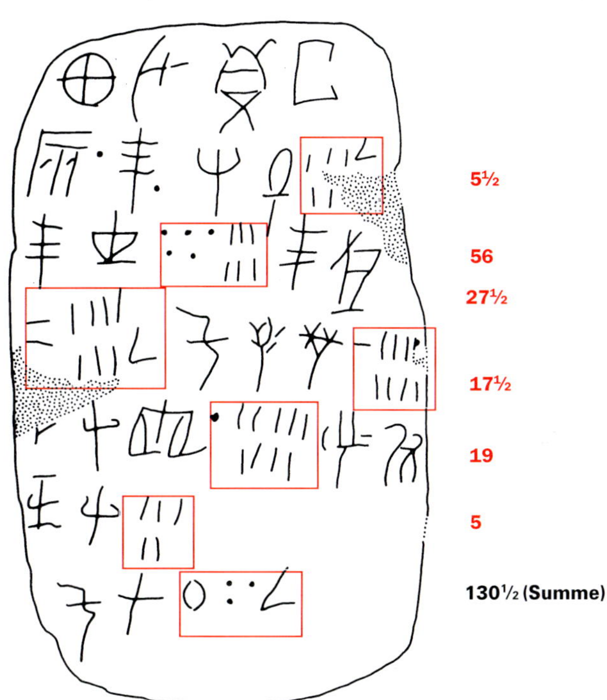

Zusammen mit den Linear-B-Tafeln von Knossos entdeckte Sir Arthur Evans noch zwei andere Schriften: eine «hieroglyphische» und die Linearschrift A. Fast alle «Hieroglyphen» befinden sich auf Siegelsteinen und Siegeln, kaum auf Tontafeln. Linear A kommt hauptsächlich auf Tontafeln vor, die allerdings viel seltener sind als Tafeln mit Linear B. Die Hieroglyphenschrift ist zweifellos die ältere der beiden; sie wurde schon 1900 v. Chr. benutzt. Linear A entwickelte sich wahrscheinlich aus ihr und war bis zum Zusammenbruch der minoischen Kultur im 15. Jahrhundert v. Chr. lebendig. Sie war die Schrift dieser Kultur sowie der minoischen Kolonien in der südlichen Ägäis. Linear B schrieben dagegen die Griechen und Minoer, nachdem die Griechen Knossos und andere Teile Kretas erobert hatten. In Linear A schrieb man Minoisch, in Linear B natürlich Griechisch.

Zwischen Linear A und B besteht zweifellos eine enge Beziehung; aber sie ist unklar. Die Linear-A-Zeichen ähneln denen des späteren Linear B sehr. Können wir die Lautwerte des Linear B auf Linear-A-Zeichen anwenden? Nur mit Vorbehalt. Es ist vernünftig anzunehmen, daß Linear B unter anderem von Linear A abgeleitet ist und etwas verändert wurde, um nicht Minoisch, sondern Griechisch zu schreiben. Wir können die Lautwerte des Linear B einer Linear-A-Inschrift zuordnen und erhalten Worte – da wir aber die minoische Sprache nicht kennen, wissen wir nicht, ob sie richtig sind.

Gewiß ist allerdings, daß in Linear A nicht Griechisch geschrieben wurde. Das ergibt sich aus einer Tafel wie der oben abgebildeten. Die erste Zeile ist wahrscheinlich ein Ortsname. Die zweite Zeile beginnt (links) mit einem Zeichen, das identisch ist mit dem Linear-B-Logogramm für «Wein». Es folgt ein unbekanntes Zeichen, das vielleicht «bezahlt» oder «hergegeben» bedeutet. Dann kommen sechs Worte, denen jeweils eine Ziffer folgt. Das sind wohl Personennamen, die mit einer bestimmten Menge Wein zu tun haben. Die Zahlen, deren System dasselbe ist wie bei Linear B, ergeben die Summe 130½. Davor stehen zwei Zeichen, die regelmäßig auftreten und möglicherweise «Summe» bedeuten. Auf den Linear-B-Tafeln finden wir andere Zeichen für die Summe, und wir übersetzen sie mit «to-so», einem erkennbar griechischen Wort. Doch wenn wir die Linear-B-Lautwerte für die beiden Zeichen in Linear A einsetzen, erhalten wir «ku-ro», und das ähnelt keinem bekannten griechischen Wort.

«Hieroglyphen» aus Kreta, veröffentlicht von Arthur Evans. Dies ist die älteste bekannte Schrift auf Kreta, und Linear A hat sich anscheinend aus ihr entwickelt. Beide Schriften sind noch nicht entziffert.

Der Phaistos-Diskos

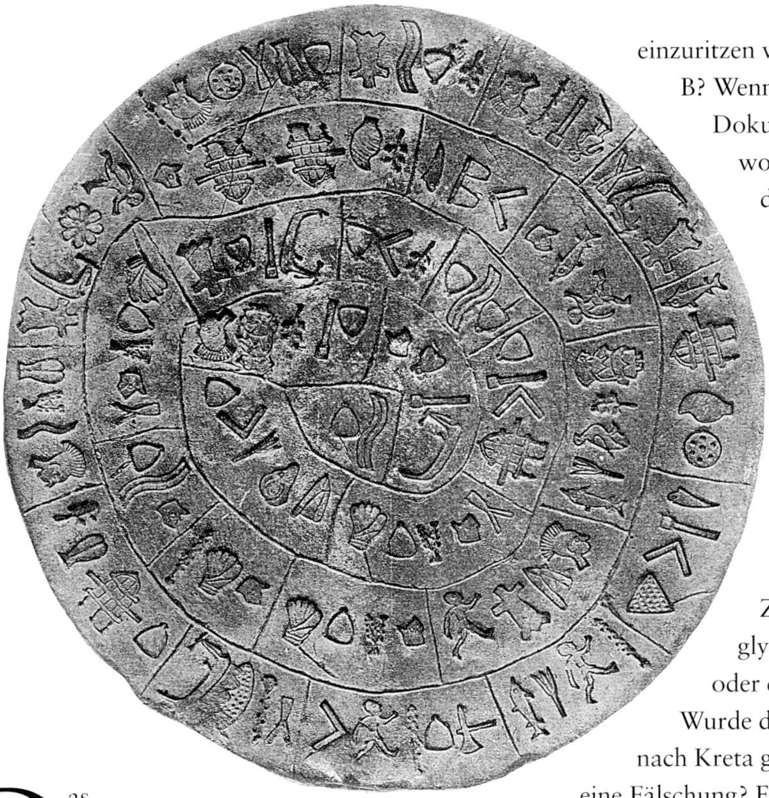

Der Phaistos-Diskos. Er hat einen Durchmesser von etwa 16 cm und ist ungefähr 1,2 cm dick. Auf den beiden Seiten befinden sich insgesamt 242 gestempelte oder geprägte Zeichen. Diese sind in 61 Gruppen angeordnet, und Linien teilen sie in Felder ein. Offenbar wurden sie von der Kante her geschrieben; denn sie verlaufen im Uhrzeigersinn von außen nach innen.

Das größte Rästel unter den Schriften des alten Kreta ist der einzigartige Phaistos-Diskos. Ein italienischer Archäologe entdeckte ihn 1908 in den Ruinen eines Palastes zu Phaistos in Südkreta. Die Fundstelle ließ darauf schließen, daß der Diskos spätestens um 1700 v. Chr. beschriftet wurde – mit anderen Worten: zur selben Zeit wie die Linear-A-Tafeln. Er besteht aus gebranntem Ton und trägt auf jeder Seite eine Inschrift aus Zeichen, die mit einem Stempel in feuchten Ton gedrückt wurden. Der Diskos ist somit «die erste gedruckte Urkunde der Welt», wie John Chadwick, Ventris' Mitarbeiter, es ausdrückte.

Doch warum sollte jemand sich die Mühe gemacht haben, einen Prägestempel herzustellen, anstatt jedes Zeichen für sich einzuritzen wie im Linear A und B? Wenn man viele gleiche Dokumente «drucken» wollte, warum wurden dann in über 80 Jahren der Ausgrabung keine anderen Zeugnisse dieser Schrift gefunden? Und warum ähneln die Zeichen auf dem Phaistos-Diskos keinem der Zeichen der «Hieroglyphen», der Linear A oder der Linear B? Wurde der Diskos vielleicht nach Kreta gebracht? Oder ist er eine Fälschung? Es gibt nur wenige Hinweise auf die Bedeutung der Schrift und keine verläßlichen Antworten. Die Zeichen helfen wenig, weil sie keinen anderen minoischen Zeichen gleichen, rätselhaft und gering an Zahl sind und die Sprache, die ihnen zugrunde liegt, unbekannt ist. Die Fundstelle verrät uns ebenfalls nichts, da nur ein Objekt mit dieser Schrift existiert. Wir können nur dann auf eine Entzifferung hoffen, wenn wir weitere Inschriften dieser Art entdecken. Bis dahin sind die vielen (oft abwegigen) Versuche, die Schrift zu entziffern, sinnlos, meint Chadwick. «Wir müssen unsere Ungeduld zügeln. Doch selbst wenn König Minos jemandem im Traum das Geheimnis offenbaren sollte, könnte er niemanden davon überzeugen, daß seine Lösung die einzig mögliche ist.»

Proto-Elamisch

Elamisch, die Sprache des alten Elam, eines Gebietes, das sich ungefähr mit den heutigen iranischen Ölfeldern deckt, ist eine der drei Sprachen, in denen die Behistun-Inschrift des Darius geschrieben wurde (s. S. 76-79). Etwa 2500 Jahre zuvor benutzten die Elamer eine Art Bilderschrift, um ihre Sprache zu schreiben; sie wird Proto-Elamisch genannt und ist noch unentziffert. Tontafeln mit proto-elamischen Inschriften hat man in Susa, der alten Hauptstadt Elams, gefunden; aber es gibt sie auch weit im Westen an der iranischen Grenze zu Afghanistan. Sie entstanden etwa zur selben Zeit wie die ältesten sumerischen Tafeln in Uruk.

Vielleicht wurde die proto-elamische Schrift auf der iranischen Hochebene geschaffen, oder sie wurde von den Einwohnern der Städte Mesopotamiens übernommen. Wir wissen es nicht.

Obwohl es eine Fülle von proto-elamischen Inschriften gibt, hat die Entzifferung kaum Fortschritte gemacht. Die elamische Sprache der Behistun-Inschrift ähnelt keiner anderen Sprache – und die Versuche, die Sprache der proto-elamischen Inschriften zu erschließen, war erst recht erfolglos.

Links: Widmung in akkadischer Keilschrift und linearem Elamisch aus Susa, um 2200 v. Chr. Die Keilschrift nennt als Auftraggeber Puzur-Insusinak. Linear-Elamisch ist über 500 Jahre jünger als Proto-Elamisch. Einige linear-elamische Zeichen können wir mit Gewißheit lesen; doch die Verbindung zwischen den beiden Schriften ist ungeklärt.

Unten links: Eine proto-elamische Tontafel aus Susa, um 3000 v. Chr. Die Bedeutung der Zeichen ist größtenteils unbekannt.

Unten: Proto-elamische Inschriften auf der iranischen Hochebene. Fundstellen von Tontafen sind gekennzeichnet. (Nach Lamberg-Karlowski)

Etruskisch – griechisch und doch nicht griechisch

Die Etrusker waren die wichtigsten Vermittler zwischen den Griechen und den Nichtgriechen – den «Barbaren» – des Westens. Die ersten griechischen Siedler kamen um 775 v. Chr. nach Italien und gründeten Pithekoussai (heute Ischia). In Westsizilien und Sardinien hatten sich bereits die Phönizier niedergelassen, und sie waren wirtschaftlich und politisch mit den Etruskern verbündet. Der phönizische Einfluß auf die Etrusker war bedeutend; aber die griechische Kultur herrschte vor. Später gaben die Etrusker sie einschließlich des Alphabets an die benachbarten Latiner weiter. Im 1. Jahrhundert v. Chr. gingen die Etrusker im römischen Reich auf und hörten auf, als selbständiges Volk zu existieren, obgleich etruskische Familien und Traditionen in Rom überlebten. Im Jahre 408 n. Chr., als Alarich, der Gotenkönig, mit der Zerstörung Roms drohte, rezitierten etruskische Priester Gebete und Beschwörungen. Dies war das letztemal, daß die etruskische Sprache gesprochen wurde.

Vergleichende Studien belegen, daß viele lateinische Wörter aus dem Etruskischen stammen, vor allem wenn es um Luxus und höhere Kultur – einschließlich Schreiben – geht. Beispiele dafür sind «elementum» (Buchstabe), «litterae» (Schreiben) – abgeleitet vom griechischen «diphtera», «Haut», dem Material, auf dem man schrieb –, «stilus» (ein Schreibinstrument) und «cera» (Wachs für die Tafeln, auf denen man schrieb).

Die etruskische Sprache und Schrift

Leider ist die etruskische Sprache zum größten Teil unbekannt. Sie wurde schon mit jeder anderen europäischen Sprache sowie mit Hebräisch und Türkisch in Verbindung gebracht; aber sie bleibt einzigartig. Das ist insofern eine Ironie, als sie fein säuberlich in griechischer Schrift geschrieben wurde. Wir können die ungefähr 13.000 etruskischen Inschriften, die über Mittelitalien verstreut sind, mühelos lesen – aber wir verstehen nicht viel vom Inhalt, der sich ohnehin oft auf Eigen- und Ortsnamen sowie Daten beschränkt. Etruskisch auf diese Weise zu entziffern gleicht dem Versuch, Deutsch durch die Lektüre von Grabsteinen zu lernen.

Ein gutes Beispiel ist die Bilingue, die man 1964 in Pyrgi entdeckte. Diese Goldtafeln stammen etwa aus dem Jahr 500 v. Chr. Die Tafel links ist phönizisch beschriftet, die andere etruskisch-griechisch. Es sind Dankopfer eines etruskischen Herrschers an eine Göttin anläßlich seines dritten Jahres auf dem Thron. Beide Tafeln enthalten den gleichen Text, wenn auch nicht wörtlich übersetzt. Der Entdeckung dieser Bilingue verdanken wir lediglich ein Wort: «ci», die Zahl drei!

Rechts: Goldtafeln aus Pyrgi, einem etruskischen Hafen 40 km westlich von Rom, um 500 v. Chr. Die Tafel links ist phönizisch beschriftet, die andere etruskisch-griechisch. Die Griechen übernahmen die Idee des Alphabets von den Phöniziern und reichten sie an die Etrusker weiter, einschließlich ihrer Buchstaben.

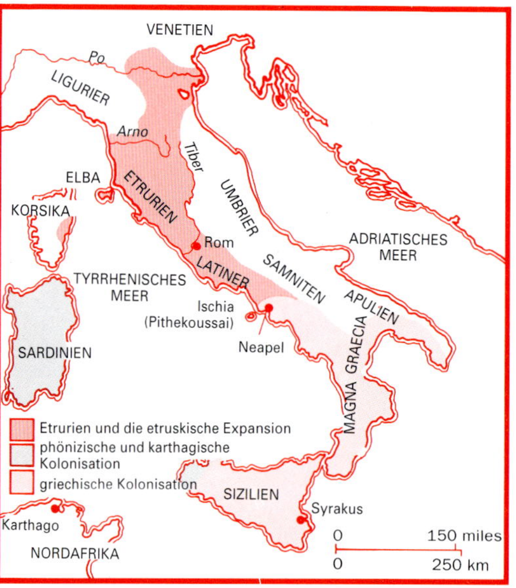

Italien und seine Völker in der Antike, 8.-6. Jahrhundert v. Chr.

Etruskische Inschriften

Die Etrusker übernahmen das Alphabet von den Griechen, benutzten aber vier seiner Buchstaben nicht. (Auch italienische Kinder lernen z. B. die Zeichen K, J, W und Y, die in italienischen Worten nie vorkommen.) Wir können das etruskische Alphabet benutzen, um gravierte Gemmen zu lesen:

Hercle = Hercules *Achle* = Achilles

Mit Hilfe dieses Alphabets können wir auch die Inschriften auf der Rückseite von Spiegeln lesen. Es gibt insgesamt 3000 Spiegel, und viele von ihnen enthalten Inschriften in Bronze (links). Die Zeichen bedeuten (v. r. n. l.): Menle (Menelaos), Uthste (Odysseus), Clutmsta (Klytämnestra), Talmithe (Palamedes). Wollte der etruskische Künstler eine unbekannte Version des Mythos vom trojanischen Krieg darstellen, oder handelte es sich einfach um «Models», denen er beliebte Namen gab? Die vielen erhaltenen Spiegel lassen darauf schließen, daß bestimmte Modelle für eine «Massenproduktion» herhalten mußten.

Für die eindrucksvollen Sarkophage der reichen Etrusker gilt das nicht. Der unten abgebildete (er stammt aus einer späteren Periode, als die Etrusker römische Bürger geworden waren) trägt die Inschrift

seianti hanunia tlesnasa.

Der erste Buchstabe von *hanunia* sieht aus wie ein θ (theta), aber er ist ein 𐌇 . Dies ist der Familienname; denn es gibt sechs weitere Inschriften, die Hanunia erwähnen, alle in derselben Gegend. Wie gewöhnlich bei etruskischen Inschriften, ist das alles, was wir über die Sprache lernen: drei Namen.

Links: Dieser etruskische Spiegel aus dem 3. Jahrhundert v. Chr. zeigt vier Figuren aus der Geschichte des trojanischen Krieges.

Unten: Terrakottasarkophag aus Chiusi, um 150 v. Chr. Als man 1989 das darin enthaltene Skelett untersuchte, stellte sich heraus, daß die Frau mindestens 80 Jahre alt war.

Rongorongo

Rongorongo bedeutet in der Sprache der Osterinsel «Sprechgesänge» oder «Rezitationen». Man hat danach auch die Schrift der Osterinsel benannt, die auf Holzbrettern und -tafeln zu sehen ist. Offenbar wurde beim Lesen halb gesprochen, halb gesungen. In den Museen der Welt gibt es 29 solcher Inschriften, und sie enthalten über 14.000 «Glyphen», die mit einem Haifischzahn, einem Obsidiansplitter oder einem zugespitzten Vogelknochen eingeritzt wurden. Die Zeichen sind meist stilisiere Umrisse von Objekten oder Lebewesen. Einem Gelehrten zufolge gibt es etwa 120 Grundelemente, deren Kombinationen zwischen 1500 und 2000 neue Zeichen ergeben.

Zwei grundlegende Fragen zur Osterinsel-Schrift sind noch unbeantwortet: Ist es wirklich eine Schrift? Wichtiger noch: Haben die Insulaner sie selbst erfunden, oder haben sie sie aus Peru oder China mitgebracht (selbst die Indus-Kultur gilt als mögliche Quelle) oder nach dem Besuch der Europäer 1770 entwickelt, nachdem sie deren Schrift gesehen haben? Wenn die Schrift schon vor der Ankunft der Europäer existierte, ist die Osterinsel einzigartig unter den Inseln Polynesiens. Und wenn sie eine Eigenschöpfung sein sollte, würde sie die Auffassung jener, die an mehrere Ursprünge der Schrift glauben, enorm stärken.

Die Beweislage ist nicht schlüssig. Die letzten Insulaner, die die Schrift richtig lesen konnten, wurden anscheinend 1862 als Sklaven nach Peru verschleppt. Als Bischof Jaussen von Tahiti um 1860 oder 1870 einen Insulaner überredete, für ihn einige Rongorongotexte zu rezitieren und zu übersetzen, waren die Ergebnisse voller Ungereimtheiten (das Rongorongo-Wörterbuch des Bischofs verzeichnet fünf verschiedene Zeichen für «Porzellan», ein auf der Osterinsel unbekanntes Material!). Das erinnert an Landa, den Bischof von Yucatán, der vor 300 Jahren seinen Mayainformanten befragte, um sein Maya-«Alphabet» auszuarbeiten.

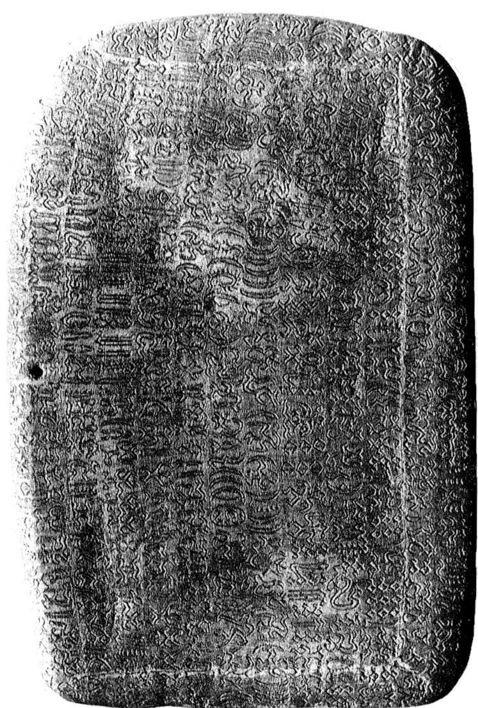

Ein Brett mit Rongorongo von der Osterinsel. Das Alter der Schrift ist nicht bekannt. Bischof Jaussen von Tahiti erhielt das rechteckige Brett 1868; heute befindet es sich beim Orden des heiligen Herzens in Rom. Wir können die Zeichen nicht lesen; nur die Schreibrichtung ist bekannt: sie ist bustrophedon, d. h. der Leser muß das Brett am Ende jeder Zeile um 180° drehen. Dieses seltene Schriftmerkmal finden wir auch auf dem «Sonnentor» in Tiahuanaco, Peru – und das hat zu Vermutungen über einen peruanischen Ursprung der Osterinselschrift geführt. Andere Vorschläge waren China, Sumatra, Neuseeland und sogar die Indus-Kultur (s. S. 147). Die archäologischen Befunde sprechen dagegen eindeutig für eine Besiedlung der Osterinsel aus dem Westen, aus Polynesien.

Höchstwahrscheinlich ist Rongorongo eine weit entwickelte Protoschrift mit Laut- und Bildzeichen, und die Zeichen dienten sowohl als Gedächtnisstütze für den Sprecher wie auch als «echte» Schriftsymbole. Eine russische Forschergruppe – unter ihnen Knorosow, der führende Entzifferer der Maya-Glyphen – vergleicht Rongorongo «mit den alten ägyptischen Hieroglyphen im Frühstadium ihrer Entwicklung».

TVSPOPVLVSQVER
ESARIDIVINERVA
NOAVGGERMDAC
ARANDVMQVANTAE
Lebende

Die Keilschrift, die ägyptischen Hieroglyphen, Linear B und die anderen bereits besprochenen Schriften sind heute die Domäne der Gelehrten. Die meisten Menschen benutzen heute eine Schrift, die entweder vom ältesten Alphabet oder von chinesischen Zeichen abgeleitet ist. Die chinesischen Schriftzeichen sind von allen lebenden oder erloschenen Schriftzeichen am längsten in Gebrauch, und

Schriften

lateinische Buchstaben werden nach mehr als 2000 Jahren immer noch verwendet. Doch eines Tages werden wohl alle Schriften den Weg der früheren Schriften gehen. Was eine Schrift am Leben hält oder auslöscht, ist nicht ihre Brauchbarkeit als Vermittlerin einer Sprache – jedenfalls nicht in erster Linie –, sondern die Macht und die Vitalität der Kulturen, die sie benutzen. Darum verwenden die Iraker und Ägypter heute die arabische Schrift, die Mayas die lateinische und die Japaner die chinesische. Aber die Kultur des Westens und die englische Sprache sind auf der ganzen Welt so dominierend, daß in allen Ländern der Ruf nach einer «Latinisierung» der Schrift laut wurde. Man kann sich vorstellen, daß dies eines Tages in Ägypten oder Japan geschieht. Aber ist auch das Gegenteil denkbar – daß die USA z. B. die arabische Schrift einführen? Die Frage verdeutlicht, wie entscheidend es ist, welche Kultur Trägerin einer Schrift ist.

Trajansäule in Rom, errichtet 113 v. Chr.

Kapitel 9 *Das erste Alphabet*

Der Geburtsort des Alphabets? Ein Alphabet hätte in der alten Zeit den zwischenstaatlichen Handel, das vielsprachige Feilschen und die Buchführung auf den Basaren Palästinas, des Libanons und Syriens, wo sich mehrere Kulturen begegneten, gewiß erleichtert. *Links:* Moderner Marktplatz in Aleppo, Syrien.

Das Rätsel des Alphabets

Der Ursprung der Schrift ist, wie wir gesehen haben, voller Rätsel, und das größte ist vielleicht das Alphabet. Wir wissen, daß es aus dem antiken Griechenland stammt; aber wir haben keine klare Vorstellung davon, wie und warum es in Griechenland auftauchte und – wichtiger noch – wie die vorgriechischen Kulturen im östlichen Mittelmeerraum im 2. Jahrtausend v. Chr. auf die Idee kamen, alphabetisch zu schreiben. Mancher Wissenschaftler hat sich ein Leben lang mit dieser Frage beschäftigt; doch die Anhaltspunkte sind zu dürftig, um eindeutige Schlüsse zu ziehen. Hat das Alphabet sich aus den Schriften Mesopotamiens, Ägyptens und Kretas entwickelt – oder war es ein «Geistesblitz» eines einzelnen Menschen? War es wirtschaftlich notwendig? Mit anderen Worten: Brauchten die Geschäftsleute eine einfachere und schnellere Methode, Buch zu führen, als es beispielsweise mit der Keilschrift oder mit Hieroglyphen möglich war, und benötigten sie ein bequemes Verfahren, um die zahlreichen Sprachen aller Handel treibenden Reiche und Gruppen im Mittelmeergebiet aufzuschreiben? Wenn ja, dann ist es überraschend, daß die frühen griechischen Inschriften nichts mit Handel und Wirtschaft zu tun haben. Aus diesem und anderen Gründen sind einige Wissenschaftler der Meinung, daß das Alphabet erfunden wurde, um die Epen Homers aufzuzeichnen.

Da es keine Beweise gibt, haben Anekdoten und Mythen die Lücke gefüllt. Oft wurde die Erfindung des Alphabets Kindern zugeschrieben, weil sie gegenüber traditionellen Schriften keine vorgefaßte Meinung haben. Es wäre möglich, daß ein gescheites kanaanitisches Kind in Nordsyrien von der Keilschrift die Nase voll hatte und nach dem Vorbild der einkonsonantigen Hieroglyphen neue Zeichen schuf, um die Konsonanten seiner semitischen Sprache zu schreiben. Vielleicht kritzelte es sie zunächst in den Staub – die einfachen Umrisse eines Hauses, «beth» (das «-bet» in «Alphabet») wurden zu «b». In Rudyard Kiplings Erzählung *Wie das Alphabet erfunden wurde* entwirft Taffimai, ein erfinderisches Mädchen, «Klangbilder». Der Buchstabe A ist das Bild eines Karpfens mit weit geöffnetem Mund; denn so, meint sie, sieht ihr Vater aus, wenn er den Mund öffnet und *ah* sagt. Das O erinnert sie an Eier oder Steine und an einen Mund, der *oh* sagt. Das S sieht aus wie eine Schlange und steht für ihr Zischen. Auf diese etwas weit hergeholte Weise erfindet Taffimai ein ganzes Alphabet.

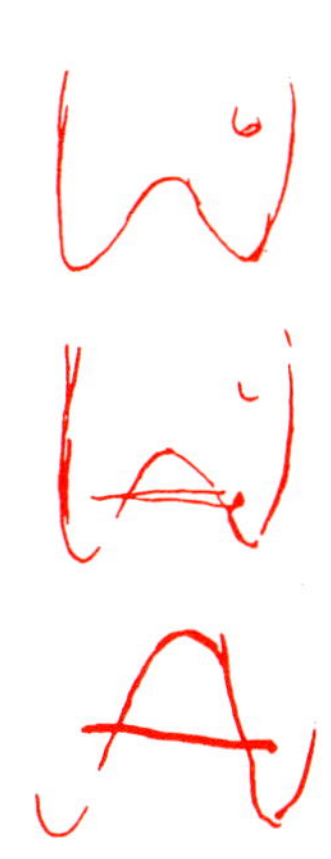

Nach Rudyard Kipling erfand ein Kind die Buchstaben des Alphabets. Hier zeichnet Kipling die Geburt des «A» nach.

Der Nahe Osten zur Zeit der Entstehung des Alphabets um 1500 v. Chr. War das Alphabet notwendig, um den Handel zu fördern?

Die ältesten «alphabetischen» Inschriften

In *Jerusalem* schrieb der Dichter William Blake: «In Sinais rätselhaft-schrecklichem Grab/ Gott uns das Wunder des Schreibens gab.» Eine kleine Sphinx im Britischen Museum schien einst zu beweisen, daß Blake recht hatte, wenigstens was den Ursprung des Alphabets angeht. Der Archäologe Sir Flinders Petrie fand die Sphinx 1905 bei Serabit-el-Khadim in der Wüste Sinai, an einem öden Ort fern der Zivilisation. Er war dabei, einige alte Türkisminen auszugraben, die im alten Ägypten ausgebeutet wurden. Petrie datierte die Sphinx in die Mitte der 18. Dynastie; heute nimmt man an, daß sie etwa 1500 v. Chr. entstand. Auf einer Seite trägt sie eine rätselhafte Inschrift, auf der anderen und zwischen den Pfoten befinden sich weitere Zeichen derselben Art und einige Hieroglyphen mit der Bedeutung «Geliebte Hathors, Herrin des Türkis». Auf Felsen an diesem abgelegenen Ort entdeckte man noch Inschriften wie diese:

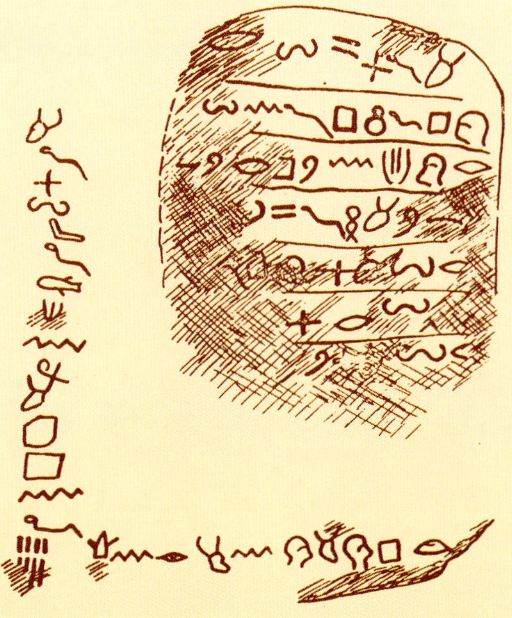

Petrie hielt die Schrift für ein Alphabet, weil sie aus weniger als 30 Zeichen bestand, und er glaubte, die Sprache sei semitisch, da er wußte, daß Semiten aus Kanaan – Israel und Libanon – in den Minen für den Pharao gearbeitet hatten, oft als Sklaven. Zehn Jahre später studierte der Ägyptologe Sir Alan Gardiner die «proto-sinaitischen» Zeichen und stellte eine Ähnlichkeit zwischen einigen von ihnen und bestimmten piktographischen Hieroglyphen fest. Dann übersetzte er die ägyptischen Bedeutungen ins Semitische (die semitischen Worte waren aus der Bibelforschung bekannt) und ordnete sie den entsprechenden Sinai-Zeichen zu:

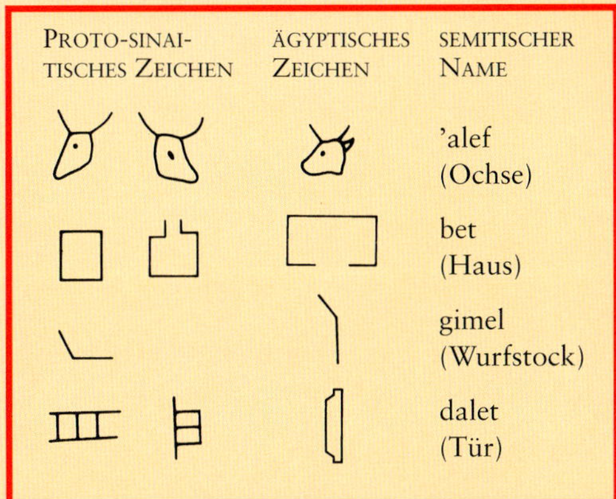

PROTO-SINAITISCHES ZEICHEN
ÄGYPTISCHES ZEICHEN
SEMITISCHER NAME
'alef (Ochse)
bet (Haus)
gimel (Wurfstock)
dalet (Tür)

Diese semitischen Bezeichnungen sind dieselben wie die Namen der Buchstaben im hebräischen Alphabet, was Gardiner nicht überraschte, weil er wußte, daß die Hebräer Ende des 2. Jahrtausends v. Chr. in Kanaan gelebt hatten. Im Gegensatz zu den Namen sind die *Formen* der hebräischen Buchstaben jedoch anders (S. 173). Gardiners Hypothese ermöglichte es ihm, eine der Inschriften auf der Sinai-Sphinx zu übersetzen:

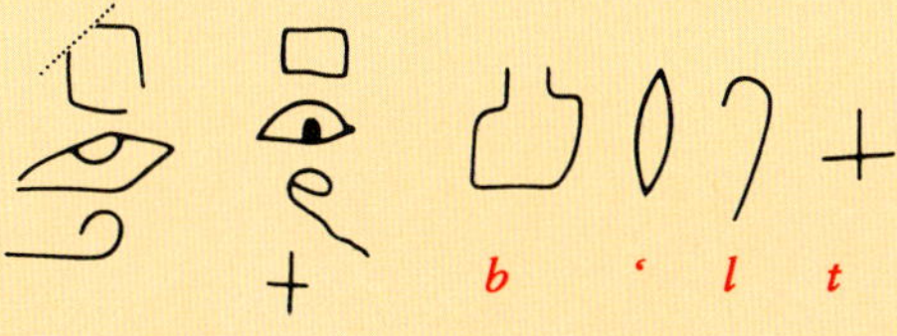

Auf deutsch wäre das, mit ausgeschriebenen Vokalen, «baalat». Hebräer und andere Semiten schreiben Vokale nicht; die Leser erraten sie aus dem Zusammenhang. Gardiners Übersetzung war sinnvoll; denn Baalat bedeutet «die Dame» und ist ein anerkannter semitischer Name für die Göttin Hathor in Sinai. Die Inschrift auf der Sphinx schien also eine Bilingue zu sein. Leider gelangen keine weiteren Entzifferungen, vor allem mangels Material, aber auch deshalb, weil viele proto-sinaitische Zeichen keine hieroglyphischen Entsprechungen hatten. Hoffnungen der Gelehrten, auf den Felsen die Geschichte vom Exodus zu entdecken, erfüllten sich nicht. Dennoch ist es durchaus möglich, daß Moses eine ähnliche Schrift benutzte, um die zehn Gebote auf Steintafeln zu schreiben.

Proto-kanaanitische Schriften

Wir wissen immer noch nicht, ob Gardiners Vermutung im Jahre 1916 richtig war. Plausibel ist sie gewiß. Nach Petries Entdeckung in Sinai hielt man die Inschriften einige Jahrzehnte lang für das «fehlende Glied» zwischen der ägyptischen und der alphabetischen phönizischen Schrift. Doch warum sollten Bergarbeiter in der Wüste Sinai ein Alphabet geschaffen haben? *Prima facie* ist das unwahrscheinlich. Spätere Entdeckungen im Libanon und in Israel *(rechts)* entlarvten die Sinai-Theorie als Märchen. Die Funde lassen darauf schließen, daß die Kanaaniter das Alphabet erfunden haben – eine naheliegende Idee, weil sie im ägyptischen, hethitischen, babylonischen und kretischen Reich Handel trieben, weil sie nicht an eine bestimmte Schrift gebunden waren und eine Schrift brauchten, die leicht zu lernen, schnell zu schreiben und eindeutig war. Wahrscheinlich haben die Kanaaniten das erste Alphabet geschaffen. Beweise dafür gibt es allerdings nicht.

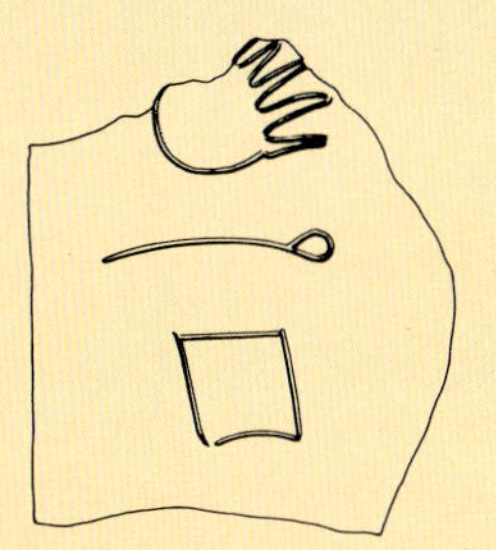

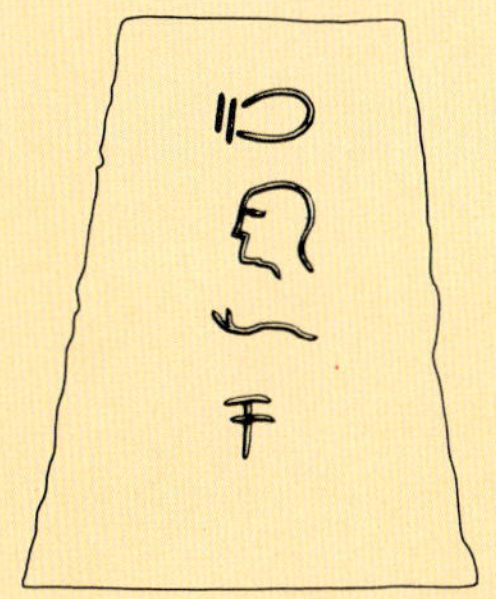

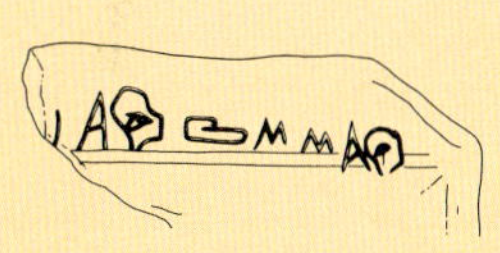

Fragmentarische proto-kanaanitische Inschriften aus Schechem (oben), Geser (Mitte) auf einer Scherbe und Lachis (unten) auf einem Dolch. Sie stammen vermutlich aus dem 17. oder 16. Jahrhundert v. Chr., sind also älter als die proto-sinaitischen Inschriften. Ihre Bedeutung ist nicht bekannt.

Ein Alphabet in Keilschrift

Tontafel aus Ugarit in Nordsyrien, beschriftet mit alphabetischen Keilschriftzeichen, um 1400 v. Chr.

In Ugarit an der Nordküste Syriens (beim heutigen Ras Schamra) fand man Hinweise auf ein Alphabet im 14. Jahrhundert v. Chr., also nach den proto-sinaitischen Inschriften. Das Königreich Ugarit war nach kanaanitischen Maßstäben groß. Seine Hauptstadt bedeckte 52 Morgen und war stark befestigt. Lange Eselkarawanen aus Syrien, Mesopotamien und Anatolien zogen in die Stadt, um mit Kaufleuten aus Kanaan und Ägypten sowie mit seefahrenden Händlern aus Kreta, Zypern und der Ägäis Waren zu tauschen. Die Stadt war ein großer Basar. Welche Güter gehandelt wurden, verrät uns die Ladung eines Schiffswracks, das man vor kurzem vor der Südküste der Türkei ausgrub. Es enthielt Kupfer, Zinn, Werkzeuge, Chemikalien, Glasbarren, Fayence- und Bernsteinperlen, Tonwaren, Elfenbein, Schmuck, Luxusgüter, Halbedelsteine, Textilien und Bauholz. In Ugarit, das sich in einer politisch heiklen Lage zwischen Ägypten und dem Reich der Hethiter befand, wurden nicht weniger als zehn Sprachen gesprochen und fünf verschiedene Schriften benutzt.

Die vorherrschende Schrift war offenbar die akkadische Keilschrift, wenigstens anfangs. Doch dann kam jemand – vielleicht erfahrene Kaufleute – zu der Auffassung, daß die akkadische Keilschrift zu umständlich und unzuverlässig war, um semitisch zu schreiben. Darum führte man ein Alphabet ein, das vermutlich aus dem Süden Kanaans stammte. Doch anstatt eine kleine Zahl von Bildzeichen zu benutzen, blieben die Ugariter konservativ: Sie schrieben ihr neues Alphabet in Keilschrift. Darum erfanden sie etwa 30 einfache Keilschriftzeichen, die keine Ähnlichkeit mit der akkadischen Keilschrift hatten, so wie die Zeichen der altpersischen Keilschrift denen der viel

Zweisprachiges Siegel des Hethiterkönigs Mursilis II. aus dem Palast zu Ugarit.

Links: Bronzestatuette eines Gottes (vielleicht des Baal) aus Ugarit.

älteren babylonischen Keilschrift nicht ähnelten. Einem babylonischen Schreiber wäre die ugaritische Keilschrift wie Kauderwelsch vorgekommen.

Mehr als 1000 Tafeln mit ugaritischer Keilschrift wurden seit 1929 entdeckt. Sie enthalten Handelskorrespondenz, Steuerbücher und andere Aufzeichnungen von Behörden – geschrieben mit 30 Zeichen – sowie literarische und religiöse Texte, für die man nur 27 Zeichen verwendete. Die letzteren sind einigen Geschichten des Alten Testaments in der Thematik und sogar in der Wortwahl verblüffend ähnlich. Anscheinend wurden diese «biblischen Geschichten» viele Jahrhunderte früher geschrieben als ihre hebräischen Nachfolger.

Abc-Bücher

Wie legten die Ugariter die Form und die Reihenfolge ihrer Zeichen fest? Sehr wahrscheinlich ordneten sie den häufigsten Lauten die einfachsten Zeichen zu. Die Reihenfolge übernahmen sie wohl von den proto-kanaanitischen Alphabeten (deren Reihenfolge wir allerdings nicht kennen). Das läßt sich daraus schließen, daß einige Tafeln Abc-Bücher sind, also Listen der Keilschriftzeichen in einer festen Reihenfolge, die jener Reihenfolge ähnelt, die wir fast 3500 Jahre später benutzen. Hier ist ein Beispiel:

'a b g ḫ d h w z ḥ ṭ y k š l
m ḏ n ẓ s ʿ p ṣ q r ṯ
ġ t 'i 'u ś

Eine andere (zerbrochene) Tafel geht noch weiter. Sie zählt die ugaritischen Zeichen in derselben Reihenfolge auf *(unten links)* und fügt das entsprechende akkadische Silbenzeichen hinzu (rechter Teil des Fragments). Diese Tafel ist tatsächlich eine Schultafel, und wir können uns das unglückliche ugaritische Kind vorstellen, das Ende des 2. Jahrtausends v. Chr. über Hunderten von akkadischen Zeichen brütete und sich wunderte, daß jemand noch akkadisch schrieb, obwohl es doch eine einfache Alternative gab.

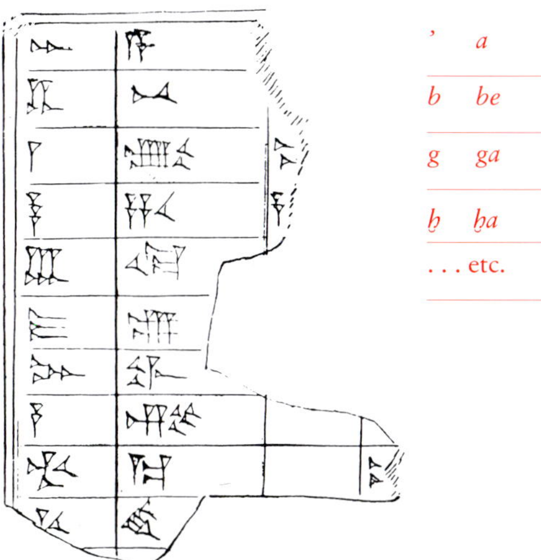

'	*a*
b	*be*
g	*ga*
ḫ	*ḫa*
. . . etc.	

Unten: Silberstatuette aus Ugarit.

Die phönizischen Buchstaben

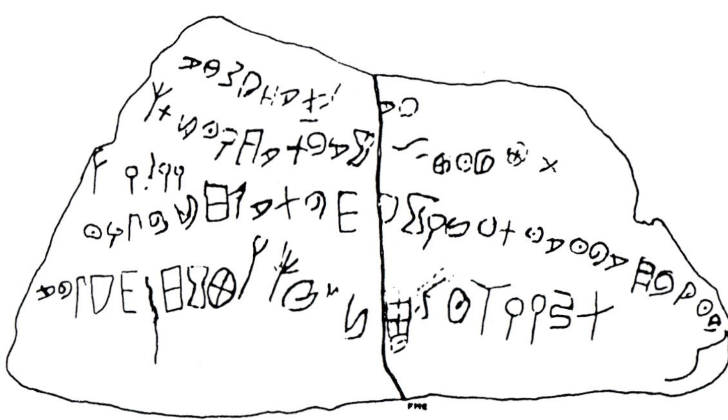

Oben links: Zeichnung eines Reliefs (um 700 v. Chr.) aus dem assyrischen Palast des Sennacherib. Die Phönizier fliehen in ihren Schiffen.

Oben: Ostrakon aus Mesopotamien, etwa 12. Jh. v. Chr.

Links: «Pseudohieroglyphische» Schrift (noch unentziffert) aus Byblos an der phönizischen Küste, 2. Jahrtausend v. Chr.

Nächste Seite: Phönizische Inschriften, die man im gesamten Mittelmeerraum gefunden hat.
Oben: Inschrift aus Idalion, Zypern, 391 v. Chr. Sie preist den König von Kition und Idalion wegen einer Geldspende.
Mitte: Inschrift auf dem Sarkophag des Königs Achiram von Byblos aus dem 11. Jh. v. Chr. (eine der ältesten).
Unten: Die letzte Inschrift in punischer Schrift stammt aus dem 3. Jh. v. Chr.

Es gibt keine klare Verbindung zwischen den proto-kanaanitischen Inschriften der ersten Hälfte des 2. Jahrtausends v. Chr. und der relativ gefestigten Alphabetschrift der Phönizier, der Vorläuferin der hebräischen Schrift und des griechischen Alphabets. Ugarit und seine Keilschrift wurden offenbar um 1200 v. Chr. von den seefahrenden Völkern ausgelöscht. Auch in Byblos, an der Südküste Ugarits, versuchte jemand im 2. Jahrtausend (das Datum ist ungewiß), eine Schrift zu erschaffen. Man nennt sie «pseudohieroglyphisch», um anzudeuten, daß sie von den ägyptischen Hieroglyphen inspiriert war. Das ist zwar möglich, aber nicht sicher, und einige Zeichen ähneln eher der kretischen Linearschrift A, die ebenfalls ein Vorbild gewesen sein könnte. Die Bedeutung der Zeichen ist völlig unklar. Wir wissen lediglich, daß die Schrift etwa 120 Zeichen umfaßte und somit nicht alphabetisch war. Auf die spätere phönizische Schrift hatte sie offenbar keinen Einfluß.

Eine weitere frühe Inschrift *(rechts oben)* aus dem heutigen Israel geht auf das 12. Jahrhundert v. Chr. zurück – ein Hinweis darauf, daß Alphabete sich durchzusetzen begannen. Sie enthält mehr als 80 Buchstaben in 5 Zeilen, von ungeschulter Hand geschrieben, und war wohl ein erfolgloser Versuch, ein Abc-Buch zu schreiben. Nach wenigen Buchstaben wird daraus eine Ansammlung sinnloser Zeichen.

Phönizisch	Name	Lautwert
𐤀	alef	*ʼ*
𐤁	bet	*b*
𐤂	gimel	*g*
𐤃	dalet	*d*
𐤄	he	*h*
𐤅	waw	*v*
𐤆	sajin	*s*
𐤇	chet	*ch*
𐤈	tet	*ṭ*
𐤉	jod	*j*
𐤊	kaf	*k*
𐤋	lamed	*l*
𐤌	mem	*m*
𐤍	nun	*n*
𐤎	samech	*s*
𐤏	ajin	*ʽ*
𐤐	pe	*p*
𐤑	zade	*s*
𐤒	kof	*k/q*
𐤓	resch	*r*
𐤔	sin/schin	*sh/s*
𐤕	taw	*t*

Das phönizische Alphabet hat 22 Buchstaben und bezeichnet Vokale nicht.

Die Phönizier

In Byblos fand man die ältesten identifizierbaren phönizischen Inschriften. Sie stammen aus dem 11. Jahrhundert v. Chr. und führen eine Schrift ein, die mehr als tausend Jahre lang im gesamten Mittelmeergebiet benutzt wurde.

Die Phönizier waren die größten Händler der Antike. Sie brachen aus ihren Stadtstaaten – z. B. Byblos, Sidon und Tyros – auf, erforschten das Mittelmeer und die Atlantikküste und umsegelten vielleicht sogar Afrika – mehr als 2000 Jahre vor den Portugiesen. Zu ihren wichtigsten Handelswaren gehörte das Purpur, das sie aus der Wulstschnecke gewannen. «Phönizier» ist übrigens ein griechisches Wort (Homers *Ilias* verwendet es zum erstenmal), das «Purpurhändler» bedeuten soll – ebenso wie «Kanaaniter». Im Vergleich zu den Ägyptern und Griechen wissen wir wenig von den Phöniziern, weil sie nur spärliche Aufzeichnungen und fast keine Literatur hinterlassen haben. Aber ihre Inschriften verraten uns, daß ihr Alphabet mit 22 Buchstaben sie auf allen ihren Fahrten begleitete. Die Namen dieser Buchstaben benutzten auch die Hebräer, und sie sind heute noch gebräuchlich. Die Phönizier gaben nur Konsonanten, nicht aber Vokale an.

Wenn wir dieses ehrwürdige Alphabet auf eine der ältesten phönizischen Inschriften anwenden – sie schmückt den eindrucksvollen Sarkophag des Königs Achiram von Byblos *(oben)* –, lesen wir die folgende etwas düstere Warnung (vielleicht vor dem Alphabet?): «Sieh dich vor! Hier unten wird es dir übel ergehen.»

Was die Griechen hörten

Der griechische Historiker Herodot nannte das Alphabet «phoinikeia grammata», «phönizische Buchstaben». Der legendäre Kadmos habe sie nach Griechenland gebracht. Etwa 2500 Jahre später wissen wir über den Ursprung des griechischen Alphabets nicht viel mehr. Die Gelehrten sind sich zwar darüber einig, daß die Griechen das Alphabet von den Phöniziern übernommen haben; aber die meisten glauben heute, daß in Phönizien lebende Griechen es ins Mutterland brachten.

Stellen wir uns einen Griechen vor, der neben einem phönizischen Lehrer sitzt und die Zeichen und Laute der Phönizier aufzeichnete. Die Gefahr von Mißverständnissen war groß, da die «barbarischen» Namen der phönizischen Buchstaben den Griechen nicht leicht über die Lippen gingen. Dem ungeübten deutschen Ohr fällt es ähnlich schwer, zwischen französischen Wörtern wie «on» (man) und «en» (in) zu unterscheiden. In jeder Sprache gibt es vergleichbare Beispiele. So wurde aus dem phönizischen «alef» (Ochse) das griechische «alpha»; «bet» (Haus) wurde zu «beta», «gimel» (Wurfstock) zu «gamma» und so weiter. Im Laufe der Zeit verloren die Namen ihre Bedeutung (wie beim Wortalphabet). Die 22 phönizischen Konsonanten wurden zu griechischen Konsonanten *und* Vokalen, und drei neue Zeichen kamen dazu. Obwohl die Einführung der Vokale offenbar eine wichtige Neuerung ist, war sie anscheinend gar nicht beabsichtigt. Die Griechen wußten einfach nicht, wie sie bestimmte phönizische Konsonanten in ihre Sprache transferieren sollten. Die Konsonanten waren nämlich «schwach» und klangen manchmal wie

Phönizisch	Name	Lautwert	Früh-griechisch	klassisches Griechisch	Name
𐤀	alef	’	Α	Α	alpha
𐤁	bet	*b*	Β	Β	beta
𐤂	gimel	*g*	Γ	Γ	gamma
𐤃	dalet	*d*	Δ	Δ	delta
𐤄	he	*h*	Ε	Ε	epsilon
𐤅	waw	*v*	Ϝ		digamma
𐤆	sajin	*s*	Ι	Ζ	zeta
𐤇	chet	*ch*	Η	Η	eta
𐤈	tet	*ṭ*	Θ	Θ	theta
𐤉	jod	*j*	Ι	Ι	iota
𐤊	kaf	*k*	Κ	Κ	kappa
𐤋	lamed	*l*	Λ	Λ	lambda
𐤌	mem	*m*	Μ	Μ	my
𐤍	nun	*n*	Ν	Ν	ny
𐤎	samech	*s*			xi
𐤏	ajin	‘	Ο	Ο	omikron
𐤐	pe	*p*	Π	Π	pi
𐤑	zade	*s*	Ϻ		saw
𐤒	kof	*k/q*	Ϙ		qoppa
𐤓	resch	*r*	Ρ	Ρ	rho
𐤔	sin/schin	*sh/s*	Σ	Σ	sigma
𐤕	taw	*t*	Χ		tau
				Υ	ypsilon
				Χ	chi
				Ω	omega

Griechische Furchenschrift (ein Epitaph), um 550 v. Chr. Die umgekehrten Buchstaben in den ersten zwei Zeilen sind gut lesbar.

Halbvokale. Der Verschlußlaut «alef» hörte sich an wie ein gehustetes *ah* – für griechische Ohren ein komisches *a*.

Die Griechen und das Alphabet
Wenn wir herausfinden wollen, wann das griechische Alphabet entstanden ist, stehen wir zwei großen Schwierigkeiten gegenüber. Erstens entstanden die ältesten bekannten Inschriften in alphabetischem Griechisch erst um 730 v. Chr. Zweitens kennen wir keine kaufmännischen Dokumente aus den 200 Jahren nach der Erfindung des Alphabets.

Vor der Entzifferung der Linearschrift B im Jahre 1951 galten die Griechen als schreibunkundig bis zur Einführung des Alphabets. Seither nimmt man ein «dunkles Zeitalter» zwischen dem Niedergang der homerischen Griechen und dem Aufstieg der klassischen Griechen nach etwa 800 v. Chr. an. Mit anderen Worten: Linear B verschwand, und mit ihm verloren die Griechen ihre Kenntnis des Schreibens. Das ist die vorherrschende Meinung. Einige Wissenschaftler glauben jedoch, daß diese Periode eine Fiktion ist und daß die Griechen lange vor dem 8. Jahrhundert alphabetisch schrieben, vielleicht schon um 1100. Dafür spricht vor allem, daß die Griechen mitunter von rechts nach links und zuweilen bustrophedon schrieben. Dagegen schrieben die Phönizier ab etwa 800 v. Chr. immer von links nach rechts. Möglicherweise haben die Griechen also bereits die frühe phönizische Schrift übernommen, deren Richtung noch unbestimmt war.

Das Datum der Erfindung – zwischen 1100 und 800 v. Chr. – ist also umstritten und läßt sich wohl nur bestimmen, wenn wir griechische Inschriften vor dem 8. Jahrhundert entdecken. Noch strittiger ist, *warum* die Alphabetschrift plötzlich auftauchte. Es ist gewiß ungewöhnlich, daß es unter den frühgriechischen Inschriften keine kaufmännischen Urkunden gibt, im Gegensatz zu den Linear-B-Inschriften. Statt dessen schrieben die frühen Benutzer des Alphabets private, fast literarische Texte. Sind die kaufmännischen Dokumente einfach verschwunden, weil man sie nicht auf haltbarem Material schrieb? Es ist schwer zu glauben, daß es keinerlei Überreste gibt, obwohl andere Inschriften erhalten sind. Einige Gelehrte nehmen an, daß ein brillianter Zeitgenosse Homers das Alphabet erfand, um die Epen des Dichters, die *Ilias* und die *Odyssee*, aufzeichnen zu können. Die vokallose phönizische Schrift war dafür nicht geeignet, und deshalb benötigte man eine neue Schrift mit Vokalen und rhythmischer Subtilität. Obgleich es gute Argumente für diese Theorie gibt, müßten wir dafür eigentlich Hinweise bei den Griechen selbst finden. Doch zum Kummer der Romantiker weiß die Überlieferung nichts von einem Zusammenhang zwischen Homer und dem Ursprung des Alphabets.

Die älteste griechische Inschrift auf einer Vase aus Athen, um 730 v. Chr. Sie lautet: «Für den, der am besten tanzt». Wahrscheinlich war diese Vase ein Preis.

Kapitel 10 Neue Alphabete aus alten

Etruskischer «Bucchero»-Krug (6. Jahrhundert v. Chr.), beschriftet mit dem etruskischen Alphabet. Die Etrusker übernahmen das Alphabet der Griechen, änderten es ab und reichten es an die Römer weiter. Heute benutzen die meisten Völker ein Alphabet.

Die Familie der Alphabete

Nach ihren unbekannten Ursprüngen an der Ostküste des Mittelmeers verbreitete die alphabetische Schrift sich (über Griechenland) nach Westen ins moderne Europa und (wahrscheinlich über das Aramäische) nach Osten ins moderne Indien. Als Folge der Kolonialreiche benutzen heute die meisten Völker der Welt – außer den Chinesen und Japanern – eine Alphabetschrift. Die meisten Alphabete umfassen 20 bis 30 Grundsymbole. Das kleinste ist das Rotokas-Alphabet der Salomoninseln mit seinen 11 Buchstaben, das größte ist das Khmer-Alphabet, das 74 Buchstaben hat.

Die Etrusker vermittelten den Römern das griechische Alphabet. Sie beschrifteten viele Objekte. Und in Mesopotamien enthielten viele Keilschriftdokumente im 5. Jahrhundert eine Zusammenfassung in aramäischer Alphabetschrift. Seit Alexander dem Großen löste die aramäische Schrift die Keilschrift allmählich ab, und etwa zu Beginn der christlichen Ära verschwand die Keilschrift. In Ägypten ersetzte bald darauf das koptische Alphabet die Hieroglyphen.

Das Diagramm unten zeigt, wie einige moderne Alphabete sich aus der proto-sinaitischen oder proto-kanaanitischen Schrift entwickelten. Es enthält nicht die indischen Schriften, da ihre Verbindung mit dem Aramäischen problematisch und nur teilweise nachgewiesen ist. Es fehlen auch jüngere Schriften wie die kyrillische, die in Rußland benutzt wird (sie entstand im 9. Jahrhundert aus dem griechischen Alphabet), die koreanische Hangulschrift, die im 15. Jahrhundert erfunden wurde, und das Alphabet der Cherokesen, das 1821 entstand.

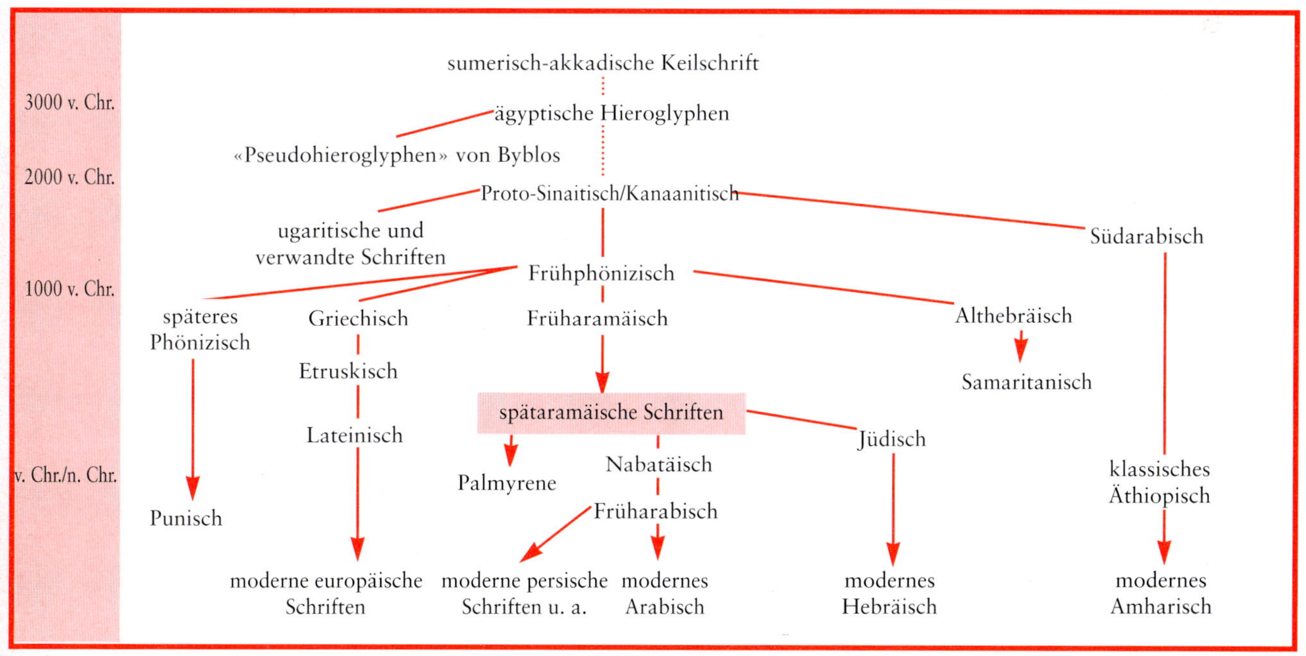

Die Entwicklung der wichtigsten europäischen Alphabetschriften mit ungefährer Entstehungszeit (nach Healey).

Die griechischen und lateinischen Buchstaben

Im alten Griechenland gab es mehrere Alphabete. Die klassischen alphabetischen Zeichen, die in Griechenland heute noch benutzt werden, nennen wir «ionisches Alphabet». Auf den Dokumenten Athens waren sie erst 403 oder 402 v. Chr. vorgeschrieben. Lange vorher hatten griechische Kolonisten eine etwas andere Schrift, das euböische Alphabet, nach Italien gebracht. Die Etrusker und später auch die Römer übernahmen es mit einigen Änderungen.

Das euböische Alphabet in Italien gegen 750 v. Chr. ist also der Grund dafür, daß die modernen europäischen Buchstaben sich von den griechischen unterscheiden. Das A und das B sind beispielsweise von denselben Zeichen des euböischen und ionischen Alphabets abgeleitet, während C und D auf die euböischen Formen zurückgehen, die sich von den ionischen und modernen Formen Γ und Δ unterscheiden.

Nehmen wir das euböische Γ als Beispiel für die etruskischen und römischen Abwandlungen. Die Etrusker hatten keinen eigenen /g/-Laut, und darum benutzten sie das g-Zeichen (für /k/. Das alte k-Zeichen war somit überflüssig und wurde durch c ersetzt (als k gesprochen). Die Römer übernahmen also das Alphabet ohne k (obwohl sie es für wenige spezielle Wörter benutzten). Doch im Gegensatz zu den Etruskern brauchten sie ein g, und da das Zeichen (bereits vergeben war (es stand im Etruskischen und später im Lateinischen für /k/), erfanden sie ein neues Zeichen für /g/, indem sie dem c einen Strich hinzufügten. Daraus entstand das G.

Die lateinische Schrift wurde auf dem Weg zu ihrem modernen englischen Äquivalent

Phönizisch	phönizischer Name	modernes Symbol	Früh-griechisch	klassisches Griechisch	griechischer Name	Frühlatein	klassisches Latein
	'alef	'		Α	alpha		A
	bet	b		Β	beta		B
	gimel	g		Γ	gamma		C
	dalet	d		Δ	delta		D
	he	h		Ε	epsilon		E
	waw	w			digamma		F
							G
	sajin	s		Ζ	zeta		
	chet	ch		Η	eta		H
	tet	t		Θ	theta		
	jod	j		Ι	jota		I
							(J)
	kaf	k		Κ	kappa		K
	lamed	l		Λ	lambda		L
	mem	m		Μ	my		M
	nun	n		Ν	ny		N
	samech	s			xi		
	ajin	‘		Ο	omikron		O
	pe	p		Π	pi		P
	zade	s			saw		
	kof	o			qoppa		Q
	resch	r		Ρ	rho		R
	sin/schin	s/sch		Σ	sigma		S
	taw	t			tau		T
				Υ	ypsilon		V
				Χ	chi		X
							Y
				Ω	omega		Z
PHÖNIZISCH			GRIECHISCH			LATEINISCH	

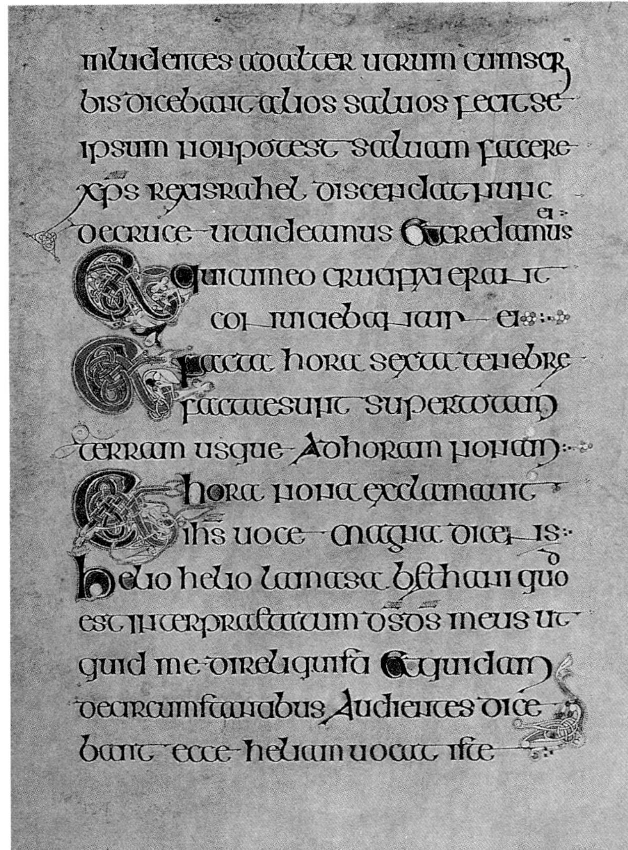

ihrerseits leicht modifiziert. Im Angelsächsischen gab es vier Laute, die im Lateinischen keine Entsprechung hatten:

1. /w/ wurde als Rune ƿ («wynn») geschrieben. Im Mittelenglischen wurde sie durch «uu» oder «w» ersetzt und nach 1300 kaum noch benutzt.

2. / θ / und / ð / (wie im Neuenglischen «thin») wurdem mit der Rune þ («thorn») geschrieben. Ihr fügte man später das Symbol ð hinzu, das «eth» genannt wurde. Im Mittelenglischen ersetzte man beide Buchstaben durch «th». Doch þ hat in der künstlich-modernen Form «Ye Olde English Tea Shoppe» überlebt.

3. /a/ (wie im Neuenglischen «hat») wurde mit dem lateinischen Digraphen æ geschrieben, den man nach dem Runensymbol für denselben Laut «ash» (Esche) nannte. Im Mittelenglischen wurde auch dieser ungebräuchlich.

Kyrillisch wurde die Schrift für mehr als 60 Sprachen. Sein Schöpfer war angeblich St. Cyril (um 827-69), den der byzantinische Kaiser Konstantin auf Bitten des slawischen Königs von Mähren mit dieser Aufgabe betraut hatte. Der König wünschte sich eine Schrift, die unabhängig von der römischen Kirche war. Für Bibelübersetzungen wollte er nur Hebräisch, Griechisch und Lateinisch zulassen.

Das ist die Legende. In Wirklichkeit hat Cyril wohl das Glagolitische Alphabet entworfen, während die kyrillische Schrift später geschaffen wurde. Letztere hat 43 Buchstaben, von denen die meisten von der damaligen griechischen Schrift abgeleitet sein dürften. Die heutigen kyrillischen Schriften haben meist etwa 30 Buchstaben.

Oben links: Das Buch von Kells (vor 807 n. Chr.) in der Bibliothek des Trinity College, Dublin. Dieses Evangeliar ist in der «Insularschrift» verfaßt. Irische Mönche schufen sie aus der nach dem 3. Jahrhundert für offizielle römische Dokumente benutzten Unzialschrift («litterae unicales» bedeutet «zoll-hohe Buchstaben»). Jedes Kloster entwickelte seine eigenen Unzialen.

Oben rechts: Die kyrillische Schrift, in der die Evangelien für Zar Iwan Alexander von Bulgarien (1355-1356) geschrieben wurden. Heute ist die Schrift als russische Schrift bekannt.

Die hebräische und die aramäische Schrift

Hebräisch ist als Schrift der orthodoxen Juden bekannt, und es ist die Staatsschrift des modernen Israel. Weniger bekannt ist, daß es zwei verschiedene hebräische Schriften gibt. Die erste, die nur für religiöse Literatur und nur in der winzigen Gemeinschaft der Samariter benutzt wurde, ist bei weitem die älteste. Sie entwickelte sich im 9. Jahrhundert v. Chr. aus der phönizischen Schrift und wurde nicht mehr für weltliche Zwecke gebraucht, nachdem die Juden im 6. Jahrhundert aus ihrem Land vertrieben worden waren. Die zweite Schrift, auch als «Quadratschrift» bekannt, entwickelte sich nach der Rückkehr in die Provinz Juda aus der aramäischen Schrift (die die Juden während ihrer babylonischen Gefangenschaft benutzten). Sie entstand Ende des 3. Jahrhunderts n. Chr. und wird heute noch in Israel geschrieben. Die ursprüngliche hebräische Schrift und ihre spätere Form scheinen sich gegenseitig stark beeinflußt zu haben.

Die aramäische Schrift, ein Abkömmling der phönizischen Schrift, war mehr als 1000 Jahre lang äußerst einflußreich. Sie war die offizielle Schrift der späteren babylonischen, assyrischen und persischen Reiche (sie löste also die Keilschrift ab). Jesus und die Apostel sprachen aramäisch, und die ältesten Evangelien waren wahrscheinlich in aramäischer Schrift verfaßt. Aramäisch war auch die wichtigste Handelssprache von Ägypten bis Kleinasien und Indien. Erst das Arabische (dessen Schrift von der aramäischen abstammt) und der Islam löschten die aramäische Sprache im 7. Jahrhundert aus.

Rechts: Schreibgeräte eines sephardischen Schreibers in Jerusalem Ende des 19. Jahrhunderts. Die Schrift ist die Quadratschrift. Jahrhundertelang benutzte man sie nur für die religiöse Literatur, seit dem 19. Jahrhundert allmählich auch für weltliche Zwecke. Heute ist sie die Schrift des Staates Israel.

Eine der Schriftrollen vom Toten Meer (Mitte des 1. Jahrhunderts n. Chr.), mit Tinte auf Leder geschrieben. Die aramäische Schrift war wahrscheinlich die Schrift der Evangelien. Aus ihr entwickelte sich die Quadratschrift, aus der aramäischen Sprache das moderne Hebräisch. Die Schrift dieser Rollen ist der modernen hebräischen Druckschrift so ähnlich, daß man sie leicht lesen kann.

Die modernen hebräischen Buchstaben entwickelten sich wie die modernen arabischen über die aramäische Schrift aus den phönizischen Buchstaben. Es gibt einige Ähnlichkeiten mit den phönizischen Buchstaben; aber die meisten Zeichen sind anders. Beachten Sie, daß die Vokale im Hebräischen und Arabischen nicht direkt bezeichnet werden. Mit der Zeit wurde es üblich, sie mit Hilfe von Punkten über oder unter der Zeile anzugeben. Die arabische Schrift hat weitere Konsonanten (insgesamt 28), die hier nicht abgedruckt sind.

Name des Buchstabens	Lautwert	Phönizisch modernes	Hebräisch	modernes Arabisch
alef	’	𐤀	א	ا
bet	*b*	𐤁	ב	ب
gimel	*g*	𐤂	ג	ج
dalet	*d*	𐤃	ד	د
he	*h*	𐤄	ה	ه
waw	*v*	𐤅	ו	و
sajin	*s*	𐤆	ז	ز
chet	*ch*	𐤇	ח	ح
tet	*ṭ*	𐤈	ט	ط
jod	*j*	𐤉	י	ي
kaf	*k*	𐤊	כ	ك
lamed	*l*	𐤋	ל	ل
mem	*m*	𐤌	מ	م
nun	*n*	𐤍	נ	ن
samech	*s*	𐤎	ס	س
ajin	‘	𐤏	ע	ع
pe	*p*	𐤐	פ	پ
zade	*s*	𐤑	צ	ص
kof	*k*	𐤒	ק	ق
resch	*r*	𐤓	ר	ر
sin/schin	*s/sch*	𐤔	ש	ش
taw	*t*	𐤕	ת	ت

Semitische Sprachen

Hebräisch und Aramäisch sind semitische Sprachen. Semitische Schriften bezeichnen nur die 22 Konsonanten. Die drei hebräischen Buchstaben für *ktb* oder *ktv* können also «katav» (ich schrieb), «kotav» (ich schreibe; ein Schreiber), «katoov» (geschrieben), «kitav» (Buchstaben) und sogar «kitobvet» (Anschrift), «kitoobah» (Heiratsurkunde) und «katban» (Schreiber) bedeuten. In der Praxis benutzt man Zusatzzeichen. Am gebräuchlichsten ist ein System aus «Vokalpunkten» oder «matres lectionis» (lateinisch für «Mütter des Lesens»), die man über oder unter einen Buchstaben setzt.

Das mag umständlich erscheinen; aber die hebräische Schrift (in beiden Formen) hat die Juden immer stark angezogen. Viele Jahrhunderte lang, während der «Diaspora», war die Quadratschrift im wesentlichen der religiösen Literatur vorbehalten. Dann, im letzten Jahrhundert, wurde sie als weltliche Schrift wiederbelebt. Die moderne hebräische Sprache basiert auf dieser zählebigen Schrift – normalerweise ist es umgekehrt! Dieser Vorgang ist, in den Worten eines Gelehrten, «ohne Vorbild, einzigartig in der Geschichte der menschlichen Sprache».

Die arabische Schrift

Die arabische Schrift ist heute eine der wichtigen Schriften der Welt, weil sie die heilige Schrift des Islam ist. Als eigenständiges Volk existieren die Araber schon seit der assyrischen Periode (im 9. bis 7. Jahrhundert v. Chr.); aber historisch sind sie erst zur Zeit Jesu hervorgetreten. Das erste unabhängige arabische Königreich, das wir kennen, war das der Nabatäer mit der Hauptstadt Petra im heutigen Jordanien. Sie sprachen arabisch, benutzten aber die aramäische Schrift, die Schrift der assyrischen und persischen Behörden. Bestimmte arabische Formen und Wörter in diesen aramäischen Inschriften führte schließlich dazu, daß man Arabisch in nabatäisch-aramäischer Schrift schrieb. Sie war die Vorläuferin der arabischen Schrift, die in der ersten Hälfte des ersten Jahrtausends n. Chr. entstand und die aramäische Schrift ablöste. Die «Ahnenreihe» lautet also: phönizisch, aramäisch, nabatäisch, arabisch.

Seit Beginn der islamischen Periode Anfang des 7. Jahrhunderts hat es offenbar mehrere arabische Schriften gegeben. Sie alle enthielten 28 Konsonanten, während die aramäische Schrift nur 22 besaß. Damit wurden Laute symbolisiert, die es zwar in der arabischen, nicht aber in der aramäischen Sprache gibt. Die Reihenfolge des Konsonanten-Alphabets wurde ebenfalls verändert; sie richtete sich hauptsächlich nach der Form der Buchstaben (die man von rechts nach links schrieb).

Seit dem Aufkommen des Islam widmeten sich arabische Künstler der Kalligraphie und der abstrakten Ornamentik, weil Bilder mit religiösem Inhalt nicht gerne gesehen wurden.

Oben: Detail aus dem Koran in Muhaqqaq-Schrift, Bagdad 1304.

Links: Schiitisches Gebet in Thulutschrift in Gestalt eines Falken, gemalt von Muhammad Fatiyab Anfang des 19. Jahrhunderts im Iran.

Unten: Seldschukische Weinschale aus Gold mit eingravierten kufischen Schriftzeichen. Iran, Anfang des 11. Jahrhunderts.

Indische Schriften

Die Ursprünge der modernen indischen Schriften sind ungeklärt. Einige indische und wenige ausländische Gelehrte versuchten, einen Zusammenhang zwischen der unentzifferten Indus-Schrift und den ältesten buddhistischen Inschriften herzustellen. Da zwischen beiden jedoch eine Lücke von über 1500 Jahren klafft, ist diese Hypothese nicht überzeugend. Die meisten Wissenschaftler stimmen darin überein, daß die aramäische Schrift die Ahnin einer der ältesten indischen Schriften, des Kharosthi, war, auch wenn es dafür keine eindeutigen Beweise gibt.

Die ältesten indischen Inschriften, die wir kennen, stammen von Kaiser Asoka (um 270-232 v. Chr.). Es handelt sich um Felsen-Edikte, die in mehreren Gegenden Nordindiens aufgestellt wurden und in Kharosthi und Brahmi verfaßt sind (Brahmi war die bedeutendere Schrift). Nicht weniger als 200 verschiedene moderne indische Schriften sind direkt oder indirekt von der Brahmischrift abgeleitet – das sind fast alle indischen Schriften außer den importierten islamischen. Dazu zählen auch die Schriften des Südens, in denen man dravidische Sprachen schreibt, und die nördlichen Schriften, in denen Sanskrit und seine Abkömmlinge geschrieben werden.

Die Inder nutzten ihr umfangreiches Wissen über Phonologie und Grammatik, um die aramäische Schrift ihren Bedürfnissen anzupassen. Die Einteilung der Buchstaben richtet sich nach der Artikulationsstelle im Mund. Zuerst kommen Vokale und Diphtonge, dann Konsonanten in folgender logischer Reihenfolge: Gutturale, Palatale, Retroflexe, Dentale, Labiale, Halbvokale und Spirante. Oft symbolisierten die Zeichen jedoch eine Silbe, und Konsonantenzeichen, die inhärente Vokale – also Silben – ausdrücken, sind in den indischen Schriften sehr wichtig. So symbolisiert zum Beispiel das Zeichen für «b» im Bengali den Laut *bo* (mit kurzem *o*).

Links: Bengalischrift, ein moderner Abkömmling der Brahmischrift, auf einem Filmplakat von Satyajit Ray (1960). Der Titel lautet *Devi* («Die Göttin»). Die Bengalischrift ist ein Gemisch aus silbischen Buchstaben und Vokalen, deren Reihenfolge indische Phonetiker vor über 2000 Jahren festlegten. Etwa 200 moderne indische Schriften sind aus dieser Schrift entstanden.

Unten links: Eine der ältesten indischen Inschriften (in Brahmi) auf dem Fragment eines Ediktes des Kaisers Asoka, 3. Jahrtausend v. Chr.

Unten rechts: Zwei Nachkommen der Brahmischrift auf einer südindischen Kupfertafel, 769-70 n. Chr. Die ersten Zeilen sind Sanskrit, geschrieben in der Granthaschrift, die anderen Zeilen sind Tamil, geschrieben mit Vattelutu-Zeichen, die leicht nach links geneigt sind. Vattelutu ist älter als die (hier nicht gezeigte) Tamilschrift.

Ein König erfindet ein Alphabet

Das koreanische Hangul-Alphabet ist eines der wenigen Alphabete, die genau datierbar sind. Die Geschichte seiner Erfindung und Einführung ist interessant und lehrreich. Mehr als 1000 Jahre lang benutzten die Koreaner chinesische Schriftzeichen. Im Jahre 1443 führte König Sejong (1397-1450) eine Schrift mit 28 Buchstaben ein. Die neue Schrift wurde mit den Worten angekündigt: «Seine Majestät selbst hat sie geschaffen.» Das war zweifellos die beste Methode sicherzustellen, daß die Schrift akzeptiert wurde, und zudem dürfte es die Wahrheit gewesen sein, wenigstens teilweise. Sejong war ein ungewöhnlich kluger und weitblickender Monarch, der sein Volk 1434 in einem Edikt aufforderte, überall nach «gelehrten und kultivierten Männern» zu suchen, und zwar «unabhängig davon, ob sie von vornehmer oder einfacher Geburt sind». Man solle «sie aufrichtig ermuntern und beschwören, die Leute lesen zu lehren, auch Frauen und Mädchen».

Die Literaten nahmen die neue Schrift zurückhaltend auf. Mehr als 500 Jahre danach hat Hangul die chinesischen Zeichen immer noch nicht aus ganz Korea verdrängt. Das diktatorisch regierte Nordkorea führte Hangul im Jahre 1949 erfolgreich als einzige Schrift ein. Südkorea entschied sich dagegen für eine gemischte Schrift, die aus Hangul- und chinesischen Zeichen besteht, ähnlich wie die Japaner silbische Kana-Zeichen und chinesische Zeichen verwenden. Die südkoreanischen Intellektuellen sind zerstritten, was die Einführung der reinen Hangulschrift angeht – zumindest teilweise deshalb, weil Nordkorea sie benutzt.

Dennoch – Südkorea bewegt sich langsam in dieselbe Richtung wie der Norden, und die Hangulschrift setzt sich immer mehr durch.

Wir wissen nicht genau, wie Sejong dem Zauber des Alphabets verfiel. Die Koreaner hatten enge Kontakte mit den Mongolen, die zwei Alphabetschriften benutzten, Uigur und Phags-pa. Letztere ist nach einem tibetischen Lama benannt, der die Schrift im Auftrag von Kublai Khan aus der tibetischen Schrift entwickelte, die ihrerseits ein indisches Vorbild hatte. Einflußreich waren zweifellos auch buddhistische Schriften, die Chinesen aus Indien mitbrachten; denn Sejong war sehr am Buddhismus interessiert. Buddhistische Fachausdrücke wurden ursprünglich in einer indischen Alphabetschrift geschrieben und dann notdürftig durch chinesische Silbenzeichen ersetzt (chinesische Entsprechungen gab es nicht). Diese Verlegenheitslösung hat Sejong wohl zur Schaffung einer neuen Schrift angeregt.

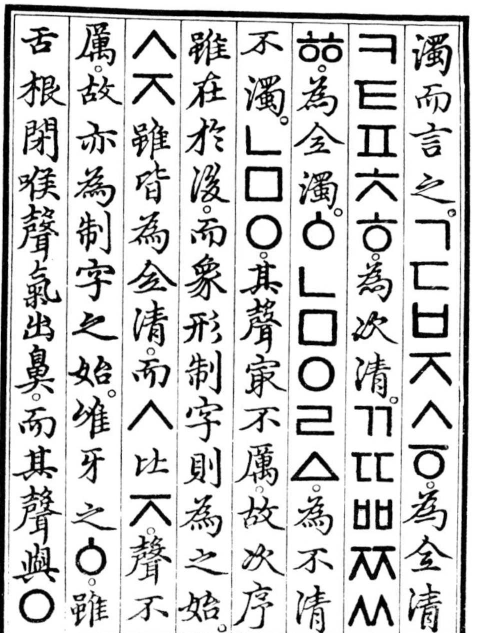
濁而言之ㄱㄷㅂㅈㅅㆆ為全清
ㅋㅌㅍㅊㅎ為次清ㄲㄸㅃㅉㅆ
ㆅ為全濁ㆁㄴㅁㅇㄹㅿ為不清
不濁ㄴㅁㅇ其聲冣不厲故次序
雖在於後而象形制字則為之始
ㅅㅈ雖皆為全清而ㅅ比ㅈ聲不
厲故亦為制字之始唯牙之ㆁ雖
舌根閉喉聲氣出鼻而其聲與ㅇ

König Sejongs Erläuterung der koreanischen Alphabetschrift (modernes Faksimile eines Drucks). Die Hangulzeichen stehen neben den chinesischen Zeichen.

Runen

Die weitaus meisten europäischen Schriften sind von den lateinischen Buchstaben abgeleitet. Dieser Umstand ließ die Existenz einer bedeutenden europäischen Schrift fast in Vergessenheit geraten. Der Zusammenhang zwischen der Runenschrift und der lateinischen Schrift ist ungewiß. Die ältesten Runen, die man entdeckte, stammen aus dem 2. Jahrhundert n. Chr. Sie wurden benutzt, um frühe Formen des Gotischen, Dänischen, Schwedischen, Norwegischen, Englischen, Friesischen, Fränkischen und verschiedener Stammessprachen in Mitteldeutschland aufzuzeichnen. Diese Völker waren also vor ihrer Bekehrung keine Analphabeten, wie man zuweilen glaubte. Nach der Christianisierung übernahmen sie allmählich die lateinische Schrift.

Die Zahl der Runenschriften spiegelt die Zahl der Sprachen wider, um die es hier geht. Insgesamt sind etwa 5000 Runeninschriften bekannt, und fast alle stammen aus den nordischen Ländern, die weitaus meisten aus Schweden, wo heute noch oft Runensteine entdeckt werden. In Norwegen gibt es über 1000 Inschriften, in Dänemark ungefähr 700 und in Island etwa 60. Alle stammen aus einer relativ späten Zeit. Auch in Grönland und auf den Färöer-Inseln gibt es Runentexte. Einige Runen, die man auf der Isle of Man, den Orkney- und Shetlandinseln sowie in Irland fand, sind das Werk reisender Nordländer. Im einst angelsächsischen England gibt es etwa 70 Inschriften, in Deutschland ungefähr 60, in anderen Teilen Europas nur wenige.

Wir wissen nicht, wo und wann die Runen erfunden wurden. Ältere Inschriften, die man in Osteuropa, Pietroassa (Rumänien), Dahmsdorf (Mitteldeutschland) und Kowel (Rußland) fand, deuten darauf hin, daß die Runen von den Goten an der Donaugrenze oder an der Weichsel geschaffen wurden. Eine andere Theorie stützt sich auf die Ähnlichkeit zwischen den Runen und den Zeichen auf Inschriften in Alpentälern der Südschweiz und Norditaliens und schreibt die Erfindung der Runen romanisierten Germanen in diesem Gebiet zu. Eine dritte Auffassung hält die germanischen Stämme Dänemarks, vielleicht Südjütlands, für die Schöpfer der Runen; denn viele der ältesten Inschriften stammen aus dieser Region, und auch heute noch werden in verschiedenen Gegenden Dänemarks alte Runentexte entdeckt. Doch in einem Punkt sind sich alle Runenforscher einig: Das lateinische Alphabet hat die Runenschrift beeinflußt.

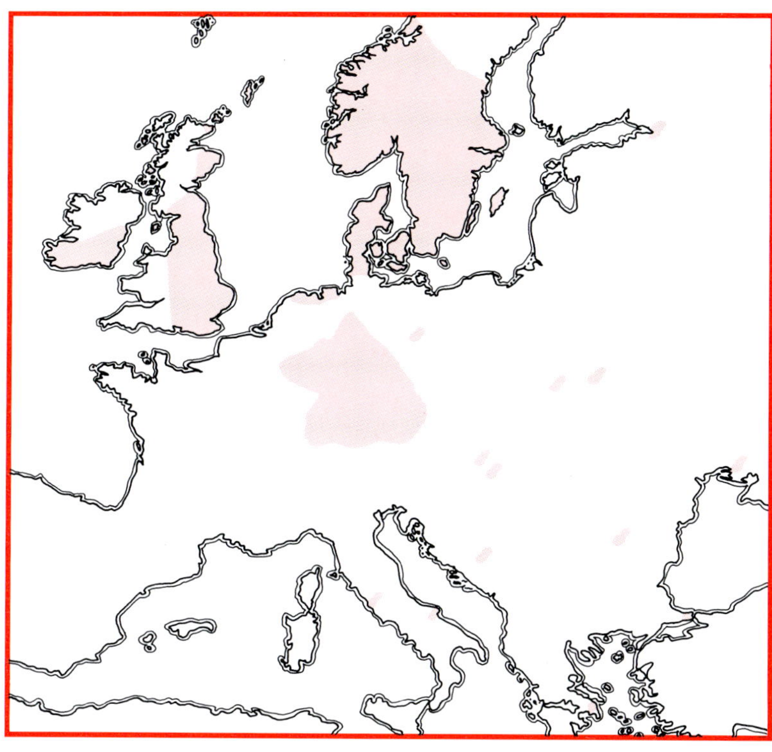

Viele verschiedene Völker und Kulturen benutzten die Runen über tausend Jahre lang. Beachten Sie, daß die Runenfunde im Süden und Osten an den Wegen der wandernden Goten (um 200 n. Chr.), der christlichen angelsächsischen Pilger im 8. Jahrhundert und der Wikinger im 11. Jahrhundert liegen.

So liest man Runen

ᚠ ᚢ ᚦ ᚨ ᚱ ᚲ ᚷ ᚹ ᚺ ᚾ ᛁ ᛃ ᛇ ᛈ ᛉ ᛊ ᛏ ᛒ ᛖ ᛗ ᛚ ᛜ ᛟ ᛞ

f u þ a/æ r k g w h n i j ï p z s t b e m l n o d
(th) (R) (ng)

Das Runenalphabet hat 24 Buchstaben. Ihre Reihenfolge nennt man «futhark» nach den ersten sechs Buchstaben. Hier sind sie von links nach rechts geschrieben; aber anfangs konnte man sie ebensogut von rechts nach links oder gar bustrophedon schreiben. Gelegentlich wurden einzelne Buchstaben auch umgedreht – anscheinend willkürlich – oder gar auf den Kopf gestellt. Es gab keinen Unterschied zwischen Groß- und Kleinbuchstaben. Einige Runen sind offensichtlich mit den Buchstaben des lateinischen Alphabets verwandt, zum Beispiel r, i und b. Andere könnten durchaus Abwandlungen lateinischer Buchstaben sein, etwa f, u (ein umgekehrtes lateinisches V), k (ein umgekehrtes C), h, s, t, l (ein umgekehrtes L). Andere Runen, beispielsweise die Zeichen für g, w, j und p, ähneln den lateinischen Buchstaben mit demselben Lautwert kaum. Die oben angegebenen Lautwerte sind Annäherungen. Es gibt zum Beispiel eine Rune für den Laut *th* (wie im englischen «thin»), den man einst auch in England unter dem Namen «thorn» (s. S. 171) benutzte. Die Aussprache des Vokals ᛇ, hier durch *ï* wiedergegeben, ist strittig. Die Runenschrift unterschied auch zwischen *ng* wie in «ungerade» (ᚾ + ᚷ) und *ng* wie in «singen» (ᛜ). Wir können Runeninschriften zwar meist «lesen» – so wie wir etruskische Texte lesen können –; aber ihre Bedeutung ist oft unklar, weil wir wenig über die frühgermanischen Sprachen wissen. Unter «Runen lesen» verstehen wir heute eine begründete Vermutung auf der Basis spärlicher und zweideutiger Hinweise. Ein Runenforscher meint, das erste Gesetz der Runodynamik laute: «Für jede Inschrift gibt es so viele Deutungen wie Gelehrte, die sich damit befassen.»

Der berühmteste mit Runen beschriftete Gegenstand in England ist wohl die Franks-

Unten: Hölzerne Runenschildchen aus Bergen in Westnorwegen aus dem 12. Jahrhundert. Auf jedem steht der Name des Besitzers. Man befestigte sie an gekauften Waren. Holz war ein ideales Medium, weil man es abhobeln konnte, wenn man Fehler machte, und es nach Gebrauch als Brennstoff verwendbar war. Da es aber leicht verrottet, gibt es keine Runeninschriften aus der ältesten Zeit mehr.

Rechts: Die Franks-Urne (um 700). Diese Tafel zeigt Wieland, den Schmied (links), und die Anbetung Christi mit dem Titel «mægi» (die heiligen drei Könige) in einem winzigen Feld.

Urne, die um 700 entstand und nach dem Mann benannt wurde, der den größten Teil der Urne dem Britischen Museum schenkte *(unten)*. Vorne sehen wir Wieland, den Schmied *(links)*, und die Anbetung Christi *(rechts)*, darüber das Wort «mægi». Die Hauptinschrift kann man im Uhrzeigersinn um die Urne herum lesen; der Anfang ist oben links:

Erste Zeile:
fisc. flodu | ahof on ferg
Rechte Seite:
en berig
Untere Zeile (von rechts nach links zu lesen):
warþ gasric grorn þær he on greut giswom
Linke Seite:
hronæsban

Der Text ist ein Rätsel über das Material, aus dem die Kiste besteht: «Der Fisch wühlte die See auf bis zur gewaltigen Klippe. Der König des Schreckens wurde traurig, als er auf den Strand schwamm.» Die Antwort gibt das letzte Wort links: «hronæsban» (Walknochen). Die Urne wurde also aus dem Knochen eines gestrandeten Wals gemacht.

Wir sehen, daß die Runen selbst zur Zeit ihres Gebrauchs als esoterische Zeichen galten. Die hier abgebildete Brosche wurde in Schottland gefunden. Sie gehörte einem Kelten namens *malbri þaastilk* («Melbrigda»), wie die Runen links von der Nadel verraten. Auf der rechten Seite befinden sich nur runenähnliche Verzierungen.

Im angelsächsischen England gab es anscheinend eine Rivalität zwischen der lateinischen und der Runenschrift. Mitunter findet man beide Schriften auf demselben Objekt, zum Beispiel auf dem Goldring aus Lancashire *(unten)*. Diese Gegnerschaft hatte nichts mit Religion zu tun – die christliche Kirche war den Runen nicht feindlich gesinnt –, aber alles mit Prestige. Zur Zeit der normannischen Eroberung (1066) hatte die lateinische Schrift sich durchgesetzt, und die Runen wurden in Britannien kaum noch gebraucht.

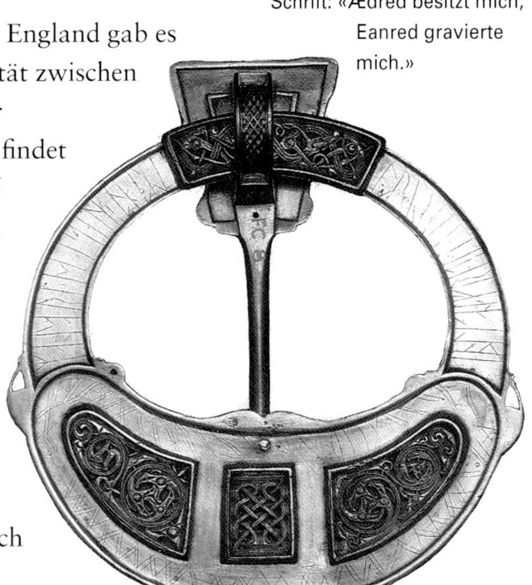

Unten: Eine keltische Brosche, in Hunterston (Schottland) gefunden und links von der Nadel mit Runen beschriftet. *Mitte:* Ein goldener Ring aus dem englischen Lancashire (9. Jh.) mit einer Legende in Runen und in lateinischer Schrift: «Ædred besitzt mich, Eanred gravierte mich.»

Das «Alphabet» der Cherokesen

Cherokee Alphabet.					
Ꭰ *a*	Ꭱ *e*	Ꭲ *i*	Ꭳ *o*	Ꭴ *u*	Ꭵ *v*
Ꭶ *ga* Ꭷ *ka*	Ꭸ *ge*	Ꭹ *gi*	Ꭺ *go*	Ꭻ *gu*	Ꭼ gv
Ꭽ *ha*	Ꭾ *he*	Ꭿ *hi*	Ꮀ *ho*	Ꮁ *hu*	Ꮂ hv
Ꮃ *la*	Ꮄ *le*	Ꮅ *li*	Ꮆ *lo*	Ꮇ *lu*	Ꮈ lv
Ꮉ *ma*	Ꮊ *me*	Ꮋ *mi*	Ꮌ *mo*	Ꮍ *mu*	
Ꮎ *na* Ꮏ *hna* Ꮐ *nah*	Ꮑ *ne*	Ꮒ *ni*	Ꮓ *no*	Ꮔ *nu*	Ꮕ nv
Ꮖ *qua*	Ꮗ *que*	Ꮘ *qui*	Ꮙ *quo*	Ꮚ *quu*	Ꮛ quv
Ꮜ *sa* Ꮝ *s*	Ꮞ *se*	Ꮟ *si*	Ꮠ *so*	Ꮡ *su*	Ꮢ sv
Ꮣ *da* Ꮤ *ta*	Ꮥ *de* Ꮦ *te*	Ꮧ *di* Ꮨ *ti*	Ꮩ *do*	Ꮪ *du*	Ꮫ dv
Ꮬ *dla* Ꮭ *tla*	Ꮮ *tle*	Ꮯ *tli*	Ꮰ *tlo*	Ꮱ *tlu*	Ꮲ tlv
Ꮳ *tsa*	Ꮴ *tse*	Ꮵ *tsi*	Ꮶ *tso*	Ꮷ *tsu*	Ꮸ tsv
Ꮹ *wa*	Ꮺ *we*	Ꮻ *wi*	Ꮼ *wo*	Ꮽ *wu*	Ꮾ wv
Ꮿ *ya*	Ᏸ *ye*	Ᏹ *yi*	Ᏺ *yo*	Ᏻ *yu*	Ᏼ yv

Obwohl die Cherokesenschrift, die Sequoya 1821 schuf, gewöhnlich als Alphabet bezeichnet wird, ist sie in Wirklichkeit eine Silbenschrift, die im wesentlichen den Buchstaben des lateinischen Alphabets Silben zuordnet. J steht zum Beispiel für *gu*, M für *lu*. Die 85 Zeichen symbolisieren 6 Vokale, 22 Konsonanten und etwa 200 Phonemgruppen und Silben.

Viele Cherokesen erlernten dieses «Alphabet», zunächst in North Carolina, wo es entstand, später in Oklahoma, wo nach 1830 viele cherokesische Emigranten lebten. Zeitungen und amtliche Dokumente des Cherokesenvolkes sowie andere Texte wurden in dieser Schrift gedruckt, wobei man 1827 in Boston entworfene Typen benutzte. Bald konnten 90 % der Cherokesen diese Schrift lesen und schreiben. Später geriet sie jedoch in Vergessenheit, obwohl es neuerdings Versuche gibt, sie wiederzubeleben.

Ursprünglich hatte Sequoya versucht, für jedes Wort ein Zeichen zu finden, und diesen Gedanken gab er erst nach etwa einem Jahr auf, als er mehrere tausend Zeichen entwickelt hatte. Dann kam ihm die Idee, Worte in Silbenteile zu spalten. Da er seiner Fähigkeit, Laute zu unterscheiden, nicht vertraute, stellte er mit Hilfe seiner Frau und seiner Kinder alle Laute seiner Sprache zusammen. Danach entwarf er die Symbole anhand einer englischen Fibel. Er schuf 200 Symbole, die er dann auf 85 reduzierte.

Das «Alphabet» der Cherokesen

Links: Der Cherokese Sequoya (etwa 1760-1843) erläutert sein «Alphabet». Das Porträt malte sein Zeitgenosse Charles Bird King. Sequoya sprach nicht englisch, hatte aber Kontakte mit amerikanischen Siedlern und wollte deren Errungenschaften nacheifern, indem er aus den «sprechenden Blättern» der Weißen eine cherokesische Schrift schuf.

Die Mystik des Alphabets

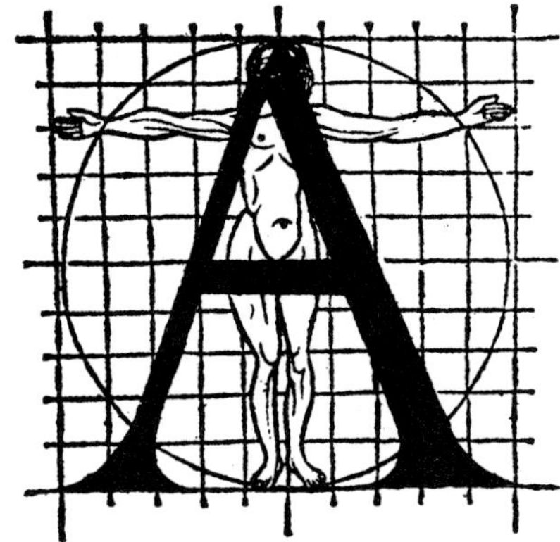

Champfleury-Alphabet (1529), entworfen von Geoffroy Tory (um 1480-1533). Tory, ein Schüler Leonardos und Dürers, wurde vom französischen Monarchen Franz I. zum «Drucker des Königs» ernannt. Zum A bemerkte er: «Es spreizt die Beine wie ein Mensch die Arme und Beine beim Gehen». Der Querbalken des A «bedeckt genau das Geschlecht des Menschen, um dadurch auszudrücken, daß jeder, der schön schreiben will, vor allem Zurückhaltung und Keuschheit pflegen muß. A ist in allen Alphabeten das Eingangstor und das erste Zeichen.»

Man hat oft behauptet, daß das Alphabet für die Entwicklung der Demokratie notwendig war, weil es sehr vielen Menschen das Lesen und Schreiben ermöglichte. Andere meinen, der Triumph des Westens in der heutigen Welt, vor allem in der Wissenschaft, sei vor allem dem Alphabet zu verdanken, und sie sehen einen Gegensatz zwischen dem Westen und China: Beide brachten eine Wissenschaft hervor; doch der Westen entwickelte das analytische Denken weiter (Beispiele sind Newton und Einstein) und ließ China dank der Buchstabenschrift weit hinter sich zurück. Drastisch ausgedrückt würde demnach das Alphabet das reduktionistische Denken, die chinesische Zeichenschrift das holistische Denken fördern.

Die erste Vorstellung – über Demokratie und Alphabet – enthält ein Körnchen Wahrheit. Aber half das Alphabet der Demokratie zu wachsen, oder brachte der zunehmende Wunsch nach Demokratie das Alphabet hervor? (Falls das Motiv die Niederschrift der Werke Homers war, hatte das griechische Alphabet natürlich einen sehr aristokratischen Ursprung!). Die alten Ägypter besaßen schon im 3. Jahrtausend v. Chr. ein Alphabet ohne Vokalzeichen. Anstatt es zu benutzen, schrieben sie lieber in Hieroglyphen. Vielleicht waren sie nicht an Demokratie interessiert?

Die zweite Idee – die Wissenschaft betreffend – ist zwar reizvoll, aber falsch. Es ist zwar vorstellbar, daß die enorme Komplexität der chinesischen Schrift die Überwindung des Analphabetentums verzögerte; aber es wäre absurd, einen tief verwurzelten kulturellen Trend wie mangelndes analytisches Denken mit der Dominanz von Logogrammen über Phonogramme zu begründen. Ebensogut könnte man die Tatsache, daß die Indoeuropäer Epen geschrieben haben, darauf zurückführen, daß sie – im Gegensatz zu den Chinesen – Milch trinken. Wenn wir kulturelle Unterschiede wirklich erklären wollen, müssen wir Kulturen als Ganzes betrachten und dürfen nicht einen Aspekt herausgreifen, einerlei, wie wichtig er uns erscheinen mag. Wenn Newton und Einstein die Schwerkraft und die Relativität verstanden, hätten sie sicherlich auch chinesische Schriftzeichen oder Hieroglyphen erlernen und dennoch dasselbe intellektuelle Niveau erreichen können.

Kapitel 11 Die chinesische Schrift

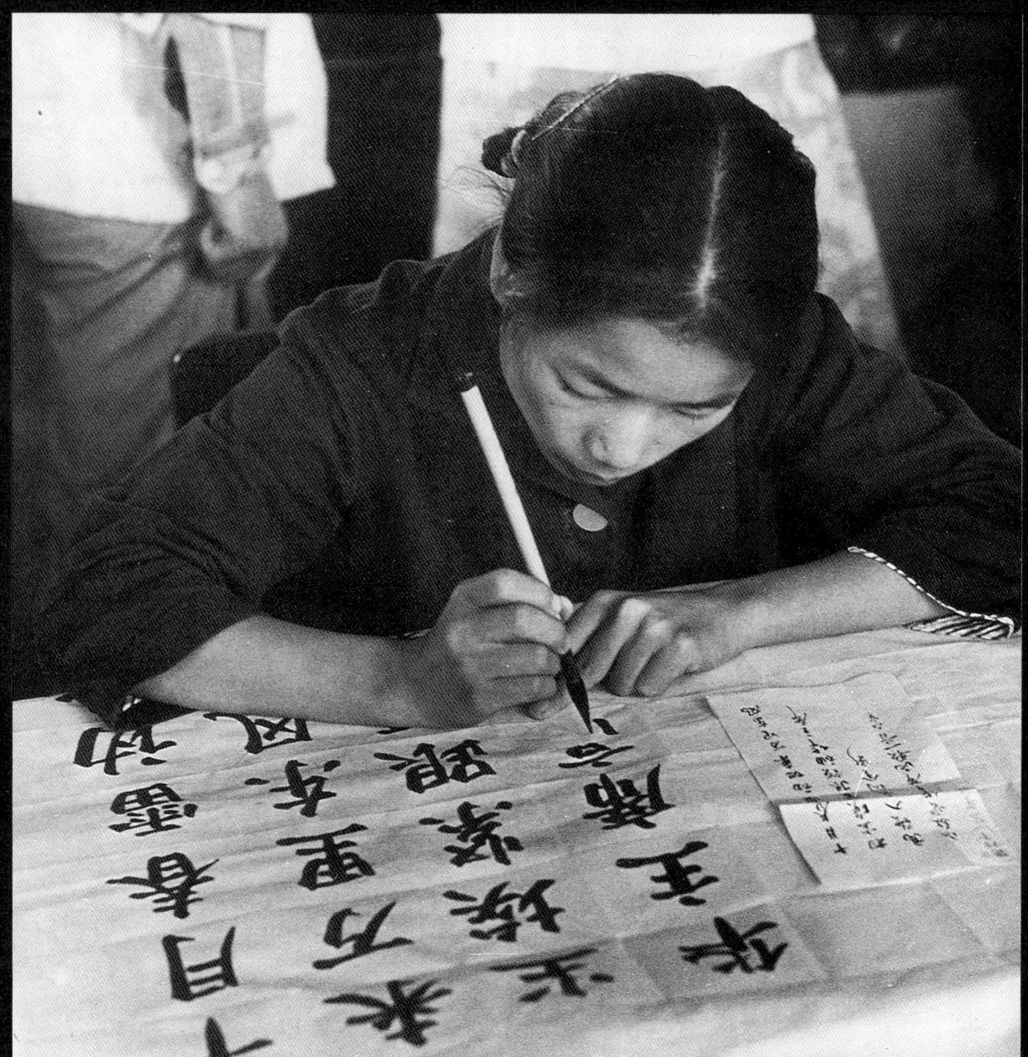

Kalligraphieunterricht in einer Mittelschule von Kanton.

Knochenlesen

Nicht nur dem Alphabet wird große Macht zugeschrieben, sondern auch und noch mehr der chinesischen Schrift. Chinesische Zeichen nennt man oft Ideogramme (ein Wort, das dieses Buch sorgfältig vermeidet, weil der Begriff «Logogramm» genauer ist). Man glaubt also, daß die Zeichen Ideen vermitteln können, ohne auf Phonogramme und die gesprochene Sprache angewiesen zu sein, und daß Chinesen, die sich nicht unterhalten können, weil der eine Mandarin und der andere Kantonesisch spricht, sich dennoch mit Hilfe der Zeichen verständigen können. Manche Leute – sowohl Chinesen wie auch Westler – behaupten sogar, das gleiche gelte für Chinesen, Japaner, Koreaner und (früher) Vietnamesen, deren Sprachen sich erheblich unterscheiden, die aber chinesische Schriftzeichen verwenden. Das würde Engländern, Franzosen, Deutschen und Italienern selbstverständlich nicht gelingen, obwohl sie dieselbe Schrift haben. Dahinter steckt die Idee, daß die chinesische Schrift etwas völlig anderes ist als Schriften mit einem großen Anteil an Lautzeichen. Die Befürworter der Wortzeichen glauben, es gebe zwei grundsätzlich verschiedene Schriftsysteme: das phonographische (z. B. Alphabete) und das ideographische (z. B. die chinesische Schrift).

Alle diese Behauptungen sind Unsinn, wie wir noch sehen werden. Mythen haben das Verständnis der chinesischen Schrift jahrhundertelang erschwert, und zwar seit ihrer Entstehung, über die wir kaum etwas wissen. Haben die Chinesen sie unabhängig von anderen Schriften entwickelt, oder wurden sie von den Schriften des Nahen Ostens beeinflußt? Zuverlässige Belege für die frühe chinesische Schrift gibt es erst seit 1899, und zwar in Form von «Orakelknochen». Vor 1899 verkauften chinesische Apotheken in Peking «Drachenknochen», die in Wahrheit aus Hornplatten von Schildkröten und Schulterblättern von Ochsen bestanden. Bauern hatten sie in einem Dorf bei Anyang in der Provinz Henan aus dem Boden gepflügt. Auf den Knochen waren oft Zeichen eingekratzt, aber die Bauern schabten sie meist ab, bevor sie die Knochen verkauften – sie paßten nicht zu «Drachenknochen». Zwei chinesische Gelehrte in Peking interessierten sich dagegen sehr für diese Zeichen. Sie erkannten, daß einige von ihnen den Zeichen auf den alten Bronzeinschriften ähnelten, und darum kauften sie alle beschrifteten Fragmente auf und veröffentlichten Kopien der Texte.

Spätere Ausgrabungen und Entzifferungen belegen, daß die Knochen mit den ältesten chinesischen Schriftzeichen beschrieben sind, die wir kennen. Es handelt sich um Weissagungen der zwölf Könige der späteren Schang-Dynastie, die etwa von 1400 bis 1200 v. Chr. regierten.

Die Anfänge der chinesischen Schrift. Die Schang-Könige benutzten Hornplatten von Schildkröten und Ochsenknochen zum Weissagen. Wahrsager bohrten oder meißelten Vertiefungen hinein und erhitzten sie, bis Risse in der Form eines ┤ oder eines ├ entstanden (daher kommt das moderne Zeichen 卜, weissagen). Dann deuteten sie die Risse als Botschaften der königlichen Ahnen. Dieser Abdruck eines Orakelknochens (unten) aus der Regierungszeit des Wu Ding handelt von einer Geburt. Die Prophezeiung lautet: «Als der König die Risse studierte, sagte er: Erfolgt die Geburt an einem Ding-Tag, so ist sie gut. Erfolgt sie an einem Geng-Tag, ist sie äußerst vielversprechend.» Die Bestätigung lautet: «Am 31. Tag, jia-yin (Tag 51), gebar sie ein Kind. Leider war es ein Mädchen.» Viele Zeichen auf den Orakelknochen sind offensichtlich Vorläufer moderner chinesischer Zeichen.

Die Entwicklung der chinesischen Schriftzeichen

Wie eng ist die Verbindung zwischen den 3000 Jahre alten Zeichen auf den Orakelknochen und der heutigen chinesischen Schrift? Für einen schreibkundigen Chinesen, der nicht in die alte Schrift eingeweiht ist, wäre wohl ein großer Teil der Knocheninschriften auf den ersten Blick unverständlich; doch nach einiger Überlegung würden ihm die Ähnlichkeiten auffallen. Viele Schang-Zeichen haben allerdings keine modernen Abkömmlinge, und viele moderne Zeichen haben keine Schang-Ahnen. Etwa 1000 der bisher bekannten 4500 Schang-Zeichen sind identifiziert, und oft kann man auch ihre Entwicklung nachvollziehen.

Einige dieser fortgeschrittenen Zeichen sind eindeutig Piktogramme. Doch ihre Zahl ist viel geringer, als man oft behauptet. Niemand bezweifelt, daß Bildzeichen zu Beginn der chinesischen Schrift wichtig waren; aber sie waren bestimmt nicht dominierend, und häufig ist der Bildcharakter nur flüchtig. Oben sehen Sie 13 moderne Zeichen, deren Vorfahren Piktogramme waren. Versuchen Sie zu erraten, was sie darstellen. In einem oder zwei Fällen kommt Ihnen vielleicht eine plausible Idee. Betrachten Sie nun die Orakelknochenzeichen unten auf der Seite und die Siegelschrift – die erste Stufe der Stilisierung –, die bei Siegelgravuren immer noch benutzt wird. Siegelschrift finden wir auch auf Bronzeinschriften (ein Beispiel sehen Sie auf der nächsten Seite) aus der westlichen Zhou-Periode (1050-771 v. Chr.).

Die modernen Zeichen haben folgende Bedeutung: 1 Mann, 2 Frau, 3 Kind, 4 Mund, 5 Sonne, 6 Mond, 7 Berg, 8 Fluß, 9 Wasser, 10 Regen, 11 Bambus, 12 Baum, 13 kurzschwänziger Vogel.

Der Stil der Schriftzeichen

Der Stilwandel der Schrift spiegelt die chinesische Geschichte wider. Die Schang-Dynastie wurde von der Zhou-Dynastie (um 1028-221 v. Chr.) abgelöst. In dieser Periode erlebte die Große Siegelschrift ihre Blütezeit. In politischer und administrativer Hinsicht herrschte jedoch Uneinigkeit. Die Zeichen wurden von Schreibern geschaffen, die in verschiedenen Epochen lebten und unterschiedliche Dialekte sprachen, so

Obere Reihe: Orakelknochenzeichen. *Untere Reihe:* Die daraus hervorgegangene Siegelschrift.

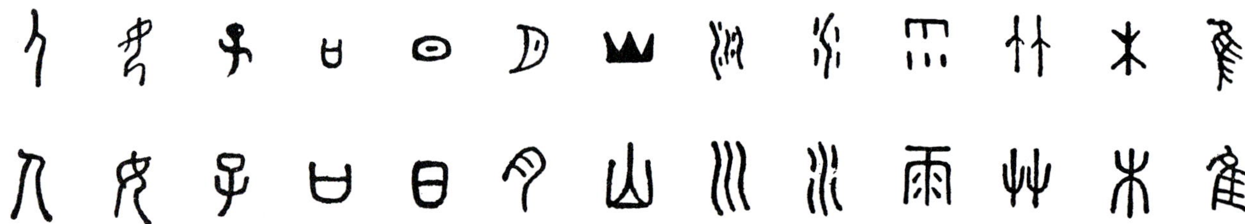

daß eine Phonetisierung der Schrift viel schwieriger wurde.

Nachdem die Qin-Dynastie das Land 221 v. Chr. geeint hatte, reformierte sie die Schrift und führte eine vereinfachte Kleine Siegelschrift ein. Letztere wurde bis 1958 benutzt; dann setzten die Kommunisten die heutige, immer noch umstrittene Vereinfachte Schrift durch.

Unten sehen Sie, wie zwei Schriftzeichen sich von der Schang-Schrift zur Vereinfachten Schrift entwickelten. Beide sind piktographisch, wenn auch auf verschiedene Weise: Das erste Zeichen, «lái» bedeutet «kommen» und ist nach dem Rebusprinzip vom gleichlautenden Wort für «Weizen» abgeleitet (den das alte Zeichen noch darstellt). Das zweite Zeichen, «mǎ », bedeutet «Pferd».

Im Laufe von drei Jahrtausenden hat die Zahl der Schriftzeichen drastisch zugenommen. In der Schang-Periode gab es etwa 4500, in der Han-Dynastie fast 10.000, trotz der Reform der Qin-Dynastie (221-206 v. Chr.). Im 12. Jahrhundert waren es schon 23.000 und im 18. Jahrhundert beinahe 49.000 Zeichen – viele von ihnen waren natürlich Varianten oder veraltete Formen. Das Aussehen der Zeichen veränderte sich mit der Zeit erheblich, und viele verkümmerten in der Form, so daß es oft schwer ist, anhand der wesentlichen Teile ihre Bedeutung nachzuvollziehen. Dennoch sind die Grundprinzipien der chinesischen Schriftzeichen unverändert geblieben.

Oben: Bronzeinschrift in Siegelschrift aus der westlichen Zhou-Periode (um 1028-771 v. Chr.).

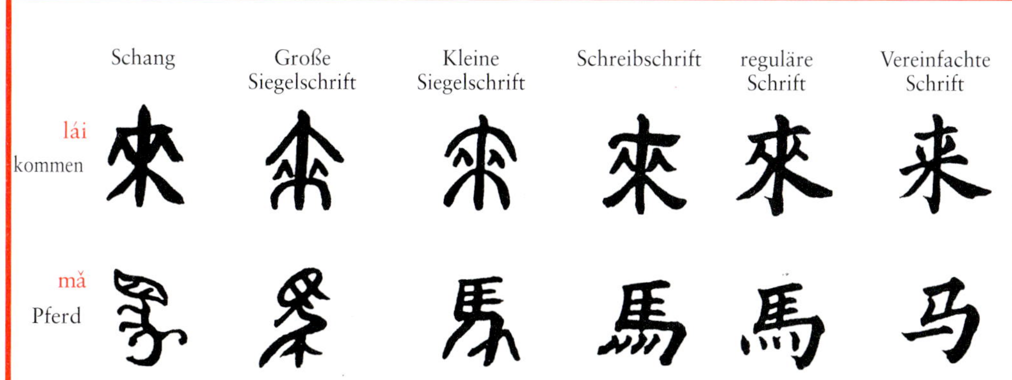

Links: Die Entwicklung zweier Zeichen. Die Große Siegelschrift *(oben)* war in der Zhou-Dynastie (um 1028-221 v. Chr.) gebräuchlich, die Kleine Siegelschrift in der Quin-Dynastie (221-206 v. Chr.). Schreibschrift und reguläre Schrift waren der Stil der Han-Dynastie (206 v. Chr. – 220 n. Chr.). (Nach DeFrancis, 1984)

Die Einteilung der chinesischen Schriftzeichen

Wie teilt man 40.000 Zeichen oder – wichtiger noch – 10.000 Zeichen so ein, daß man beispielsweise ein Wörterbuch herstellen kann? Eine einfache Antwort gibt es nicht. Traditionell werden die Zeichen nach ihrer Zusammensetzung in fünf (manche sagen sechs) Gruppen eingeteilt. Der ersten Gruppe, den Bildzeichen, sind wir bereits begegnet. In die zweite Gruppe gehören Wörter, die nicht piktographisch sind, aber eine für das Auge logische Form haben. Ein, zwei und drei Striche symbolisieren zum Beispiel die Zahlen eins, zwei und drei:

Ein anderes Beispiel ist:

上 下

oben unten

Diese Zeichen können wir «einfache Symbole» nennen.

In der dritten Gruppe, den «zusammengesetzten Symbolen», ist die Logik komplexer – es handelt sich eher um Ideen als um Bilder. Ein beliebtes Beispiel ist die Verbindung der Zeichen für «Sonne» und «Mond» zu «hell»:

Sonne Mond hell

Zeichen der vierten Gruppe sind nach dem Rebusprinzip gestaltet. Wie bereits erwähnt, wird das Zeichen für «Weizen», «lái», für das Homonym «kommen» benutzt. Ein anderes Beispiel ist das Zeichen für «Elefant», das man auch für «Bild» verwendet, weil beide Wörter *xiàng* ausgesprochen werden.

Die vierte, oft «semantisch-phonetisch» genannte Gruppe umfaßt Kombinationen aus Bedeutungs- und Aussprachezeichen. Man kann beispielsweise das Zeichen für «Frau» durch das Zeichen mit dem Lautwert *mă* ergänzen, um ein neues Zeichen mit der Bedeutung «Mutter» zu erhalten:

女 + 馬 = 媽

«Frau» + *mă* = «mā» (Mutter)

Beachten Sie, daß der phonetische Bestandteil die Aussprache nicht exakt angibt: die Töne sind verschieden. Der Unterschied ist bedeutsam, wenn man bedenkt, daß «mă» «Pferd» bedeutet! Viele Leute meinen, hier handle es sich nicht um die Verbindung zwischen Wort- und Lautzeichen, sondern die Bedeutung von 媽 ergebe sich aus der Verbindung zweier Wortzeichen, nämlich:

Frau + Pferd = Mutter (weibliches Pferd).

Doch diese Ansicht, so reizvoll sie auch sein mag (zumindest für überarbeitete Mütter), ist unhaltbar und ein gutes Beispiel dafür, daß die chinesischen Schriftzeichen oft falsch verstanden werden. Es ist *falsch*, die Zeichen als Ideogramme in diesem Sinne aufzufassen. Der Anteil der Zeichen in den fünf Gruppen hat sich im Laufe der Zeit verändert. In der Schang-Dynastie gab es mehr Bildzeichen als heute. Heute gehört die große Mehrheit der Zeichen – über 90% – zur «semantisch-phonetischen» Kategorie.

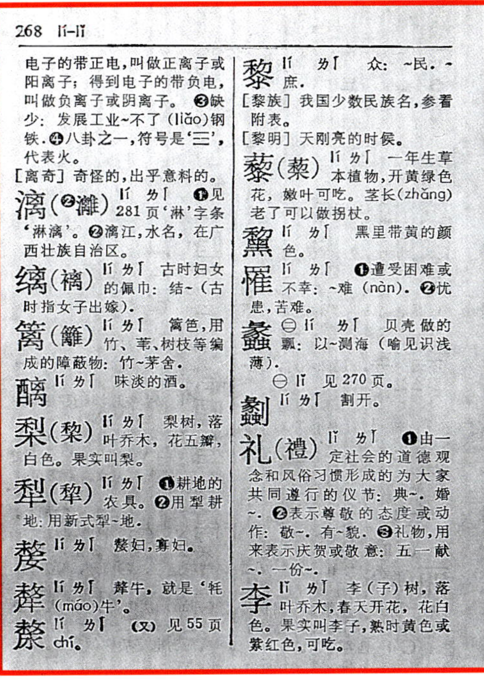

268 lí–lǐ

电子的带正电，叫做正离子或阳离子；得到电子的带负电，叫做负离子或阴离子。❸缺少：发展工业~不了（liǎo）钢铁。❹八卦之一，符号是'☲'，代表火。

[离奇] 奇怪的，出乎意料的。

漓（❷灕） lí ㄌㄧˊ ❶见281页'淋'字条'淋漓'。❷漓江，水名，在广西壮族自治区。

缡（褵） lí ㄌㄧˊ 古时妇女的佩巾：结~（古时指女子出嫁）。

篱（籬） lí ㄌㄧˊ 篱笆，用竹、苇、树枝等编成的障蔽物：竹~茅舍。

醨 lí ㄌㄧˊ 味淡的酒。

梨（棃） lí ㄌㄧˊ 梨树，落叶乔木，花五瓣，白色。果实叫梨。

犁（犂） lí ㄌㄧˊ ❶耕地的农具。❷用犁耕地：用新式犁~地。

嫠 lí ㄌㄧˊ 嫠妇，寡妇。

犛 lí ㄌㄧˊ 犛牛，就是'牦（máo）牛'。

漦 lí ㄌㄧˊ （又）见55页chí。

黎 lí ㄌㄧˊ 众：~民。~庶。

[黎族] 我国少数民族名，参看附表。

[黎明] 天刚亮的时候。

藜（蔾） lí ㄌㄧˊ 一年生草本植物，开黄绿色花，嫩叶可吃。茎长（zhǎng）老了可以做拐杖。

黧 lí ㄌㄧˊ 黑里带黄的颜色。

罹 lí ㄌㄧˊ ❶遭受困难或不幸：~难（nàn）。❷忧患，苦难。

蠡 ㊀ lí ㄌㄧˊ 贝壳做的瓢：以~测海（喻见识浅薄）。

㊁ lǐ 见270页。

劙 lí ㄌㄧˊ 割开。

礼（禮） lǐ ㄌㄧˇ ❶由一定社会的道德观念和风俗习惯形成的为大家共同遵行的仪节：典~。婚~。❷表示尊敬的态度或动作：敬~。有~貌。❸礼物，用来表示庆贺或敬意：五一献~。一份~。

李 lǐ ㄌㄧˇ 李（子）树，落叶乔木，春天开花，花白色。果实叫李子，熟时黄色或紫红色，可吃。

里（❹❺裏、裡） lǐ ㄌㄧˇ ❶市制长度单位，一里为一百五十丈，合五百米，即二分之一公里。❷居住的地方：故~。返~。同~（现在指同乡）。❸街坊（古代五家为邻，五邻为里）：邻~。~弄。❹（-子、-儿）衣物的内层，跟'表'、'面'相反：衣裳~儿。被~。鞋~子。箱子~儿。❺里面，内部，跟'外'相反：屋子~。手~。碗~。箱子~面。㊀一定范围以内：夜~。这~。哪~？

[里手] 1.（-儿）靠里的一边，靠左边。2.〈方〉内行。

俚 lǐ ㄌㄧˇ 民间的，通俗的：~歌。~语。

哩 ㊀ lǐ ㄌㄧˇ 也读作yīnglǐ。英美长度名，一哩等于5,280呎，合1,609米。现写作'英里'。

㊁ li 见273页。

㊂ lī 见267页。

浬 lǐ ㄌㄧˇ 也读作hǎilǐ。海程长度单位，一浬合1,852米。现写作'海里'。英语缩写nm。只用于航程。

娌 lǐ ㄌㄧˇ 见593页'妯'字条'妯娌'（zhóuli）。

理 lǐ ㄌㄧˇ ❶物质组织的条纹：肌~。木~。❷道理，事物的规律：讲~。合~。

lǐ 269

特指自然科学：~科。~学院。[理论] 1.人们从实践中概括出来又在实践中证明了的关于自然界和人类社会的规律性的系统的认识：基础~~。2.据理争论。[理性] 把握了事物内在联系的认识阶段，也指判断和推理的能力。❸管理，办：~家。管~工厂。㊀整理，使整齐：~发。把书~一~。❹对别人的言语行动表示态度：答~。~睬。置之不~。[理会]（-huì）注意：这两天只顾开会，也没~~这件事。

锂 lǐ ㄌㄧˇ 一种金属元素，符号Li，银白色，质软，是金属中比重最轻的，可制合金。

鲤 lǐ ㄌㄧˇ 鲤鱼，生活在淡水中，体侧扁，嘴边有长短触须各一对，肉可吃。

逦（邐） lǐ ㄌㄧˇ 见531页'迤'字条'迤逦'（yǐlǐ）。

澧 lǐ ㄌㄧˇ 澧水，在湖南省北部，流入洞庭湖。

醴 lǐ ㄌㄧˇ 甜酒。

鳢 lǐ ㄌㄧˇ 鱼名，也叫'黑鱼'。身体圆筒形，头扁，背鳍和臀鳍很长，生活在淡水底层，可以养殖，但性凶猛，对

Xinhua-Wörterbuch, Auflage 1990. Chinesische Wörterbücher ordnen ihre Einträge nach der allgemeinen Bedeutung und der Form der Zeichen, nicht nach ihrer Aussprache. Daher fällt es selbst gebildeten Chinesen schwer, ein Wörterbuch zu benutzen.

Chinesische Wörterbücher

Wer Aussprache und Schreibweise eines chinesischen Wortes kennt, findet es deshalb noch lange nicht in einem Wörterbuch. Denn es gibt kein einziges alphabetisches Wörterbuch. Das Zeichen, das *xiàng* ausgesprochen wird, kommt also nicht später als *mǎ*. Statt dessen hat man sich eine Vielzahl von Systemen ausgedacht, die sich nach der *Form* der Zeichen richten, nicht nach Aussprache oder Bedeutung.

Einige Wörterbücher orientieren sich an der Zahl der Striche, die man für ein bestimmtes Zeichen benötigt und die bereits den Schülern eingetrichtert werden. Wer ein Wörterbuch benutzt, muß oft die Zahl der Striche an den Fingern abzählen – bei komplexen Zeichen können es 20 oder mehr sein. Ist die ermittelte Zahl falsch, so beginnt eine aufwendige Suche.

Beliebter ist das «Radikal-Strich-System», das dem ersten chinesischen Wörterbuch (2. Jahrhundert n. Chr.) zugrunde liegt. Es teilt seine 9353 Zeichen nach 540 semantischen Wurzeln oder «Radikalen» ein, zum Beispiel «Wasser», «Vegetation», «Insekt» (vgl. «Frau» in 媽 «Mutter»). Später wurde die Zahl der Wurzeln auf 214 verringert.

Diese ordnete man dann nach der Zahl der Striche an – von 1 bis 17, und Radikale mit derselben Strichzahl hatten eine festgelegte Reihenfolge (der Radikal «Wasser» kam immer an 85. Stelle). Um das Wörterbuch zu benutzen, muß man den Radikal eines Wortes herausfinden – oft eine schwierige Entscheidung.

Ein populäres Wörterbuch enthält eine «Liste von Zeichen mit unsicheren Radikalen, die *ein Zwölftel* aller 7773 Zeichen enthält.

Das Radikal-Strich-System mit 214 Radikalen war bis 1958 die Norm. Heute teilen die Wörterbücher ihre vereinfachten Zeichen in 186 bis 250 Gruppen ein – es gibt keine Übereinkunft.

Wenn unsere Wörterbücher verschiedene alphabetische Reihenfolgen verwenden würden, wäre ein ähnliches Chaos die Folge.

Das Silbenverzeichnis von Soothill

Die methodistische Kirche in Wenchou, wo Pfarrer W. E. Soothill seine Mission hatte. Seine chinesische Gemeinde steht vor der Kirche.

Chinesische Schriftzeichen haben sowohl eine phonetische wie auch eine semantische Komponente. Erstere gibt einen Hinweis auf die Aussprache, letztere auf die Bedeutung. Anstatt die Zeichen nach der Zahl der Striche oder dem semantischen Schlüssel zu ordnen, kann man sie auch phonetisch einteilen. Die Chinesen überlassen diese Einteilung gewöhnlich phonetisch denkenden Ausländern (meist waren es Missionare). Einer von ihnen war W. E. Soothill, der um 1880 etwa 4300 Zeichen nach 895 Lauten einteilte.

Ein Teil seines Silbenverzeichnisses ist auf der folgenden Seite abgedruckt. Über jedem Zeichen in einer Spalte steht oben der entsprechende Laut (z. B. «mǎ»). Diese internen Zeichen sind hervorgehoben. Die meisten Zeichen in einer Spalte werden ähnlich ausgesprochen, sie unterscheiden sich jedoch sehr in der Form und in der Strichzahl (ganz zu schweigen von der Bedeutung).

Wenn wir bestimmte phonetische Spalten auswählen und Zeichen mit demselben Radikal herausgreifen, können wir ein semantisch-phonetisches Gitter herstellen *(unten)*. Wenn wir die Spalte für das Lautzeichen 264, «áo», betrachten, sehen wir, daß es ein guter Anhaltspunkt für die Aussprache der vier Zeichen ist. Folgen wir jedoch der Reihe «semantisch 9», «Person», stellt sich heraus, daß der Radikal *keinen* verläßlichen Hinweis auf die Bedeutung gibt. Im allgemeinen sind die Lautzeichen ein besserer Anhaltspunkt für die Aussprache als die Radikale für die Bedeutung – im Gegensatz zur Behauptung einiger Gelehrter,

Unten und gegenüber: Chinesische Schriftzeichen haben eine phonetische und eine semantische Komponente. Erstere liefert einen Anhaltspunkt für die Aussprache, letztere für die Bedeutung.

phonetisch / semantisch	敖 áo 264	参 cān 282	堯 yāo 391	甫 fǔ 597
9 亻 Person	傲 ào: stolz	傪 cān: gut	僥 jiǎo: glücklich	俌 fù: helfen
64 扌 Hand	擙 ào: schütteln	摻 shán: packen	撓 nǎo: kratzen	捕 bǔ: fangen
75 木 Holz	⿰木敖 ào: Lastkahn	槮 shēn: Balken	橈 náo: Ruder	⿰木甫 fú: Spalier
85 氵 Wasser	滶 ào: Bach	滲 shèn: Leck	澆 jiāo: besprengen	浦 pǔ: Bächlein

die chinesische Schrift sei logographisch und die Laute seien nebensächlich.

Die Chinesen folgen beim Lesen sowohl dem semantischen wie auch dem phonetischen Hinweis. Betrachten wir einmal diese beiden Zeichen mit dem gleichen Radikal:

A 仃 «dīng» (allein)

B 汀 «tīng» (Sandkasten)

Dieses Radikal (Nr. 2 bei Soothill) wird *dīng* gesprochen. Es bezeichnet also die Aussprache des Zeichens A genau und die des Zeichens B zu 75 % genau (drei Phoneme, *i*, *ng* und den Ton, von insgesamt 4). Der Radikal ist in beiden Fällen ebenfalls hilfreich, wenn auch weniger als das Lautzeichen: Bei A deutet 仃 auf «Mensch» hin, bei B ist 汀 ein Hinweis auf «Wasser». Wenn ein Chinese die Bedeutung eines Zeichens herausfinden möchte, kann er entweder mit dem phonetischen oder mit dem semantischen Bestandteil anfangen. Doch in beiden Fällen muß er *vorher* die Bedeutung der drei Komponenten gelernt haben – die Form allein würde ihm wenig nützen.

Diese Analyse zeigt, daß ein Chinese beim Lesen teils sein Gedächtnis benutzt, teils seine Fähigkeit, Zusammenhänge zu erkennen. Allen gegenteiligen Behauptungen zum Trotz hat das nichts mit dem Auswendiglernen einiger tausend Telefonnummern zu tun.

Nur die chinesischen Telegraphenbeamten müssen jedes Zeichen in einen vierstelligen Code übertragen. («Ankomme morgen Mittag» wird beispielsweise als 2494 1131 0022 0582 0451 gesendet.) Einerlei, wie einschüchternd chinesische Schriftzeichen dem Ausländer erscheinen mögen – sie sind keineswegs allein vom Zufall gestaltet.

phonetisch 75 皇 huáng	phonetisch 158 辟 pì	phonetisch 255 馬 mǎ	phonetisch 391 堯 yáo
喤 huáng	僻 pì	瑪 mǎ	嶢 yáo
徨 huáng	譬 pì	碼 mǎ	⿰齒堯 yǎo
惶 huáng	闢 pì	螞 mǎ	僥 jiǎo
湟 huáng	嬖 pì	鎷 mǎ	澆 jiāo
煌 huáng	避 pì	媽 mā	翹 qiáo
鰉 huáng	壁 pì	榪 mà	磽 qiáo
蝗 huáng	壁 pì	禡 mà	蹺 qiāo
鍠 huáng	劈 pì	罵 mà	嘵 xiāo
隍 huáng	癖 pǐ	獁 mà	驍 xiāo
遑 huáng	臂 pèi	嗎 ma	曉 xiǎo
篁 huáng	擘 pò		燒 shāo
凰 huáng	孽 niè		譊 náo
堭 huáng			橈 náo
艎 huáng			鐃 náo
			撓 nǎo
			⿱髟堯 nào
			嬈 ráo
			蕘 ráo
			蟯 ráo
			饒 ráo
			繞 rào

Die chinesische Sprache

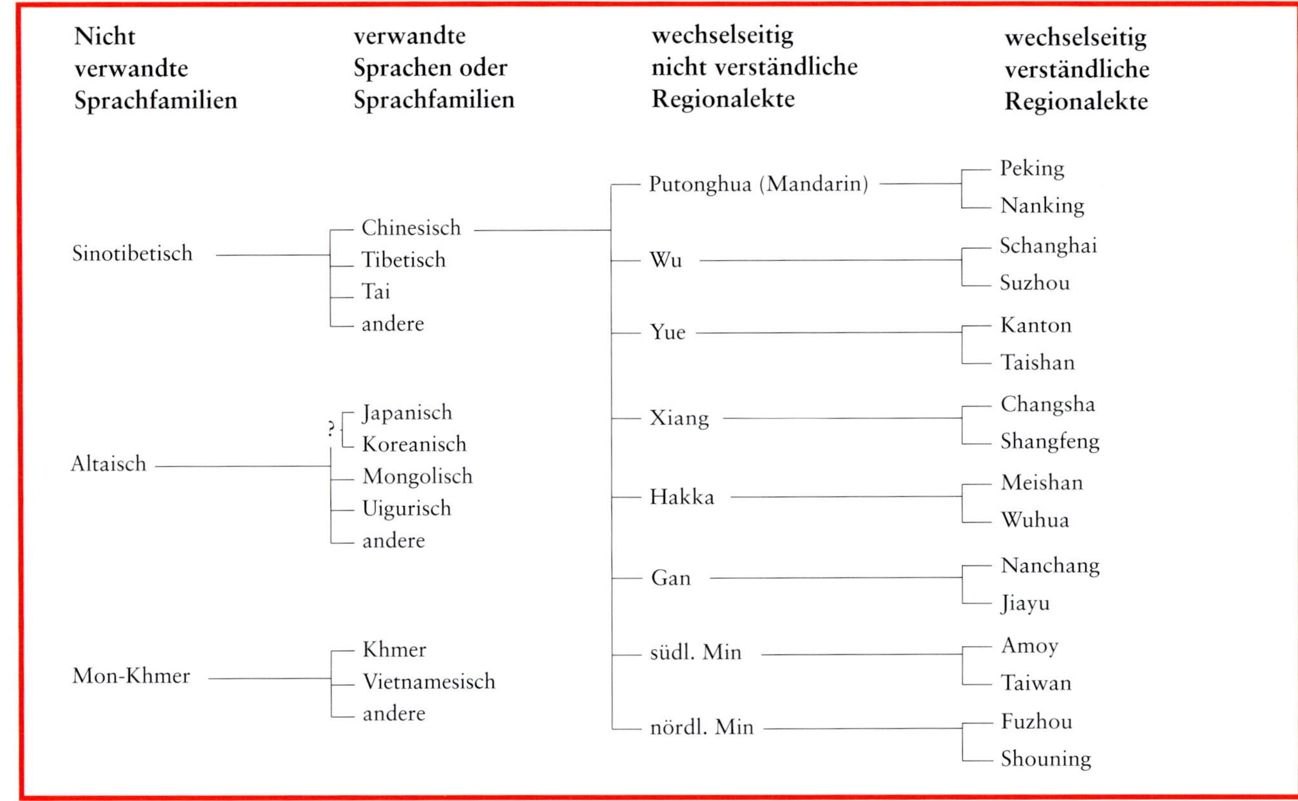

Im Jahre 1569 kam ein Dominikanermönch in China als erster Ausländer auf die Idee, daß Chinesen, die ihre jeweiligen Dialekte nicht verstehen, sich dennoch schriftlich verständigen können. Diese Behauptung wird heute noch oft aufgestellt – aber sie ist falsch.

Was der Rest der Welt «Chinesisch» nennt, besteht in Wirklichkeit aus acht Regionalsprachen (Topolekte oder Regionalekte), deren Sprecher sich gegenseitig nicht verstehen, und aus Hunderten von echten Dialekten. Über 70 % der Chinesen sprechen allerdings dieselbe Sprache, das Mandarin, auch Putonghua («gemeinsame Sprache») genannt. Das moderne *geschriebene* Chinesisch basiert auf Mandarin. Das Überwiegen der Mandarinsprecher – in der klassischen Zeit ebenso wie heute – ist die Quelle des Mythos, wonach alle Chinesen sich mit Hilfe ihrer Schrift verständigen können.

Die Sprachen Ostasiens sind oben in Form eines Stammbaumes dargestellt. Wie Sie sehen, gehören Chinesisch, Japanisch/Koreanisch und Vietnamesisch drei verschiedenen Familien an, obwohl sie alle chinesische Schriftzeichen verwenden. Chinesisch gehört zur sinotibetischen Sprachfamilie, die man in etwa mit dem Indoeuropäischen vergleichen kann. Die chinesischen Regionalsprachen, zum Beispiel Yue (Kantonesisch) und Wu (in Schanghai und Umgebung) entsprechen dann Englisch, Holländisch und Deutsch in der germanischen Sprachgruppe oder Französisch, Spanisch und Italienisch in der romanischen Gruppe. Die Mandarindialekte von Peking und Nanking sind mit dem britischen, amerikanischen und australischen Englisch vergleichbar. Und ebenso wie Franzosen und Engländer die Literatur des anderen Volkes ohne Sprachunterricht nicht lesen können (obwohl beide die lateinische Schrift benutzen), sind Kantonesen außerstande, das moderne geschriebene Chinesisch richtig zu verstehen, wenn sie nicht Mandarin gelernt haben. Kantonesisch steht dem Mandarin zwar näher als etwa das Spanische dem Französischen; aber die Unterschiede in Grammatik, Wortschatz und Aussprache sind dennoch erheblich.

Die Betonung

Im Kantonesischen gibt es sechs Töne, im Mandarin nur vier: hoch, hoch und steigend, tief und fallend sowie hoch und fallend. (Das Japanische kennt diese Töne nicht.) Durch Töne unterscheidet man im Chinesischen die vielen Wörter, die sonst Homonyme wären. Wenn Ausländer die Töne mißachten – was häufig geschieht -, kommt ihnen die chinesische Sprache schwieriger vor, als sie ist. Zum Beispiel kann «ma» ohne Beachtung des Tonfalls «Mutter», «Pferd», «Hanf» und «schimpfen» bedeuten. «Shuxue» kann «Mathematik» und «Bluttransfusion» heißen, «guojiang» kann «du schmeichelst mir» oder «Obstmus» bedeuten. Erst durch die richtige Betonung werden Bedeutungen klar unterscheidbar.

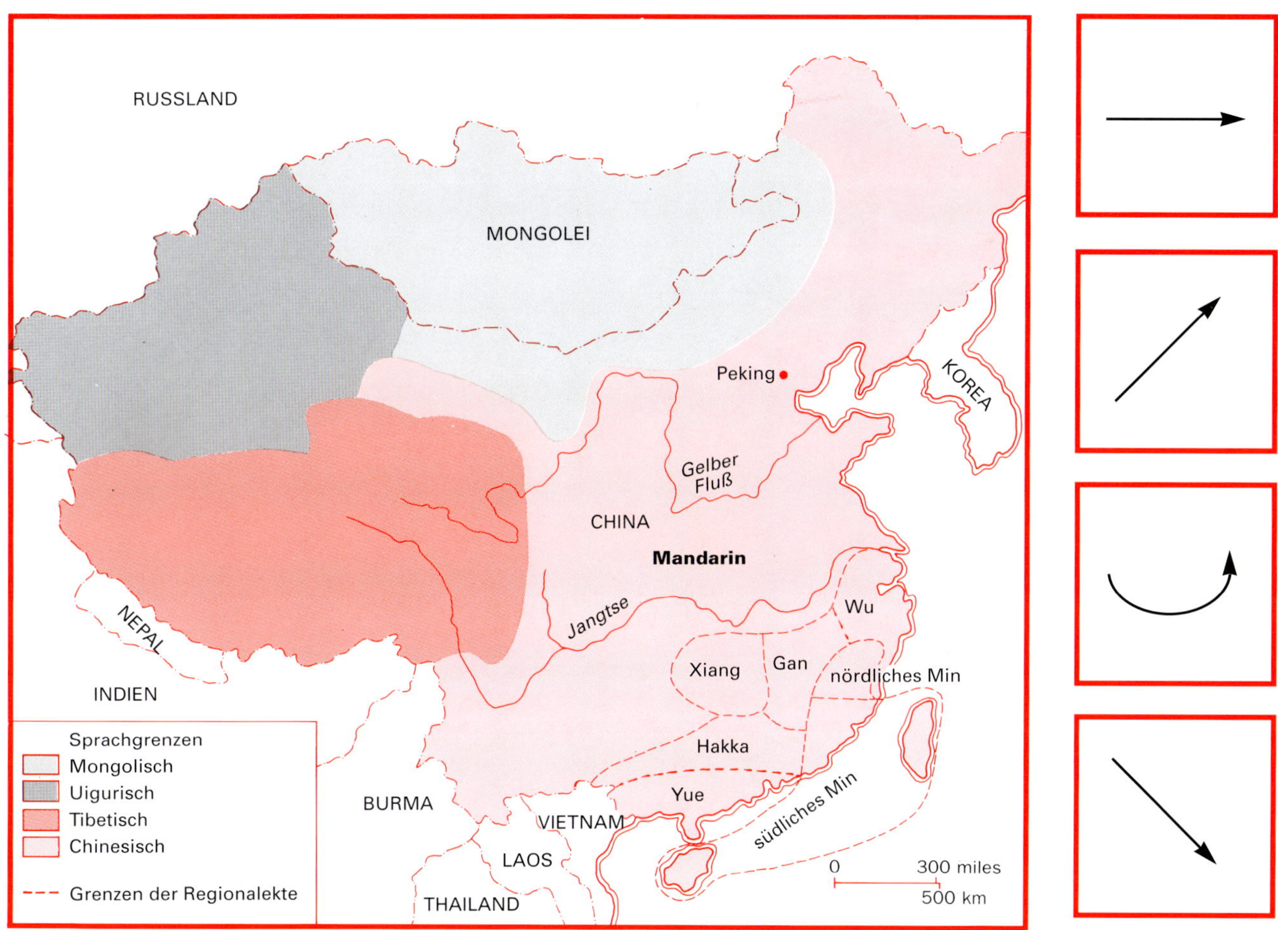

Links: «Stammbaum» der ostasiatischen Sprachen. *Unten:* Karte mit chinesischen Regionalsprachen und Dialekten. Mehr als 70% der Chinesen sprechen Mandarin, 5% sprechen Kantonesisch (Yue). (Nach deFrancis, 1984)

Unten: Chinesisch ist eine Tonsprache. Mandarin hat vier Töne (von oben nach unten): hoch, hoch und steigend, tief und fallend, hoch und fallend.

Chinesische Kalligraphie

«Kalligraphie» bedeutet «Schönschreiben». Sie wurde und wird in allen Kulturen und Zeitaltern geübt, vom alten ägyptischen Totenbuch über die westlichen und arabischen Bilderhandschriften des Mittelalters zu den kunstvollen Hochzeitseinladungen unserer Zeit. In China war die Kalligraphie stets mehr als «schönes Schreiben» – sie ist gleichbedeutend mit Schreiben. Für die Chinesen gibt es keine Schönschrift, sondern nur «shufa», die Schreibkunst. Im klassischen China, war das Schreiben («shu») eine gleichberechtigte Kunst neben Malerei, Dichtung und Musik, und manchmal galt sie sogar mehr.
Der Grund dafür ist natürlich die Vielfalt der Schriftzeichen im Vergleich zur Alphabetschrift. Wer chinesisch schreibt, muß sich bemühen, dieser Vielfalt auf ästhetische Weise Ausdruck zu verleihen, ohne daß die Lesbarkeit leidet. Es gilt, die Zeichen mit Leben zu erfüllen und dabei die Grundformen beizubehalten. Dabei fließt die Persönlichkeit mit in die Form ein, was man von der eher unpersönlichen Kalligraphie des Westens nicht sagen kann. Anders als im Westen sind die Namen der größten Kalligraphen in China sehr bekannt.

Ein ausländischer Student der chinesischen Kalligraphie meinte, vielleicht etwas überschwenglich: «Der Pinsel ist kein grobes Werkzeug wie der Füllfederhalter, sondern ein Instrument, das jede noch so leichte oder plötzliche Handbewegung mit der Genauigkeit eines Seismographen wahrnimmt. Der chinesische Kalligraph benutzt ihn, um Kräfte aufzuzeichnen, die aus den Tiefen seines Wesens aufsteigen. Die westliche Kalligraphie bringt starre Formen hervor, die chinesische ist im Grunde Bewegungskunst.»

Die Ausrüstung eines chinesischen Kalligraphen. Außer Pinseln und Papier benötigt er einen Tintenstein und Wasser für die Pulvertinte. Auf diesem 15 cm hohen Tintenstein *(links)* ist eine Schildkröte abgebildet, die aus dem Wasser steigt. Sie symbolisiert die Entstehung der Ur-Zeichen. Die Haare der Pinsel *(unten)*, die man meist in Bambusgriffe steckt, stammen von Ziegen, Hasen oder wilden Mardern, die im Herbst erlegt werden. Sie werden besonders geschätzt, weil sie auf Druckveränderungen sofort reagieren und dadurch den Schriftzeichen Leben verleihen.

Chen Hongshou, *Die vier Freuden des Nan Sheng-lu* (1649). Der Gelehrte bereitet sich auf das Schreiben vor. Sein Briefbeschwerer ist ein geschnitzter Löwe; vor ihm steht eine Wasserschale mit einem Schöpflöffel, daneben liegen Tintenstange und Tintenstein mit gemahlener Tinte; zu seiner Linken stehen ein Weinkrug, eine Tasse und eine Zitrone in einer Schale.

Das Malen der Zeichen – Handwerk und Kunst

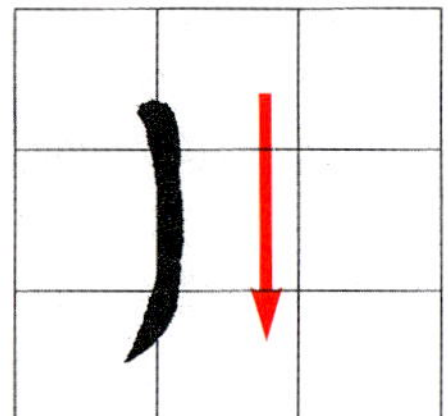

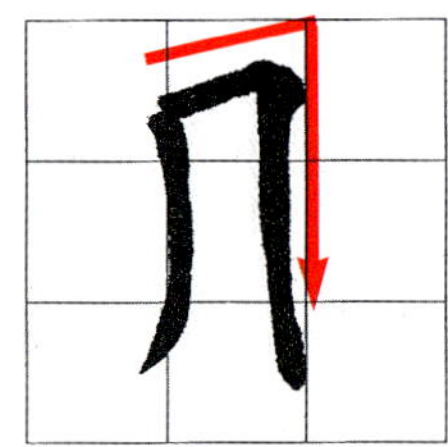

Die Zahl der Striche, die man benötigt, um ein chinesisches Schriftzeichen zu formen, ist, wie wir gesehen haben, ein wichtiges Kriterium für Wörterbücher. Oben sind als Beispiel die vier Striche des Zeichens «dan» (Zinnober) abgebildet. Chinesische Kinder lernen die Technik früh. Sie beginnen mit den einfachsten Zeichen und gehen allmählich zu komplizierteren über. Nach dem Vorbild des Lehrers malt eine Schulklasse die Zeichen mit weiten, rhythmischen Bewegungen des Armes und der Hand in die Luft. Dabei nennen sie jedes Element beim Namen – Balken, Bein, Punkt usw. – und sprechen zum Schluß das Zeichen aus. Dann schreiben sie das Zeichen mit den erlernten Bewegungen auf, wiederum weit, rhythmisch und gemeinsam. Mit der Zeit lernen sie, das Zeichen selbst und ohne Hilfe zu schreiben. Hier ist ein Auszug aus dem Übungsheft eines fünf- oder sechsjährigen Schuljungen:

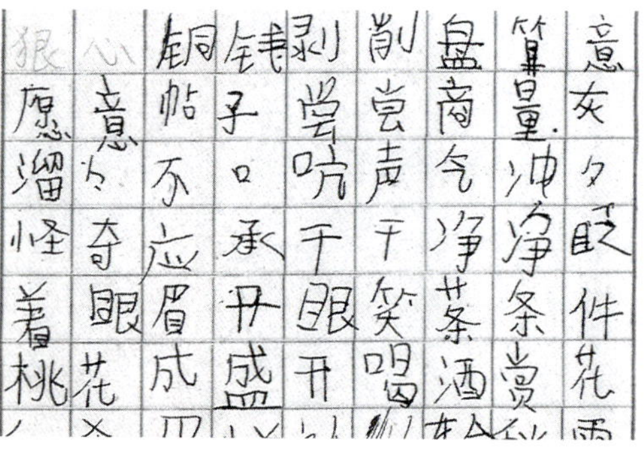

Ein Schüler, der es zum Meisterkalligraphen bringen will, benötigt viele Jahre der Übung, der Hingabe und des Studiums der alten Meister. Die Vitalität eines Meisterwerks ist zum Teil auf die Technik und zum Teil auf das persönliche Feingefühl zurückzuführen.

Wichtige kalligraphische Techniken. Die vier Zeichen in der ersten Zeile sind korrekt, aber ausdrucksarm. Indem der Kalligraph die Striche versetzt, kann er die vier lebendigen (und besseren) Varianten unten malen. Die Zeichen sind: 1 «qe» (Stücke), 2 «ren» (Mann), 3 «mu» (Baum), 4 «he» (zusammenfügen).

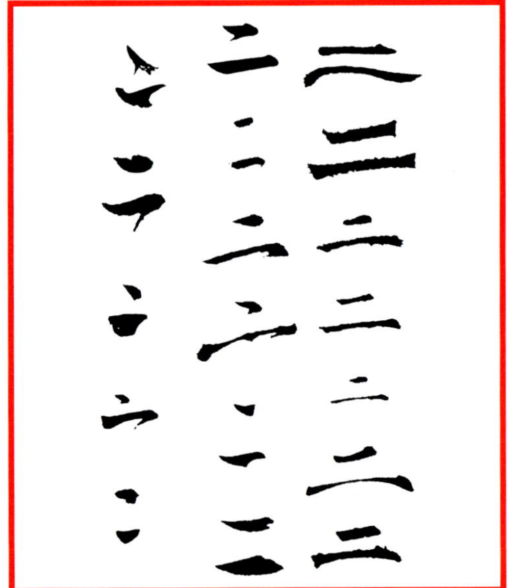

Verschiedene Formen des Zeichens «er» (zwei). Für einen Chinesen sind alle lesbar, und der Kunst bleibt viel Spielraum.

Das Schriftzeichen «shou» (langes Leben), geschrieben vom 80jährigen Wu Changshuo (1844-1927) in Kleiner Siegelschrift. Auf vielen großen kalligraphischen Kunstwerken, vor allem aus der alten Zeit, sind Namenszüge späterer Kalligraphen zu sehen, die damit ihre Freude über das Meisterwerk ausdrücken.

Pinyin: latinisiertes Chinesisch

Im Jahre 1936 sagte der Führer der kommunistischen Rebellen, Mao Zedong, zu dem amerikanischen Journalisten Edgar Snow: «Wir glauben, daß die Latinisierung ein gutes Mittel ist, um das Analphabetentum zu überwinden. Chinesische Schriftzeichen sind so schwer zu lernen, daß selbst das beste System mit rudimentären Zeichen oder ein vereinfachter Unterricht den Menschen nicht zu einem brauchbaren und umfangreichen Wortschatz verhilft. Früher oder später müssen wir die Zeichen wohl ganz aufgeben, wenn wir eine neue Gesellschaftsform schaffen wollen, an der die Massen voll teilnehmen.»

Aber Mao stieß bei den Gebildeten auf so großen Widerstand, daß er einen Kompromiß schließen mußte. 1955 wurden die Zeichen dadurch vereinfacht, daß man bestimmte Varianten abschaffte und bei vielen anderen Zeichen die Zahl der Striche verringerte. 1958 führte die Regierung die latinisierte Schrift ein, das Pinyin («Lautschrift»). Sie ist die offizielle Schrift für die Schreibung der chinesischen Laute und für die Transkription der Zeichen. Auch im Ausland werden chinesische Namen in Pinyin geschrieben, und aus Peking wurde Beijing, aus Kanton Guangzhou und so weiter. Während der Kulturrevolution der sechziger Jahre kam das Pinyin in Verruf. Fremdenfeindliche Rote Garden setzten sich für eine Vereinfachung der Schriftzeichen ein und rissen Pinyin-Straßenschilder herunter, die sie für ein Zugeständnis Chinas an das Ausland hielten. Heute sitzen die Chinesen zwischen zwei Stühlen: In der Zeichenschrift herrscht Chaos, und der Status der latinisierten Schrift ist ungewiß. John DeFrancis, ein führender westlicher Befürworter des Pinyin, meint:

Schulkinder lernen Zeichen und Pinyin (1958 eingeführt). Tests belegen, daß Kinder Pinyin viel schneller lernen als die Zeichen. Wahrscheinlich ist «Digraphie» (der Gebrauch von zwei Schriften) die Zukunft der chinesischen Schreibkunst.

«Eine ganze Generation an Menschen und an Zeit ist mit dem zaghaften, stümperhaften und erfolglosen Versuch, durch Vereinfachung der Zeichen die Massen schreibkundig zu machen, sinnlos vergeudet worden.»

Vereinfachte Zeichen

Vereinfachung der Schriftzeichen – das hört

sich gut an. Wenn die Zahl und die Komplexität der Zeichen geringer ist, müßte die chinesische Schrift leichter erlernbar sein – oder nicht? Die Regierung glaubte, Analphabeten könnten zunächst etwa 1000 oder 1500 vereinfachte Zeichen lernen, vor allem solche, die mit den örtlichen Verhältnissen im Dorf oder in der Fabrik zu tun haben. Man hoffte, den Bauern und Arbeitern auf diese Weise einen Grundwortschatz zu vermitteln. Später sollten einige von ihnen weitere Zeichen lernen.

Diese Hoffnung erwies sich als trügerisch. Mao Zedong und die anderen Führer, die mit der Vollschrift vertraut waren, konnten mit der vereinfachten Schrift Zeit sparen; aber schreibunkundigen Arbeitern, Bauern und niedrigen Funktionären fiel es schwer, die Schrift von Grund auf zu erlernen. Ein Chaos war die Folge. 1982 befestigten Arbeiter der Regierung an einer Straße von Tianjin folgende fünf vereinfachte Zeichen an Strommasten:

马
车
[illegible]
奋
斗

Die *People's Daily* druckte ein Foto ab und meldete, die Leute seien verblüfft. Die ersten beiden Zeichen bedeuten «mǎchē» (Pferdewagen), das dritte existiert nicht, und die zwei letzten bedeuten «fèndòu» (Kampf). Offenbar hatten die Schreiber das dritte Zeichen falsch geschrieben – es hätte 带 «dài» (tragen) sein sollen – und die beiden letzten mit 粪兜 «fèndōu» (Mistbeutel) verwechselt. Die rätselhafte Botschaft sollte eine Aufforderung an die Fahrer der Karren sein, Mistbeutel mitzuführen, damit die Pferde nicht die Straße verunreinigten.
Es überrascht nicht, daß die Reform der Schrift in China umstritten ist. Die chinesische Schrift ist nicht nur schön, mysteriös und einzigartig, sie ist auch älter als jede andere lebende Schrift. Für einen gebildeten Chinesen ist die Schrift ein Teil seiner Identität. Trotzdem hatten Mao Zedong und viele andere Schriftreformer wohl recht: Die chinesische Schrift ist ein unüberwindliches Hindernis für den Fortschritt. Darum befürworten die Reformer nun eine Politik der «Digraphie». Sie weisen den Verdacht zurück, sie wollten die Zeichen ganz abschaffen, und treten für den Gebrauch von zwei Schriften, der alten und des Pinyin, ein. Jede soll in den Bereichen verwendet werden, für die sie am besten geeignet ist (Pinyin z. B. für die EDV).

Chinesische Schreibmaschine. Sie verfügt über mehr als 2000 Zeichen (es könnten bis zu 10.000 sein). Wenn man eine Taste drückt, holt ein Arm das benötigte Zeichen und preßt es aufs Papier. Der Arm bewegt sich horizontal oder vertikal. Geübte Benutzer schreiben 20-30 Zeichen in der Minute, ungeübte nur 2 oder 3. Seitdem es Computer gibt, werden diese unhandlichen Geräte kaum noch benutzt – ein «schlagender Beweis» für die Kompliziertheit der chinesischen Schrift.

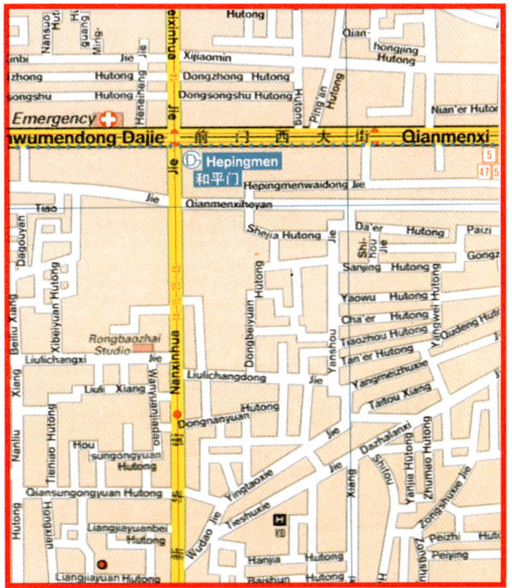

Unten: Karte von Peking mit alten Zeichen und Pinyinschrift. Die Politiker befürworten heute beide Systeme. Mao war ein guter Kalligraph, der dennoch für die Abschaffung der alten Schrift und die Einführung der latinisierten Schrift eintrat. 1956 pries er vor Parteifunktionären die Leistung des Schriftreformers Wu: «Hätten die Chinesen das lateinische Alphabet erfunden, gäbe es wahrscheinlich keine Probleme. Das Problem entsteht nur, weil Ausländer es geschaffen und wir es übernommen haben. Wir sollten alles studieren und übernehmen, was aus dem Ausland kommt und uns nützt; wir sollten es absorbieren und in unser Leben integrieren.»

理。此二字以音
恐之我子仕奉云而嚴餝其
家候待者明日入坐。故獻大御饗之時。
其女矢河枝比賣命令取大御酒盞而
獻於是天皇任令取其大御酒盞而御
歌曰許能迦邇夜伊豆久能迦邇毛毛
豆多布都奴賀能迦邇余許佐良布伊
豆久邇伊多流伊知遲志麻美志麻邇

Das älteste Werk der japanischen Literatur, *Kojiki*, eine Geschichte Japans, wurde 712 n. Chr. vollendet. Diese Kopie wurde 1803 nach einem Holzschnitt gefertigt. Der Haupttext ist mit chinesischen Schriftzeichen (*kanji*) geschrieben; aber daneben stehen die kleineren japanischen Lautzeichen (kana), welche die japanische Aussprache angeben. Noch heute besteht die japanische Schrift aus zwei Zeichensystemen, kanji und kana, die man miteinander mischt.

Kanji lernen

«Es ist kaum ein größerer Unterschied denkbar als zwischen Chinesisch und Japanisch, und das gilt für das phonologische System, die Grammatik und die Syntax», sagte ein amerikanischer Kenner der japanischen Sprache. Dennoch benutzen die Japaner chinesische Schriftzeichen, die sie *kanji* nennen (nach dem Mandarinwort *hanzi*). Selbstverständlich paßten sie die Aussprache ihrer Sprache an.

Mit der Zeit erfanden die Japaner eine recht geringe Zahl von ergänzenden Symbolen – im Grunde vereinfachte, phonetische Versionen der *kanji*, die man *kana* nennt –, um klarzustellen, wie die chinesischen Zeichen auszusprechen sind und wie man einheimische Wörter transkribiert.

Man könnte nun meinen, es wäre einfacher gewesen, *nur* diese neuen Symbole zu verwenden und die chinesischen Zeichen abzuschaffen – aber das hätte den Verzicht auf eine Schrift bedeutet, die hohes Ansehen genießt.

So wie die Kenntnis der lateinischen Sprache noch vor kurzem unerläßlich für den gebildeten Europäer war – und so wie die akkadisch Sprechenden im 2. Jahrtausend v. Chr. die sumerische Schrift beherrschen mußten –, gilt Vertrautheit mit den chinesischen Schriftzeichen für gebildete Japaner immer noch als unerläßlich.

Heute wird von einem Japaner mit durchschnittlicher Bildung erwartet, daß er fast 2000 Kanji kennt. Wer über höhere Schulbildung verfügt, beherrscht etwa 5000 oder mehr Zeichen. Das gilt allerdings erst seit dem zweiten Weltkrieg, und es ist die Folge der Bildungspolitik der amerikanischen Besatzer. Natürlich stöhnten viele Japaner unter dieser Belastung. Es ist wohl kein Zufall, daß die Zahl der Selbstmorde unter Jugendlichen zwischen 1955 und 1958 einen Höhepunkt erreichte. Damals verließen die ersten Schüler die Schulen, deren Ausbildung nach dem Krieg begonnen hatte.

Seitdem sind die Kanji ein einigendes Element der japanischen Gesellschaft; sie tragen zu dem Mythos bei, daß Japaner einzigartig sind, und bestärken den bereits erwähnten Irrtum, daß chinesische Schriftzeichen vom Laut unabhängig sind.

Wer in Japan schreiben lernt, muß sozusagen die Antworten auf Tausende von trivialen Fragen lernen, jedoch ohne den Trost, daß es sich nur um ein Spiel handelt. Karriere, Einkommen und Status hängen von der Kenntnis der Kanji ab. «Kein Wunder», meint ein anderer amerikanischer Kenner der japanischen Sprache und Schrift, «daß die Japaner die Kanji für stumme, aber vielsagende Symbole halten!»

Die Aussprache der Kanji

Japaner müssen die Kanji nicht nur schreiben, sondern auch lesen lernen. Man kann die Lesarten in zwei Gruppen einteilen, die man entsprechend dem Kontext anwendet. Für einen Ausländer, der Japanisch lernt, kann das verwirrend sein: Woher weiß man, welche der zwei oder mehr Lesarten richtig ist? (Wir müssen z. B. wissen, daß «2» normalerweise *zwei* gesprochen wird, daß es in «$x^2 + 3$» aber *quadrat* heißt.)

Kanji-Unterricht in einer japanischen Schule. Grundschüler müssen 960 Kanji lernen. Weitere 1000 sollten in der höheren Schule (und an der Universität) hinzukommen. Meist fangen die Kinder mit der einfacheren kun-Lesung an, also mit der japanischen Lesung. Die (vom Chinesischen abgeleitete) on-Lesung folgt später.

Unten: Nicht alle Kanji haben eine kun- und eine on-Lesung. Es kommt darauf an, ob das Japanische einen entsprechenden Ausdruck für das chinesische Wort hat. Einige reine on-Wörter sind Lehnwörter; aber am häufigsten kommt die on-Lesung bei Zeichengruppen vor, die lange Wörter bilden. Unten sehen Sie fünf Beispiele für Kanji, die kun gelesen werden, wenn sie allein stehen, und on, wenn sie mit anderen eine Gruppe bilden.

Die beiden Gruppen werden *kun*- und *on*-Lesung genannt, letztere auch sinojapanische Lesung. Grob gesprochen ist *kun* japanisch geprägt, *on* ist vom Chinesischen abgeleitet. Die *kun*-Lesung des Zeichens für Ozean ist «umi», die *on*-Lesung «kai». Im Mandarin wird das Zeichen 海 *hǎi* gesprochen. Die *on*-Lesung ist von einer chinesischen Lesung abgeleitet, die üblich war, als die Japaner die Kanji übernahmen (etwa im 7. Jahrhundert n. Chr.).

	水	下	海	面	星
kun-Lesung	mizu	shita	umi	omote	hashi
Bedeutung	Wasser	unten	Ozean	Gesicht	Stern

	水面	下水	海水	水面下	水星
on-Lesung	suimen	ge sui	kai sui	sui men ka	sui sei
Bedeutung	Wasseroberfläche	Abwasser	Meerwasser	unter Wasser	Quecksilber

Zwei japanische Silbenschriften: Hiragana und Katakana

Die phonetische japanische Schrift entstand bald, nachdem die Japaner die chinesischen Schriftzeichen entlehnt hatten. Sie vereinfachten eine Reihe von Kanji und schufen zwei Silbenschriften, die man heute «Hiragana» («leichte Kana») und «Katakana» («Nebenkana») nennt. Jede besteht aus 46 Zeichen, ergänzt durch zwei diakritische Zeichen (hier nicht gezeigt), und kombiniert bestimmte Zeichen, um komplexe Silben zu symbolisieren. Beachten Sie, daß gekrümmte Striche im Hiragana recht häufig vorkommen, während im Katakana gerade Striche vorherrschen. Warum *zwei* Silbenschriften? Hiragana benutzte man ursprünglich für informelle Schriftstücke, Katakana beispielsweise für offizielle Dokumente, Geschichtswerke und Lexika.

Unten: Japanische Silbenzeichen (kana). In den oberen Reihen (schwarz) Hiragana, in den unteren (rot) Katakana.

a	*ka*	*sa*	*ta*	*na*	*ha*	*ma*	*ya*	*ra*	*wa*	
あ	か	さ	た	な	は	ま	や	ら	わ	
ア	カ	サ	タ	ナ	ハ	マ	ヤ	ラ	ワ	
i	*ki*	*shi*	*chi*	*ni*	*hi*	*mi*		*ri*		
い	き	し	ち	に	ひ	み		り		
イ	キ	シ	チ	ニ	ヒ	ミ		リ		
u	*ku*	*su*	*tsu*	*nu*	*fu*	*mu*	*yu*	*ru*		
う	く	す	つ	ぬ	ふ	む	ゆ	る		
ウ	ク	ス	ツ	ヌ	フ	ム	ユ	ル		
e	*kesu*	*se*	*te*	*ne*	*he*	*me*		*re*		
え	け	せ	て	ね	へ	め		れ		
エ	ケ	セ	テ	ネ	ヘ	メ		レ		
o	*ko*	*so*	*to*	*no*	*ho*	*mo*	*yo*	*ro*	*(w)o*	*n*
お	こ	そ	と	の	ほ	も	よ	ろ	を	ん
オ	コ	ソ	ト	ノ	ホ	モ	ヨ	ロ	ヲ	ン

Heute wird Hiragana bevorzugt. Katakana hat im wesentlichen dieselbe Funktion wie unsere Kursivschrift.

Ausländische Namen und neue Fremdwörter werden fast immer im Katakana geschrieben, zum Beispiel in dieser Kinowerbung:

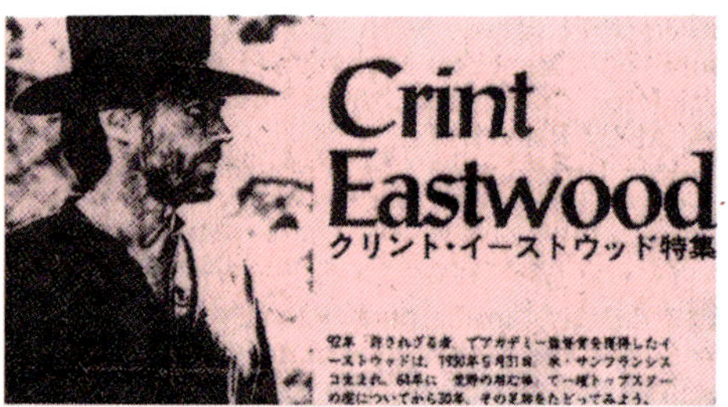

Hier wird der Name Clint Eastwood im Katakana *Kurin to Isutouddo*, weil es im Japanischen kein *l* gibt (darum schreiben Japaner manche englische Wörter konsequent falsch, obwohl sie ironischerweise das *r* ganz ähnlich wie das britische *l* aussprechen).

Wie entscheiden Japaner, ob sie in einem Satz Kana oder Kanji benutzen? Der Gebrauch schwankt ziemlich stark, und beide überlappen sich. Im allgemeinen schreibt man aber ungebeugte Affixe, grammatische Partikel, viele Adverbien und die weitaus meisten Wörter europäischen Ursprungs mit Kana. Kanji wird dagegen für die meisten japanischen und sinojapanischen Substantive, viele Verben und adjektivische Wortstämme verwendet.

オリエントホテル	☎095-76-0681
〒872	山口県中川市森田町2-16
交　通	JR 中川駅 15分
料　金	11,800円〜　Ⓟ 20台
建　物	鉄筋 15階建 200室 和40 洋160 全TV ☎ A/C
立地環境	市街
特　長	カードキーシステム
設　備	バー、フランスレストラン

Die oben rechts abgebildete Reklame für ein Hotel verdeutlicht den Unterschied. Die Katakana in der ersten und in den beiden letzten Zeilen (sie enthalten keine Hiragana) heben sich von den Kanji ab, weil sie einfacher sind.

In der ersten Zeile steht der Name des Hotels: *Oriento Hoteru* (Orient-Hotel). Die zwei unteren Zeilen rechts von den Kanji lauten: *kādokīshisutemu* (Kartenschlüsselsystem)/*bā, furansu resutoran* (Bar, französisches Restaurant).

Der Rest der Anzeige ist eine Mischung aus Kanji, «Romaji» (lateinischen Buchstaben, z. B. TV), Zahlen sowie Piktound Logogrammen. Beachten Sie die Zeile unter dem Hotelnamen, die die Adresse nennt (〒872 bedeutet Postleitzahl 872):

	山	口	県	中	川	市	森	田	町2-16
«Kun»-Lesung:	yama	guchi	(agata)	naka	gawa	ichi	mori	ta	machi
«On»-Lesung:	san	kō/ku	ken	chū	sen	shi	shin	den	chō

Die korrekten Lesungen in diesem Text (*kun* und *on*) sind hervorgehoben. Die vollständige Anschrift lautet (von rechts nach links):

2-6 Morita Cho, Nakagawa Shi, Yamaguchi Ken, (PLZ) 872.
Das bedeutet: Nr. 16 in der 2. Straße, Bezirk Morita, Nakagawa City, Präfektur Yamaguchi, PLZ 872.

Der Rest der Anzeige betrifft die Entfernung (15 Autominuten vom Bahnhof Nakagawa), die Preise (sie beginnen bei 11.800 Yen), die Parkplätze (für 20 Fahrzeuge), das Gebäude (Metallgerüst mit 15 Stockwerken, 200 Zimmern – 40 im japanischen und 160 im westlichen Stil –, alle mit Fernsehen, Telefon und Klimaanlage) sowie die Lage (in der Stadtmitte).

Kana kontra Kanji

Im Prinzip kann man alle japanischen Sätze ganz mit Kana schreiben. Sogar eines der größten Werke der japanischen Literatur, *Die Geschichte vom Prinzen Genji* von Murasaki Shikibu (Anfang des 11. Jahrhunderts) ist in Hirangana geschrieben (allerdings existiert das Originalmanuskript nicht mehr). Kana war jahrhundertelang die bevorzugte Schrift der Frauen. Heute besteht die japanische Braille-Schrift zum größten Teil aus Kana, und die Folge ist, daß die japanischen Blinden besser lesen können als viele Sehende!

Warum gehen dann nicht alle Japaner zu den Kana über? Warum beharren sie auf der komplizierten gemischten Schrift? Das hat mehrere Gründe, auf die wir noch eingehen werden. Hier sei nur einer genannt: die Homophone. Es gibt sie in allen Sprachen. Beispiele sind «too» und «two» im Englischen oder «malen» und «mahlen» im Deutschen.

Im Japanischen gibt es jedoch viel mehr Homophone. Betrachten Sie einmal die sino-japanischen Wörter, die rechts aufgezählt sind – sie alle werden *kanshō* gesprochen.

Würde man all diese Kanji durch einige Kana mit der Lesung *kanshō* ersetzen, wären viele Sätze unverständlich. Es gibt zahlreiche vergleichbare Beispiele für japanische Homophone. Gewiß, sie sind nicht immer so vieldeutig, und oft würde sich ihr Sinn aus dem Zusammenhang ergeben; dennoch gilt die Homophonie als wichtiges Argument gegen eine reine Kana-Schreibung.

Kanji	Bedeutung
奸商	Reishändler
感傷	gefühlvoll
干渉	Einmischung
完勝	Sieg
癇症	reizbar
感賞	loben
勧賞	ermutigen
勧奨	Ermutigung
鑑賞	schätzen
観賞	bewundern
観照	Besinnung
観象	das Wetter beobachten
環礁	Atoll
緩衝	Stoßstange
官省	Behörde
簡捷	vorantreiben
管掌	managen

Japanische Homophone. Diese 17 verschiedenen Kanji werden alle *kanshō* gesprochen. Würde man sie mit einem Kana schreiben, wäre ein Chaos die Folge. Der Kontext eines Wortes ermöglicht es dem Leser nicht immer, die richtige Bedeutung herauszufinden.

«Der Brief im Wind». Holzschnitt von Torii Kiyohiro (1751-64). Der Wind trägt die Papiertaschentücher einer Frau davon, zusammen mit einem Liebesbrief, den sie darin verborgen hatte. Die Schrift ist ein Gemisch aus Kana und Kanji. Das «Haiku» (ein japanisches Gedicht) «in der Luft» ist derb und zweideutig. Drucke dieser Art – sie enthüllen Teile des weiblichen Körpers, die ansonsten bedeckt sind – nannte man *abunae* (gefährliche Bilder). Zu Beginn der japanischen Geschichte, zur Zeit von Murasaki, der Autorin der *Geschichte vom Prinzen Genji*, benutzten Frauen fast nur Kana. Männer schrieben Kanji, die einen höheren Prestigewert hatten. Im 18. Jahrhundert (als Kiyohiro lebte) war dieses Tabu gebrochen.

Die komplizierteste Schrift der Welt

Im Jahre 1928 schrieb der Japankenner Sir George Sansom über die japanische Schrift: «Zweifellos ist sie für manche ein faszinierendes Forschungsobjekt; doch als praktisches Werkzeug ist ihr keine andere unterlegen.» Ein moderner Fachmann, J. Marshall Unger, fügte kürzlich hinzu: «Im großen und ganzen hat die japanische Schrift 'funktioniert'. Die japanische Kultur blüht nicht *wegen* ihrer komplizierten Schrift, sondern *trotz* ihr.»

Nehmen wir einmal an, Sie müssen am Telefon Ihren Namen und Ihre Anschrift buchstabieren. Das ist einfach mit einem Alphabet, aber nahezu unmöglich mit bestimmten Kanji, die bestimmte gleichlautende Personen- und Ortsnamen auseinanderhalten. Wie beschreiben Sie eines der 2000 Symbole? Sie müssen beispielsweise sagen: «*Kawa* mit drei Strichen» (*sanbongawa*), um es von all den andere Kanji zu unterscheiden, die ebenfalls *kawa* lauten. Oder Sie sagen: «*Ichi* mit einem waagrechten Strich» (*yoko-ichi*). Aber diese Methode klappt nicht immer, weil die Formen der Kanji so vielfältig und doch so ähnlich sind. Darum behelfen die Japaner sich mit Pantomime, wenn Bleistift und Papier nicht zur Hand sind. Sie «schreiben» die Kanji mit dem rechten Zeigefinger auf den Handteller oder in die Luft. Doch auch das geht oft schief, und sie müssen das Kanji mit einem gebräuchlichen Wort erklären. Zum Beispiel kann unter den Dutzenden von Kanji, die man *tō* spricht, nur eines auch für «higashi» (Westen) stehen. Dieses Zeichen kann man einfach *higashi to iu ji* (das Zeichen *higashi*) nennen. Hat ein Kanji jedoch nur eine Lesart und Sie wollen es beschreiben, wird es schwierig. Wenn Sie das Kanji beschreiben wollen, das für *tō* in «satō» (Zucker) steht, können Sie allenfalls sagen: «Man benutzt es in der letzten Silbe des Wortes für Zucker.» Geht dem Gesprächspartner kein Licht auf, müssen Sie sich der Form zuwenden: «Es ist das Kanji mit dem 'Reis'-Radikal links und dem *tang* in 'Tang-Dynastie' rechts.»

Dieser Druck von Torii Kiyonobu (1664-1729) stellt eine Straßenbuchhändlerin Anfang des 18. Jahrhunderts dar. Oben auf ihrem Bücherstapel liegt Murasakis *Geschichte vom Prinzen Genji.* Darunter befinden sich Bücher über Musik. Die Inschrift auf der Schachtel ist eine Werbung. Die Buchhändlerin hält einen Schreibpinsel in der einen und eine Anleitung zum Schreiben in der anderen Hand.

Romaji – die Latinisierung des Japanischen

In den achtziger Jahren begann das lateinische Alphabet durch die Werbung in die japanische Schrift einzudringen. Wörter, die man früher in Zeitschriften und Zeitungen, im Fernsehen und an Plakatwänden in Katakana geschrieben hätte, wurden plötzlich lateinisch geschrieben – sogar mitten in einem Satz aus Kana und Kanji. Wird das Alphabet sich eines Tages durchsetzen und die jahrhundertealten Kanji verdrängen, oder ist die allmähliche Übernahme von Buchstaben nur ein weiteres Beispiel für die Fähigkeit der Japaner, von einer fremden Kultur genau das zu übernehmen, was ihnen nützt? Können *drei* verschiedene Schriften nebeneinander existieren?

Lateinische Buchstaben sind in Japan seit den achtziger Jahren «in».

Zweifellos hat das Alphabet in Japan an Ansehen gewonnen, so wie einst die chinesischen Zeichen. Die Ursache ist nicht nur der Reiz des Neuen, sondern eine Unzufriedenheit mit den Zwängen der Kanji-Kultur (sie zeigt sich auch darin, daß Comics mit wenigen Kanji anders als anstrengende Lektüre immer beliebter werden). Der Leiter der Produktionsabteilung bei Sony sagte 1984: «Wir können das Wort 'Liebe' in lateinischer Schrift in eine Graphik einarbeiten und sie dadurch netter und charmanter machen. Das chinesische Zeichen für 'Liebe' könnten wir nicht auf die Schultasche eines Kindes drucken. Das würde Widerstand statt Interesse hervorrufen.»

Markennamen importierter Waren in lateinischer Schrift sind auf japanisch oft schwer auszudrücken. Aber einige große und kleine Firmen glauben, daß ihr Produkt ein modernes Image gewinnt, wenn sie seinen japanischen Namen lateinisch schreiben.

Kanji, Kana und Romaji

Diese Packung mit Frühstücksflocken aus dem Jahre 1985 ist ein amüsantes Beispiel für ausgiebig «gemischte» japanische Schrift.
Die Hauptaussage der Werbung lautet, daß ein Mann keine Karriere machen kann, wenn er nicht vor Beginn seines Arbeitstages ein gutes Frühstück zu sich nimmt (darum hängt eine männliche Gestalt schlaff an einem Haltegriff). Der Slogan ganz oben (1) ist in Kanji und Hiragana geschrieben:

> chō shoku nuki wa shusse ga osoi!?
> Kein Frühstück, langsame Beförderung!?

Die großen Zeichen oben rechts (4) sind reine Kanji, und zwar eine Parodie des bekannten Impressums der Zeitung *Asahi Shinbun*:

> chōshoku shinbun
> Frühstückszeitung

Der Markenname Kellog's darunter (5) ist lateinisch geschrieben – doch in der Mitte der «Zeitung» erscheint er in Katakana als *keroggu* (3), wobei das apostrophierte «s» als Partikel in Hiragana geschrieben wird (das gekräuselte Zeichen «no» bedeutet hier Besitz). Die lateinischen Buchstaben A, B, C, und D werden benutzt, um Vitamine zu bezeichnen, und auch der verführerische Werbespruch «BIG CHANCE» ist lateinisch geschrieben. Dagegen ist das Angebot – ein «Steingut-Morgen-Service» – wieder in Katakana gehalten: *sutōnuea mōningusetto*. Der Haupttext, der sich an Kinder und Mütter wendet, ist selbstverständlich mit Kanji und Kana, ohne englische Wörter, geschrieben.

Die Meinungen der Japaner über ihre moderne Hybridschrift gehen auseinander. Die Mehrheit hält Romaji nicht für eine Bedrohung der Kana und Kanji und findet es sogar recht charmant. Andere sehen im Romaji ein Zeichen für die Degeneration der japanischen Kultur.

(Nach Crystal)

Die Zukunft der Schrift in Japan

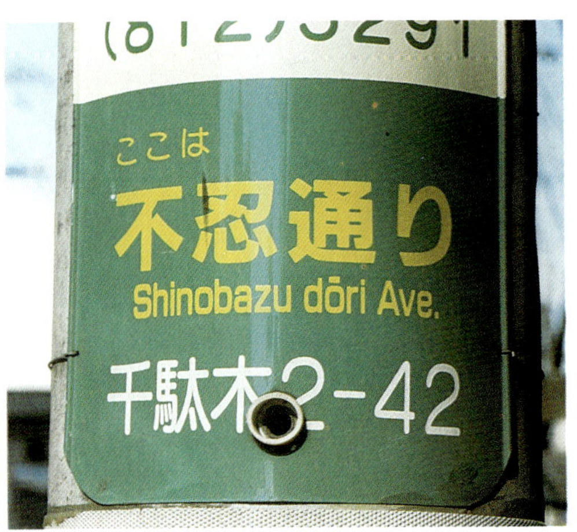

Straßenzeichen in Tokio. Die beiden oberen gelben Zeilen sind in Hiragana geschrieben, die untere, weiße Zeile besteht aus Kanji.

Schon in den achtziger Jahren des vorigen Jahrhunderts wurde über eine Reform der japanischen Schrift ernsthaft diskutiert, lange vor dem Erziehungsprogramm für die Massen nach dem zweiten Weltkrieg. Aber der Konservatismus des Landes ließ keinen Fortschritt zu. 1938 empfahl beispielsweise ein Ausschuß, die Kanji in zwei Gruppen einzuteilen – die eine für Schulbücher, die andere für besondere Texte wie kaiserliche Erlasse. Diese Reform scheiterte.

Während des Krieges griff die Armee zur Selbsthilfe. Es gab gefährliche Zwischenfälle, weil Wehrpflichtige nicht alle Zeichen lesen konnten, die Teile von Waffen beschrieben. 1940 hatte die Armee die Zahl der Kanji für Waffenteile auf 1235 verringert und überlegte, ob diese Zahl sich halbieren ließ. Gleichzeitig schrieb man die Militärberichte in zivilen Zeitungen bewußt mit seltenen Kanji, um die Leser besonders zu beeindrucken und dadurch mehr Propagandawirkung zu erzielen.

Nach dem Krieg wurde die Schrift ein wenig reformiert; doch die Bestrebungen gerieten in Konflikt mit der Politik – obwohl immer mehr Japaner viele Kanji lernen sollten. Das hatte immer als «charakterbildend» gegolten. Schüler mußten nach dem Krieg mindestens 1900 bis 2000 Kanji lernen. Anders als in China wurde nicht ernsthaft versucht, die Last der Kanji durch ein «Pinyin» zu erleichtern. In China gab es nur Kanji, während Japan eine eingeführte phonetische Schrift – die Kana-Silbenzeichen – besaß. Vielleicht trug dieser Umstand dazu bei, daß die beiden Regierungen verschiedene Wege gingen.

Erst in den achtziger Jahren befaßte man sich wieder näher mit der Schrift – im Zusammenhang mit der elektronischen Datenverarbeitung. Computer wurden in Japan populär, wenn auch nicht so schnell wie im Westen. (Die Vorliebe für handgeschriebene Dokumente förderte den Gebrauch des Telefax. Selbst heute noch werden in Japan viel mehr Behörden- und Geschäftsbriefe von Hand geschrieben als im Westen.) Die Kanji entpuppten sich als großes Hindernis bei der Computerisierung.

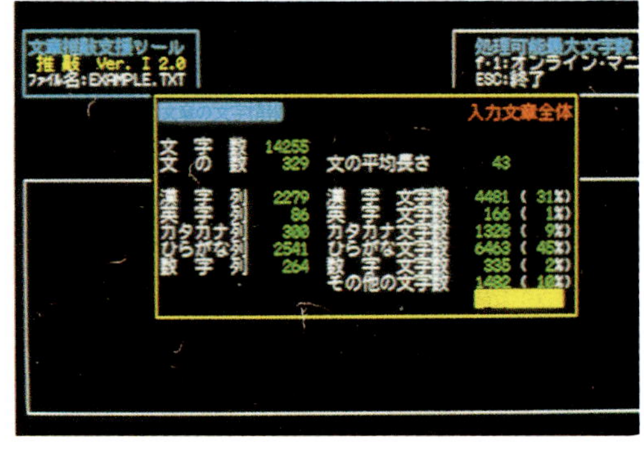

Die Computerisierung der Kanji

Schwierigkeiten gibt es sowohl bei der Eingabe wie auch beim Drucken. Um Kanji zu drucken, benötigt ein Computer einen viel größeren Speicher als zum Drucken einer Alphabetschrift. Ein Speicher, der zum Ausdrucken eines alphabetischen Textes genügt, reicht nicht für Kanji aus. Ein typisches Raster mit 16 mal 16 Bildpunkten (Pixels) verzerrt manche Kanji erheblich *(rechts)*; für eine akzeptable Bildschirmauflösung benötigt man mindestens 24 mal 24 Punkte.

Mit einem großen Speicher läßt dieses Problem sich lösen. Aber die Eingabe ist viel problematischer. Wie soll man eine Tastatur für mindestens 2000 Kanji herstellen? Wie eine chinesische Schreibmaschine soll sie gewiß nicht aussehen! Wie formt man ein unlogisches System wie die Kanji so um, daß ein Computer es versteht und sein Benutzer schnell damit arbeiten kann, ohne immer wieder innezuhalten, um in einer Vielzahl möglicher Kanji nach dem richtigen zu stöbern? Kann man Kanji jemals so schnell in einen Computer eingeben wie Buchstaben? J. Marshall Unger, ein Kenner der japanischen Sprache und Schrift, hat sich mit dem Problem befaßt, und er meint, daß die Antwort «nein» lautet. Er zählt neun Gründe auf, warum Kanji und Computer sich schlecht vertragen *(siehe Tabelle unten)* und kommt zu dem Schluß: «Wenn man überhaupt davon sprechen kann, daß Kanji im Laufe der Geschichte ihren Nutzen hatten, dann deshalb, weil ihre Launenhaftigkeit und Unklarheit gut zum Denken und Arbeiten der Menschen paßt.» Mit anderen Worten: Kanji und Computer passen nicht zusammen, weil der menschliche Geist kein Computer ist.

Diejenigen, die das Gehirn für einen Computer halten und an künstliche Intelligenz glauben, sind davon überzeugt, daß Computer eines Tages handgeschriebene Kanji erkennen und verarbeiten können – wenn die Informatiker sich anstrengen. Viele Japaner vertrauen diesen Beteuerungen gerne und stecken viel Zeit und Geld in die Entwicklung solcher Computer. Der Erfolg ist bislang mager. Es sieht eher so aus, als müßten die Japaner letztlich auf Kanji in der EDV – vielleicht auch in anderen Lebensbereichen – verzichten, wenn sie technisch mithalten wollen.

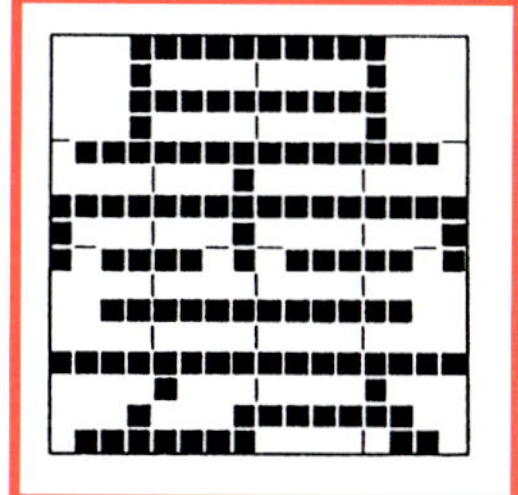

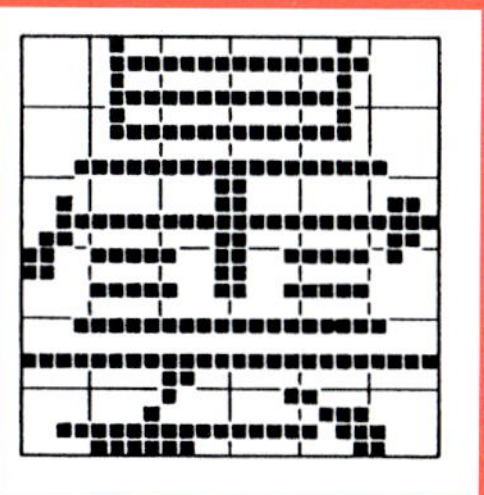

Kanji für 'unscharf'.
Oben: Raster aus 16 mal 16 Bildpunkten.
Mitte: 24 mal 24 Punkte.
Unten: So sollte das Zeichen aussehen.

Kanji, die in einen Computer eingegeben werden, sind

	unökonomisch	ungenau	unpraktisch
denn Kanji-Gruppen sind	1 groß	2 offen	3 schlecht geordnet
denn Kanji-Lesungen sind	4 redundant	5 mehrdeutig	6 gekünstelt
denn Kanji-Formen sind	7 komplex	8 abstrakt	9 ähnlich

Kapitel 13 Von den Hieroglyphen zum Alphabet – und zurück?

«Ein Bild ist keineswegs tausend Worte wert – oft braucht man tausend Worte, um es zu erklären.»

John deFrancis, *Visible Speech*, 1989

Als die Reisefreudigkeit Mitte der siebziger Jahre immer mehr zunahm, entwickelte das amerikanische Institut für graphische Künste zusammen mit dem Transportministerium für Flughäfen und andere Einrichtungen einige Symbole, die eilige Reisende – auch ohne Englischkenntnisse – leicht verstehen sollten. Man stellte 34 Symbole zusammen, die nebenstehend abgebildet sind (ihre Bedeutungen finden Sie auf S. 218).

Der zuständige Ausschuß machte dazu eine wichtige Anmerkung: «Wir sind davon überzeugt, daß die Aussagefähigkeit von Symbolen sehr begrenzt ist. Sie sind am verständlichsten, wenn sie für eine Dienstleistung oder eine Erlaubnis stehen, die durch einen Gegenstand darstellbar ist, z. B. einen Bus oder ein Trinkglas. Sie sind viel weniger klar, wenn sie für Vorgänge stehen, z. B. für den Fahr-/Flugkartenverkauf; denn letztere sind komplexe Interaktionen, die sich je nach Transportmittel und sogar je nach Vertragspartner erheblich unterscheiden.» Die Designer rieten davon ab, Symbole allein zu benutzen. Man müsse sie als Teil «eines intelligenten Hinweissystems» mit Symbolen *und* Schriftzeichen verstehen. Alles andere rufe unter den Reisenden Verwirrung hervor.

Viele Schriftforscher sind mit dieser Einschätzung nicht einverstanden. Für sie sind moderne Hieroglyphen wie Flughafen- und Straßenschilder oder die Zeichen in Handbüchern für elektronische Geräte Schriftzeichen – ebenso wie Musiknoten, mathematische Symbole, Schaltkreisdiagramme, indianische Bildzeichen und die ältesten Tontafeln aus Sumer (wir haben das alles als Vorstufen bezeichnet). Theoretisch, so meinen sie, könne man mit Phantasie und Einfallsreichtum ein Symbolsystem zu einer «universellen Schrift» erweitern, die rein logographisch wäre, unabhängig von jeder Sprache und in der Lage, alle Gedanken auszudrücken, die sich in Worten ausdrücken lassen.

Diese Gelehrten glauben nicht daran, daß eine voll entwickelte Schrift auf Lauten basiert. Sie behaupten im Gegenteil, daß die Alphabetschrift die gesprochene Sprache beeinflußt, und sie erkennen den «Triumph des Alphabets» nicht an. Sie sehen keine theoretische Notwendigkeit für phonetische Schriften und verweisen auf die chinesischen Schriftzeichen (weniger auf die japanischen), um zu belegen, daß reine Logogramme zumindest möglich sind. Sie gehen davon aus, daß es zwei Arten von Schriften gibt, phonographische und logographische, die gleichwertig sind. Dieses Buch behauptet dagegen, daß Phonogramme in jeder zweckmäßigen Schrift vorherrschen und durch Logogramme lediglich ergänzt werden – alle voll entwickelten Schriften sind also Mischungen aus Laut- und Bildzeichen.

Das logographische Utopia

Der Glaube an die logographische Schrift ist tief verwurzelt und komplex. Horapollo glaubte ebenso daran wie Athanasius Kircher. Beide behaupteten, Hieroglyphen «nichtphonographisch» lesen zu können. Auch Leibniz schrieb 1698: «Was Zeichen

«Universelle» Symbole. Zeichen für die olympischen Spiele in München, 1972 *(unten)* und Logos für Coca Cola (*links*) aus den achtziger Jahren belegen die Macht der Bild- und Lautzeichen in der modernen Graphik. Die Coca-Cola-Logos sind in folgenden Sprachen abgebildet (von links nach rechts): Spanisch, Thai, Türkisch, Japanisch, Französisch, Chinesisch, Hebräisch, Arabisch, Griechisch, Russisch, Niederländisch, Koreanisch.

betrifft, so ist mir ... klar, daß es im Interesse der Buchstabenrepublik und vor allem der Schüler liegt, daß die Gelehrten sich darüber einigen.»

Heute ist es üblich, Logogramme als «ganzheitlich» anzusehen, Alphabetschrift dagegen als «reduktionistisch». Wortzeichen gelten als die unterschätzte Schrift der Kolonisierten, nicht der Kolonisatoren, und man meint, sie könnten Gedanken subtiler, humaner und lebendiger ausdrücken als Lautzeichen, die angeblich künstlich und sogar von Natur aus autoritär sind. Reine Logographie wird somit zu einem Utopia, in dem es keine Sprachbarrieren mehr gibt und in dem wir alle brüderlich durch universelle Symbole kommunizieren. (Ironischerweise halten die Befürworter zweier grundsätzlich verschiedener Schriftarten diese für besser als eine einheitliche Masse aus hybriden

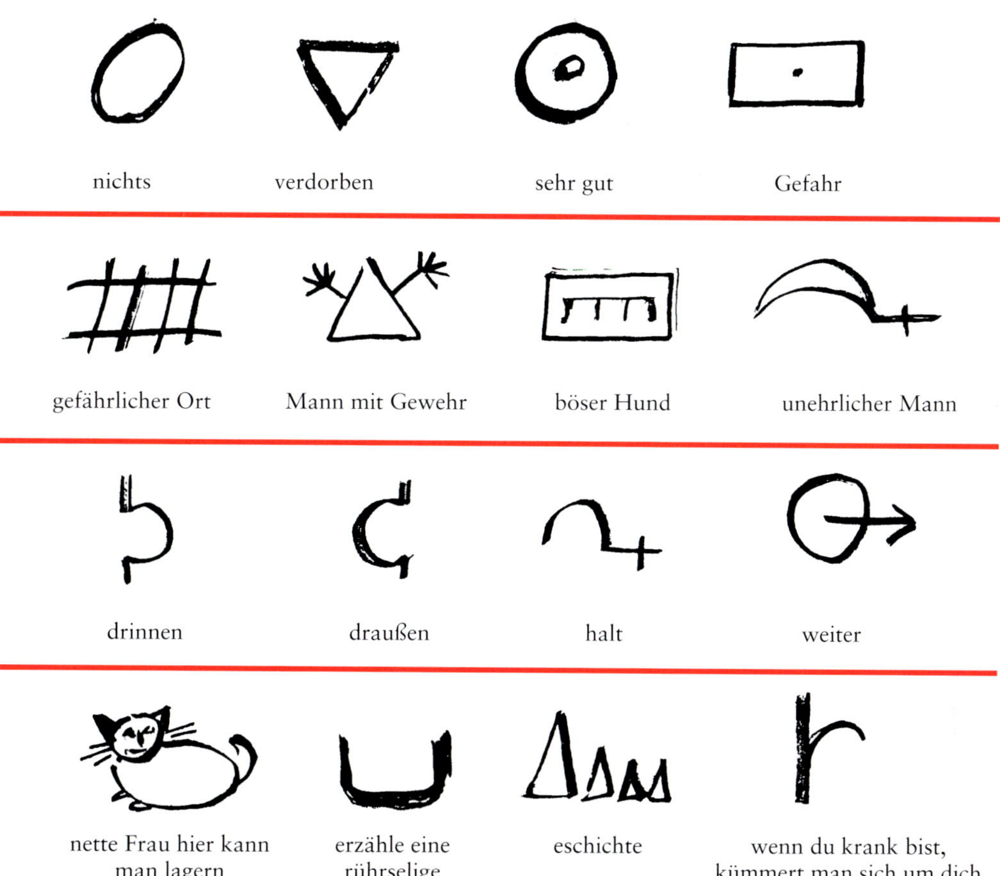

Zigeuner- und Landstreicherzeichen. So faszinierend sie auch sind – sie lassen nicht darauf schließen, daß man eine voll entwickelte Schrift ohne Lautzeichen entwickeln kann, wie manche Gelehrte glauben.

«gemischten» Schriften.) Im Grunde ist der Glaube an die Bildzeichen trotz seiner vielgepriesenen Modernität oder «Postmodernität» nichts weiter als eine neue Version des uralten Glaubens an den mysteriösen und spirituellen Osten. Typisch hierfür ist die Ansicht eines europäischen Experten für chinesische Kalligraphie. Für ihn ist das Alphabet «wie eine Währung, die alle Erzeugnisse der Natur und der Industrie auf ihren gemeinsamen Nenner reduziert – ihren Tauschwert – und die unendliche Fülle der materiellen Wirklichkeit auf Kombinationen weniger Zeichen schrumpfen läßt, die keinen inhärenten Wert haben ... [Dagegen] veranlaßt uns die chinesische Schrift ..., die Beziehungen, die Formen und das Wiederkehren von Phänomenen, die Zeichen sind, und von Zeichen, die Phänomene sind, zu studieren, anstatt hinter den sichtbaren Zeichen nach abstrakten Gebilden zu suchen ... Sie verhilft uns zu einer Denkweise, die sich von unserer unterscheidet, aber ebenso lohnend ist.»

Das ist so verführerisch wie die folkloristische «Große Mauer», die in Wirklichkeit nie ein monolithisches Bauwerk war, das sich vom Meer bis zur Wüste durch Nordchina erstreckte. Das logographische Prinzip kommt unserem Gefühl entgegen, daß wir «besser» denken als das alphabetische Prinzip, das wir unweigerlich mit der reduktionistischen Idee verbinden, wonach unser Gehirn nur ein ungewöhnlich leistungsfähiger Computer sei. Das logographische Prinzip erinnert uns an E. M.

Forsters berühmte Aufforderung «Verbinde nur!», während man das alphabetische Prinzip mit den Worten «Trenne nur!» zusammenfassen könnte. Die zunehmende Vorliebe für das Visuelle in unserer Kultur macht Zeichen noch verführerischer. In der industrialisierten Welt sind wir von mächtigen Bildern umgeben. Wir hängen vom gesprochenen oder gedruckten Wort viel weniger ab als frühere Generationen. Der Film, nicht die Literatur, ist die Kunstform dieses Jahrhunderts. Die Fähigkeit des Films, auf der ganzen Welt Massen anzulocken, nährt unterschwellig den Glauben, eine Bildersprache sei machbar und natürlich. Dabei vergessen wir gerne, daß Worte gerade für den Film sehr wichtig sind.

Es gibt eine Parallele zwischen der Entwicklung des Films und der Schrift. Um eine Geschichte zu erzählen, mußte man in die meisten Stummfilme in regelmäßigen Abständen gedruckte oder handgeschriebene Untertitel einfügen; die Bilder allein genügten nicht. Und als der Tonfilm aufkam, verschwand der Stummfilm schnell. Selbst die größten Filmkünstler sahen keinen Grund, der «filmischen Reinheit» zuliebe auf den Ton zu verzichten. Jean Renoir schrieb über den Ton: «Ich lernte erst etwa 1930 sehen, als der Zwang, Dialoge zu schreiben, mich auf die Erde zurückbrachte und einen echten Kontakt zwischen mir und den Menschen, die ich zum Sprechen bringen mußte, herstellte.» Das Publikum war vom Tonfilm sofort begeistert. Wenn wir heute einen Stummfilm betrachten, haben wir das Gefühl, daß etwas fehlt. Das gleiche gilt erst recht für unsere Reaktion auf die alten sumerischen Tontafeln aus Uruk oder eine Reihe unbekannter Bildzeichen wie die auf Seite 210. Der Ton hat den Film revolutioniert. Lautzeichen machten aus Vorstufen der Schrift vollwertige Schriften.

Wir leben im Zeitalter der bildhaften Kommunikation. Ihr Symbol ist der Film, die Kunstform des 20. Jahrhunderts. Aber wir vergessen oft, wie wichtig das gesprochene Wort für den Film ist. In *Schindler's List* (1994) sind Worte die Crux des Filmes: Sie entscheiden buchstäblich über Leben und Tod.

Die Evolution der Schrift

Wenn diese Parallele zutrifft – können wir dann noch sagen, daß die modernen Schriften sich aus den alten «entwickelt» haben? Bis in die letzten Jahrzehnte bestand Einigkeit darüber, daß die westliche Kultur sich im Laufe der Jahrhunderte bemühte, die gesprochene Sprache immer genauer schriftlich darzustellen. Das Alphabet galt als Gipfel dieser Bemühung, die chinesische Schrift als hoffnungslos fehlerhaft. Man glaubte, mit der Verbreitung des Alphabets auf der Welt werde das Analphabetentum

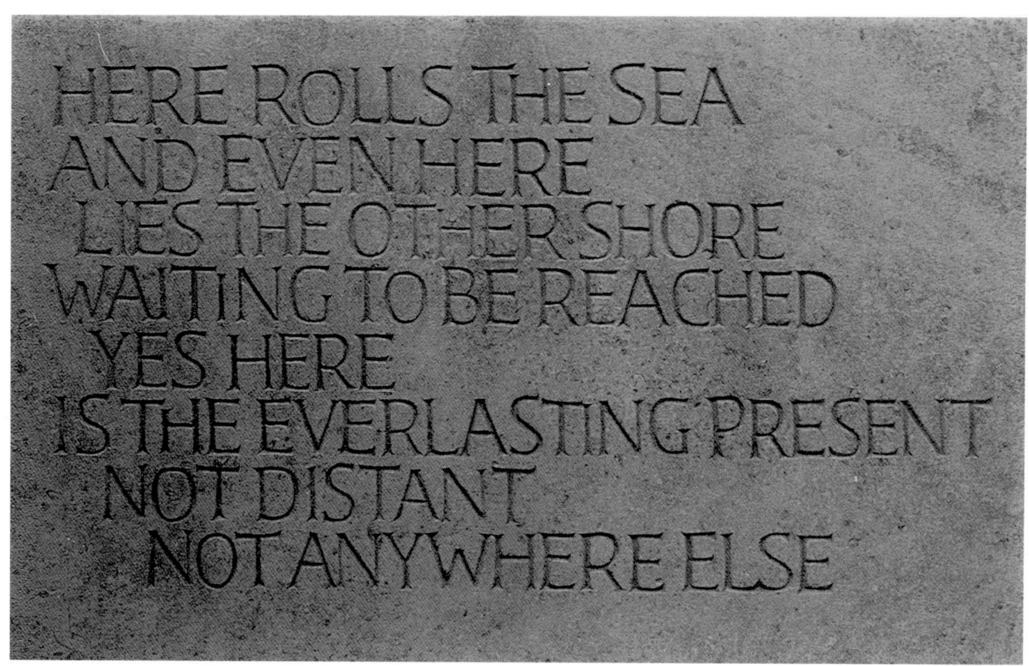

Die Macht und das Rätsel der Buchstaben. Diese Inschrift, die Ralph Beyer in den achtziger Jahren in Kalkstein ritzte, ist ein Auszug aus *Sadhana: The Realisation of Life* von Rabindranat Tagore (1913).

verschwinden und die Demokratie sich durchsetzen. Die Gelehrten – zumindest die im Westen – hatten also eine klare Vorstellung von der Entwicklung der einfachen, überlegenen Alphabetschrift aus umständlichen, uralten Schriften mit vielen Zeichen.

So zuversichtlich sind heute nur noch wenige. Die Überlegenheit des Alphabets gilt nicht mehr als selbstverständlich. Mehr noch: Die Tatsachen sprechen dagegen, daß die Einsicht in die Vorzüge der Lautzeichen die Schrift immer mehr vereinfacht. Wie wir gesehen haben, besaßen die alten Ägypter vor fast 5000 Jahren ein «Alphabet» mit 24 Zeichen; aber sie benutzten es nicht. Die Mayas hätten viel phonetischer schreiben können, wenn sie gewollt hätten; doch sie entschieden sich für eine komplizierte Mischung aus Wort- und Lautzeichen. Und die Japaner zogen es vor, immer mehr chinesische Kanji zu entlehnen (es gab einmal fast 50.000 davon), anstatt ihre einfachen silbischen Kana häufiger zu verwenden.

Es liegt nahe, noch eine Parallele zu ziehen, diesmal zwischen der Entwicklung der Schrift und der Evolution des Lebens. Aus einfachen Anfängen – Bildzeichen und Protozoen – wurde Komplexität. Manchmal gab es schwerfällige Auswüchse – Keilschrift oder chinesische Zeichen und Dinosaurier –, aber auch äußerst erfolgreiche Formen – das Alphabet und den *homo sapiens*. Und manches Entstandene starb wieder aus.

Natürlich dürfen wir diesen Vergleich nicht überstrapazieren. Es ist schwierig genug zu beurteilen, wie Alphabet, Bildung und Demokratie in unserer Zeit zusammenhängen. Man sollte meinen, daß mehr Menschen eine leichte Schrift lernen als eine schwierige, daß sie dann Politik besser verstehen als früher und sie sogar mitgestalten wollen. Gewiß, das Erziehungssystem der modernen Demokratien legt großen Wert auf Lesen und Schreiben und bestärkt die verbreitete Auffassung, daß Analphabetismus überholt ist. Aber viele andere Faktoren sind ebenfalls wichtig. Auch die wirtschaftlichen, politischen, gesellschaftlichen und kulturellen Bedingungen müssen günstig sein, damit

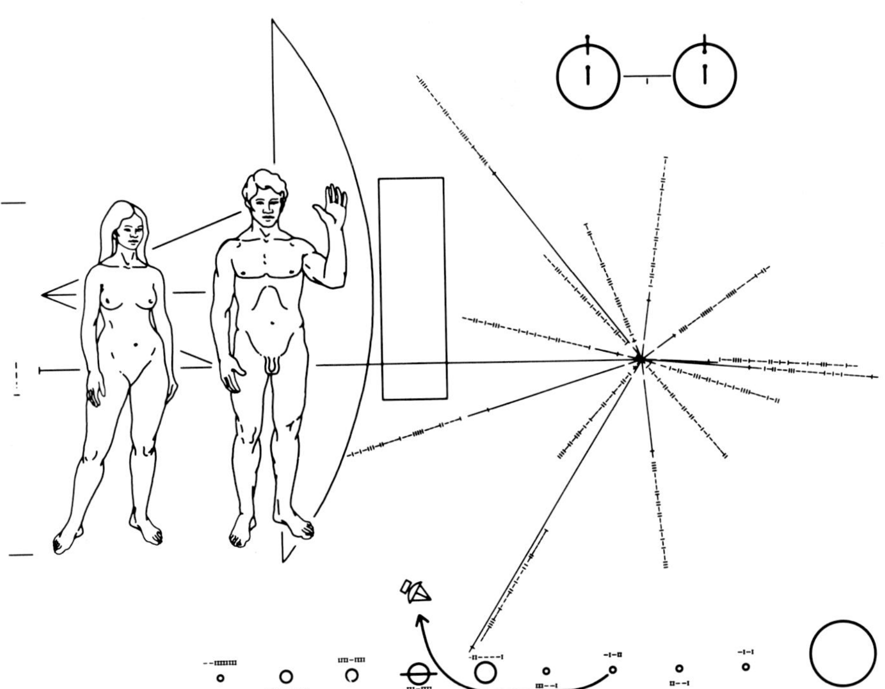

Vorstufen der Schrift im Zeitalter der Raumfahrt und in der Eiszeit. Viele tausend Jahre trennen die Schöpfer dieser «Bildzeichen»; aber man kann sich des Eindrucks nicht erwehren, daß der unbekannte Eiszeitkünstler, der die Wand einer Höhle in Frankreich bemalte, einen ebenso modernen Geist besaß wie der Astronom Carl Sagan, der diese 15 mal 23 cm große, mit Gold eloxierte Aluminiumplatte entwarf. Sie wurde an der Antenne der Raumsonde *Pionier 10* befestigt, bevor man sie 1972 in den Weltraum schickte. Wir können die Bedeutung des Ochsen nicht vollständig erhellen, und wir wissen nicht, ob die vorgeschichtlichen Höhlenmaler sich eine Schrift vorstellen konnten und wie entwickelt ihre Sprache war. Sagan hat dagegen jeden Teil dieser Plakette erklärt. «Sie ist in der einzigen Sprache geschrieben, die wir mit den Empfängern gemeinsam haben: Wissenschaft.» (Fortsetzung nächste Seite.)

Lesen, Schreiben und Demokratie Wurzeln schlagen und gedeihen können. Der radikale gesellschaftliche Wandel wurde im alten Ägypten nicht durch die Hieroglyphen verhindert und im antiken Griechenland nicht durch das Alphabet ausgelöst. Und die niedrige Zahl von Analphabeten in Japan ist sicherlich nicht der schwierigsten Schrift der Welt zu verdanken.

Das Erbe der Hieroglyphen

Wer mit den Schriften des Nahen Ostens nicht vertraut ist, wundert sich gewiß darüber, daß jemand japanische Kanji oder chinesische Schriftzeichen problemlos anwenden kann. Das gleiche gilt für die Schriften der alten Ägypter, Mesopotamier und Mayas. Ist diese Ehrfurcht vor dem Menschen als Sprachgenie der Hauptgrund dafür, daß wir uns (wie ein winziger Kreis von Gelehrten) für alte Schriften interessieren? Wenn wir den ästhetischen Reiz vieler alter Schriften, ihre kulturellen Informationen über die alte Welt und die intellektuelle Herausforderung an den Entzifferer einmal beiseite lassen – sind diese untergegangenen Schriften dann nur noch Kuriositäten wie die Epizyklen des Ptolemäus, die Phlogistontheorie und das Einbinden der Füße in China?

Es fällt schwer zu glauben, daß die Benutzer von Alphabeten etwas von der alten Welt lernen können, was *unmittelbar* der Verbesserung ihrer eigenen Schrift dient.

Wahrscheinlich werden sich phonetische Schriften in China, Japan und anderen Nationen, die chinesische Schriftzeichen verwenden, immer mehr durchsetzen. Mit anderen Worten: Das Alphabet wird letztlich selbst in diese letzten Bastionen der Logogramme vordringen. Immerhin ist das in jedem anderen Land der Geschichte geschehen, und es ist genau das, was Mao Zedong, Zhou En Lai und einige andere Politiker einführen wollten, wenn auch konservative Köpfe sie daran hinderten. Jede Schriftreform benötigt viel Zeit und verläuft chaotisch. Es dauerte Jahrhunderte, bis die Gebildeten Europas das Latein als Schriftsprache aufgaben. In der englischsprachigen Welt lösen selbst die kleinsten Veränderungen in der Schreibweise und in der Grammatik heftige Gefühle aus. Stellen Sie sich die Reaktionen vor, wenn die britische oder amerikanische Regierung ernsthaft versuchen würde, die englische Schreibweise zu reformieren, wie George Bernard Shaw es vorgeschlagen hat!

Nein, das Erbe der Hieroglyphen ist vielleicht subtiler. Vielleicht berührt es den relativen Status des Sprechens und Schreibens, der Lautzeichen und der Wortzeichen. Letztlich sind Hieroglyphen, Keilschrift, Maya-Glyphen und andere komplexe Schriften deshalb so faszinierend, weil sie uns veranlassen, neu über das Lesen, Schreiben, Sprechen und Denken nachzusinnen. Und die lebendige, funktionierende Gegenwart der großartigen chinesischen und japanischen Schrift erinnert uns daran, wie wenig wir diese Prozesse verstehen. Wir können die chemische Zusammensetzung der Sterne in fernen Galaxien ergründen und die Neuronen unseres Gehirns analysieren. Doch im Reich des Geistes und des Bewußtseins ist unser Wissen primitiv. Bisher kann niemand so recht erklären, was vor sich geht, wenn Sie diesen Satz lesen. Vielleicht finden wir einige nützliche Hinweise, wenn wir die alten Schriften intensiv und wohlwollend studieren und mit unserer Schrift vergleichen.

(Fortsetzung) Unten auf der Platte ist ein Energieübergang im Wasserstoffatom dargestellt. Da Wasserstoff in unserer Galaxis das häufigste Element ist und die Physik in der gesamten Galaxis denselben Gesetzen unterworfen sein dürfte, müßte dieser Teil der Botschaft einer fortgeschrittenen Zivilisation verständlich sein, die in zehn- oder hunderttausend Jahren Pioneer 10 findet. Die Außerirdischen sollten verstehen, daß die Plakette aus einem sehr kleinen Bereich der Milchstraße und einem bestimmten Jahr (1970) stammt. Die Sonne und die Planeten am unteren Rand zeigen die genaue Lage an, und die Zeichnung der Raumsonde, die unser Sonnensystem verläßt, ist gewiß verständlich. Aber was werden die unbekannten Wesen aus den Zeichnungen der Menschen herauslesen, die für uns am augenfälligsten sind? Wahrscheinlich sind sie für Außerirdische viel schwerer faßbar als für uns der Eiszeit-Ochse. «Die Menschen», schreibt Sagan, «sind der rätselhafteste Teil der Botschaft.»

Antworten

[94] Der Korb mit einem Griff ganz rechts auf dem kleineren Bild ist seitenverkehrt. Vergleichen Sie ihn mit dem linken.
[97] Man kann die Hieroglyphen wie folgt transkribieren: 1 Mary, 2 Charles, 3 Elizabeth, 4 William, 5 Patricia, 6 Alexander, 7 Cleopatra.
[210] Die Zeichen bedeuten: *Erste Reihe:* Telefon, Post, Geldwechsel, Erste Hilfe, Fundbüro; *zweite Reihe:* Gepäckschließfächer, Aufzug, Männer-Toiletten, Frauen-Toiletten, Toiletten; *dritte Reihe:* Information, Hotel-Information, Taxi, Bus, Land-Beförderung; *vierte Reihe:* Züge, Luft-Beförderung, Hubschrauberlandeplatz, Wasser-Beförderung; *fünfte Reihe:* Autovermietung, Restaurant, Café, Bar, Geschäfte; *sechste Reihe:* Flugkartenschalter, Gepäckannahme, Gepäckabholung, Zoll, Einwanderung; *siebente Reihe:* Rauchen verboten, Raucher, Parken verboten, Parkplatz, Eintritt verboten.

Literatur

Dies ist keine wissenschaftliche Bibliographie, sondern eine Auswahl von Büchern und Artikeln zu jedem Kapitel. Nur Bücher, die sich ausführlich mit der Schrift befassen, wurden aufgenommen, nicht aber die meisten allgemeinen Werke über die alten Kulturen. Das Datum bezieht sich, wenn nicht anders angegeben, auf die englische Erstveröffentlichung.

Einführung, allgemeine Werke

Die meisten dieser Bücher enthalten ein umfangreiches Literaturverzeichnis.

Avrin, Leila, *Scribes, Scripts and Books: The Book Arts from Antiquity to the Renaissance,* 1991

Claiborne, Robert, *The Birth of Writing*, 1974.

Coulmas, Florian, *The Writing Systems of the World*, 1989.

DeFrancis, John, *Visible Speech: The Diverse Oneness of Writing Systems*, 1989.

[Galeries nationales du Grand Palais] *Naissance de l'écriture: Cuneiformes et hiéroglyphes*, 1982 (Ausstellungskatalog).

Gaur, Albertine, *A History of Writing*, 3. Aufl., 1992.

- *A History of Calligraphy*, 1994.

Gelb, I. J., *A Study of Writing*, 2. Aufl., 1963.

Harris, Roy, *The Origins of Writing*, 1986.

- *Signs of Writing*, 1995.

Pope, M., *The Story of Decipherment: From Egyptian hieroglyphes to Linear B*, 1975.

Sampson, Geoffrey, *Writing Systems*, 1985.

Senner, Wayne M. (Hrg.), *The Origins of Writing*, 1989.

[Trustees of the British Museum: Kein Herausgeber; sechs Autoren und eine Einführung von J. T. Hooke]

Reading the Past: Ancient Writing from Cuneiform to the Alphabet, 1990 (enthält u. a. «Keilschrift», «Hieroglyphen», «Linear B und verwandte Schriften», «Das frühe Alphabet», «Griechische Inschriften» und «Etruskisch», aber nichts über Maya-Glyphen und chinesische Schrift).

World Archaeology, Febr. 1986 (Sonderheft über die alten Schriften).

Der Stein von Rosette

Andrews, Carol, *The Rosetta Stone*, 1981.

Boas, George, *The Hieroglyphes of Horapollo*, 2. Aufl., 1993.

Champollion, Jean-François, *Précis du Système Hiéroglyphique des Anciens Egyptiens*, 2. Aufl., 1828.

Iversen, Erik, *The Myth of Egypt and Its Hieroglyphes in European Tradition*, 2. Aufl., 1993.

Laut, Symbol und Schrift

Bissex, Glenda L., *Gnys at Work*, 1980.

Crystal, David, *The Cambridge Encyclopaedia of Language*, 1987, dt. 1993.

Kolers, Paul, «Some formal characteristics of pictograms», *American Scientist*, 57:3, 1969.

McCarthy, Lenore, «A child learns the alphabet», *Visible Language*, Sommer 1977.

Pinker, Steven, *The Language Instinct: The New Science of Language and Mind*, 1994.

Saussure, Ferdinand de, *Course in General Linguistics*, 1959.

Vorstufen der Schrift

Ascher, Marcia und Robert, «The quipu as a visible language», *Visible Language*, Herbst 1975.

Bahn, Paul, und Jean Vertut, *Images of the Ice Age*, 1988.

Englund, Robert K., «The origins of script», *Science*, 11. Juni 1993 (Besprechung von Schmandt-Besserat, *Before Writing*, 1; siehe unten).

Marshack, Alexander, *The Roots of Civilization*, 2. Aufl., 1991.

Nissen, Hans J., Peter Damerow und Robert K. Englund, *Archaic Bookkeeping: Writing and Techniques of Economic Administration in the Ancient Near East*, 1993.

Schmandt-Besserat, Denise, *Before Writing, 1: From Counting to Cuneiform*, 1992.

Keilschrift

Bermant, Chaim, und Michael Weitzman, *Ebla: A Revelation in Archaelogy*, 1979.

Collon, Dominique, *Near Eastern Seals*, 1990.

Cooper, Jerrold, «Bilingual Babel: cuneiform texts in two or more languages from ancient Mesopotamia and beyond», *Visible Language*, 27:1/2, 1993.

Hinz, Walter, *The Lost World of Elam: Recreation of a Vanished Civilization*, 1972.

Kramer, Samuel Noah, *The Sumerians: Their History, Culture and Character*, 1963.

Postgate, J. N., *Early Mesopotamia: society and economy at the dawn of history*, 1992.

Powell, Marvin A., «Three problems in the history of cuneiform writing: origins, direction of script, literacy», *Visible Language*, Herbst 1981.

Roux, Georges, *Ancient Iraq*, 2. Aufl., 1980.

Walker, C. B. F., *Cuneiform*, 1987.

Ägyptische Hieroglyphen

Arnett, William S., *The Predynastic Origin of Egyptian Hieroglyphes*, 1982.

Baines, John, «Literacy and ancient Egyptian society», *Man*, 18, 1983.

Davies, W. V., *Egyptian Hieroglyphes*, 1987.

Faulkner, Raymond O., *The Ancient Egyptian Book of the Dead*, überarbeitete Ausgabe, 1985.

Gardiner, Alan H., *Egyptian Grammar: Being an Introduction to the Study of Hieroglyphes*, 3. Aufl., 1957.

Reeves, Nicholas, *The Complete Tutankhamun: The King, the Tomb, the Royal Treasure*, 1990.

Wilkinson, Richard H., *Reading Egyptian Art: A Hieroglyphic Guide to Ancient Egyptian Painting and Sculpture*, 1992.

Zauzich, Karl-Theodor, *Discovering Egyptian Hieroglyphes: A Practical Guide*, 1992.

Linear B

Chadwick, John, *The Decipherment of Linear B*, 1958.

- *Documents in Mycenaean Greek*, 2. Aufl., 1973.

- «Linear B» in *Current Trends in Linguistics, II*, Thomas A. Sebeok (Hrg.), 1973.

- *Linear B and Related Scripts*, 1987.

Evans, Arthur, *The Palace of Minos at Knossos, 4*, 1935.

Kober, Alice E., «The Minoan scripts: fact and theory», *American Journal of Archaelogy*, 52, 1948.

Ventris, Michael, «Deciphering Europe's earliest scripts», *Listener*, 10. Juli 1952.

- «King Nestor's four-handled cups: Greek inventories in the Minoan script», *Archaeology*, Frühling 1954.

- «A note on deciperment methods», *Antiquity*, 27, 1953.
- *Work Notes on Minoan Language Research and Other Unedited Papers*, Anna Sacconi (Hrg.), 1988.

Maya-Glyphen

Coe, Michael, *Breaking the Maya Code*, 1992.
- *The Maya*, 5. Aufl., 1993.

Fash, William L., *Scribes, Warriors and Kings: The City of Copán and the Ancient Maya*, 1991.

Förstemann, E., (Hrg.) *Die Maya-Handschrift der Königlichen Öffentlichen Bibliothek zu Dresden*, 1892.

Freidel, David, Linda Schele und Joy Parker, *Maya Cosmos*, 1993.

Houston, S. D., *Maya Glyphs*, 1989.

Knorosov, Yuri V., «The problem of the study of the Maya hieroglyphic writing», *American Antiquity*, 23:3, 1958.

Miller, Mary-Ellen, *The Murals of Bonampak*, 1986.

Reendts-Budet, Dorie, *Painting the Maya Universe: Royal Ceramics of the Classic Period*, 1994

Robertson, Merle Greene, *The Sculpture of Palenque, 1: The Temple of the Inscriptions*, 1983

Schele, Linda, und David Freidel, *A Forest of Kings: The Untold Story of the Ancient Maya*, 1990

Stephens, John L., *Incidents of Travel in Yucatan, 1* und 2, 1848.

Stuart, David, «The Rio Azul cacao pot», *Antiquity*, März 1988.

Thompson, J. E. S., *Maya Hieroglyphic Writing*, 1950.
- *A Commentary on the Dresden Codex: A Maya Hieroglyphic Book*, 1972.

Unentzifferte Schriften

Bahn, Paul, und John Flenley, *Easter Island, Earth Island*, 1992.

Barthel, Thomas S., «Perspectives and directions of the classical Rapanui script» in *Easter Island Studies*, Steven Roger Fischer (Hrg.), 1993.

Bonfante, Larissa, *Etruscan*, 1990.

Butinov, N. A., und Y. V. Knorosov, «Preliminary report on the study of the written language of Easter Island», *Journal of the Polynesian Society*, 66, 1957.

Chadwick, John, *Linear B and Related Scripts*, 1987 (behandelt auch Linear A und den Phaistos-Diskos).

Hood, M. S. F., «The Tartaria tablets», *Antiquity*, 41, 1967.

Jansen, Michael, Máire Mulloy und Günter Urban (Hrg.), *Forgotten Cities on the Indus: Early Civilization in Pakistan from the 8th to the 2nd Millenium* BC, 1991.

Lamberg-Karlovsky, C. C., «The Proto-Elamites on the Iranian plateau», *Antiquity*, 52, 1978.

Mahadevan, Iravatham, «What do we know about the Indus script? *Neti neti* («Weder dies noch jenes»), *Journal of the Institute of Asian Studies*, Madras, Sept. 1989.

Page, R. I., *Runes*, 1987.

Parpola, Asko, *Deciphering the Indus Script*, 1994.

Shinnie, L. L., *Meroë: A Civilization of the Sudan*, 1967.

Das erste Alphabet

Cambridge Archaeological Journal, 2:1, 1992 (Powell, *Homer and the origin of the Greek alphabet*, gewidmet, siehe unten).

Cook, B. F., *Greek Inscriptions*, 1987.

Gardiner, Alan H., «The Egyptian origin of the Semitic alphabet», *Journal of Egyptian Archaelogy, 3*, 1916.

Hawkins, David, «The origin and dissemination of writing in western Asia», *The Origins of Civilization: Wolfson College Lectures*, P. R. S. Moorey (Hrg.), 1979.

Jeffery, L. H., *The Local Scripts of Archaic Greece*, 2. Aufl., 1990.

Moscati, Sabatino, *The Phoenicians*, 1988.

Naveh, Joseph, *Early History of the Alphabet: An Introduction to West Semtitic Epigraphy and Palaeography*, 1982.

Powell, Barry B., *Homer and the origin of the Greek alphabet*, 1991.

Pritchard, James B. (Hrg.), *The Times Atlas of the Bible*, 1987.

Sassoon, John, «Who on earth invented the alphabet?, *Visible Language*, Frühling 1990.

Neue Alphabete aus alten

Diringer, David, *The Alphabet: A Key to History of Mankind 1* und 2, 3. Aufl., 1968.

Gardener, William, *Alphabet at Work*, 1982.

Healey, John F., *The Early Alphabet*, 1990.

Jean, Goerges, *Writing: The Story of Alphabets and Scripts*, 1992.

Logan, Robert K., *The Alphabet Effect: The Impact of the Phonetic Alphabet on the Development of Western Civilization*, 1986.

Safadi, Y. H., *Islamic Calligraphy*, 1978.

Chinesische Schrift

Aylmer, Charles, «Origins of the Chinese Script: an introduction to Sinopalaeography», 1981 (Broschüre).

Billeter, Jean-François, *The Chinese Art of Writing*, 1990.

DeFrancis, John, «China's literary renaissance: a reassessment», *Bulletin of Concerned Asian Scholars, 17:4*, 1985.
- *The Chinese Language: Fact and Fantasy*, 1984.
- «How efficient ist the Chinese Writing System?», 1993 (unveröffentlicht).

DeFrancis, John, und J. Marshall Unger, «Rejoinder to Geoffrey Sampson, 'Chinese Script and the diversity of writing systems'», *Linguistics*, 32, 1994.

Keightley, David N., *Sources of Shang History*, 1978.

Sampson, Geoffrey, «Chinese script and the diversity of writing systems», *Linguistics*, 32, 1994.

Ye, Chiang, *Chinese Calligraphy*, 3. Aufl., 1973.

Japanische Schrift

Saint-Jacques, Bernard, «The Roman alphabet in the Japanese writing system», *Visible Language*, Winter 1987.

Seeley, Christopher, *A History of Writing in Japan*, 1991.

Smith, Richard, und Trevor Hughes Parry, *Japanese: Language and People*, 1991.

Unger, J. Marshall, *The Fifth Generation Fallacy: Why Japan Is Betting Its Future on Artificial Intelligence*, 1987.
- «The very idea: the notion of ideogram in China and Japan», *Monumenta Nipponica*, Winter 1990
- «Literacy East and West: data from linguistics and psycholinguistics», *Senri Ethnological Studies*, 34, 1992.

Von den Hieroglyphen zum Alphabet – und zurück?

American Institute of Graphic Arts, «The development of passenger/pedestrian oriented signals for use in transportation-related facilities», *Visible Language*, Frühling 1975.

Boone, Elizabeth Hill, und Walter D. Mignolo (Hrg.), *Writing Without Words: Alternative Literacies in Mesopotamia and the Andes*, 1994.

Hollis, Richard, *Graphic Design: A Concise History*, 1994.

Mead, Margaret, und Rudolf Modley, «Communication among all people, everywhere», *Natural History, 77:7*, 1968.

Olson, David R., *The World on Paper: The Conceptual and Cognitive Implications of Writing and Reading*, 1994.

Taylor, Insup, und David R. Olson (Hrg.), *Scripts and Literacy: Reading and Learning to Read Alphabets, Syllabaries and Characters*, 1995.

Sagan, Carl, *The Cosmic Connection*, 1972.

Verzeichnis der Abbildungen

Sofern nicht anders angegeben, stammen die Abbildungen auf den folgenden Seiten von Tracy Wellman: 22, 29, 30, 31, 32, 33, 35, 40, 48, 64, 65, 75, 79, 86, 87, 96, 97, 100, 101, 104, 105, 110, 111, 114, 115, 116, 127 (nach Schele und Freidel, *A Forest of Kings*, 1990), 147, 148, 149, 161, 163, 178.
Die Abbildungen auf folgenden Seiten wurden freundlicherweise von Michael Coe zur Verfügung gestellt: 124-125, 126, 128-129, 130-131, 134-135, 136 (unten), 137, 143 (unten)
Die Abbildungen auf folgenden Seiten wurden freundlicherweise von H. Nissen zur Verfügung gestellt: 62-67, 87, 89.
Alle Karten zeichnete Annick Petersen.
1 Dame mit Kodex. Wandmalerei aus Pompeji, vor 79 n. Chr. Museo Archeologico Nazionale, Neapel. Foto: Scale Florence.
3 Detail aus einer ägyptischen Wandmalerei. Foto: John Ross.

Einführung
6 Wandmalerei aus Karashar, China, 10. Jh. Copyright Britisches Museum.
8 Ramses II. bereitet die Schlacht von Kadesch vor, 1285 v. Chr. Abbildung eines Reliefs in Karnak aus I. Rosellini, *Monumenti*, 1832-44.
9 Orakelknochen, China, ca. 1500 v. Chr. Copyright Britisches Museum. Steinsiegel, Mohendscho-daro, ca. 2000 v. Chr. Foto: Enja Ladenpera für die Universität Helsinki. Copyright National Museum of India.
10 Relief mit Schreibern, die die Toten registrieren. Assyrien, 8. Jh. v. Chr. Copyright Britisches Museum.
11 Teil des Dresdener Kodex aus E. Förstemann, *Die Maya-Handschrift der Königlichen Öffentlichen Bibliothek zu Dresden*, 1892.
12 Engel schreiben die Taten der Menschen auf. Abbildung aus al-Qazwini, *The Wonders of Creation*, Irak, 1280. Bayerische Staatsbibliothek, München.
13 Kemal Atatürk lehrt die lateinische Schrift. Foto: Informationsministerium, Istanbul.
14 Kulturrevolution in China, Mitte der 60er Jahre. Foto: China Pictorial.
17 Drei Zeichen (unten) auf dem Flughafen Stansted. Pentagramm.

Teil I
18 Vase mit Darstellung des Sonnengottes. Yaloch, Guatemala. Gemälde von Annie C. Hunter, abgedruckt mit freundl. Erlaubnis des Universitätsmuseums Philadelphia. Schatulle aus dem Grab Tutenchamuns, Theben, 14. Jh. v. Chr. Ägyptisches Museum, Kairo.

Kapitel 1
20 Der Stein von Rosette, Ägypten, ca. 196 v. Chr. Copyright Britisches Museum.
21 Holzschnitt aus C. Giehlow, *Die Hieroglyphenurkunde*, 1915. Holzschnitt aus *De Sacris Aegyptiorum notis*, 1574. Holzschnitt aus *Hori Apollinis Selecta hieroglyphica*, 1599. Geier. Gemaltes ägyptisches Relief. Foto: Jean Vertut.
22 Obelisk auf der Piazza della Minerva, Rom. Ägypten, 6. Jh. v. Chr. Foto: Peter Clayton. Der Minerva-Obelisk. Zeichnung aus A. Kircher, *Obeliscus Aegyptiacus*, 1666. Zeichen «Szepter». Zeichnung nach dem Sarg von Sebko, Ägypten, Mittleres Reich. Zeichen «Szepter» in Form eines Storches. Holzschnitt aus P. Valerianus, *Hieroglyphica*, 1556.
23 Hirtenbrief auf einem Ostrakon, Theben, 6. Jh. v. Chr. Copyright Britisches Museum.
24-5 Theben. Schnitt aus *Description de l'Egypte*, Bd. III, 1823.
26 Thomas Young. Schnitt nach Thomas Lawrence. Copyright Foto: Peter Clayton.
27 Seite aus Thomas Youngs Tagebuch. Mit freundl. Erlaubnis der Britischen Bibliothek.
28 Der Philae-Obelisk, Kingston Lacey. Foto: Emily Lane. Vier Kartuschen. Holzschnitte aus J.-F. Champollion, *Précis du Système Hieroglyphique des Anciens Egyptiens*, 1828.
29 J.-F. Champollion aus *Académie des Inscriptions*, Bd. 25, 1921-22
30 Kleopatra und ihre Sohn Cesarion. Relief, 1. Jh. n. Chr., am Tempel von Hathor, Dendera. Copyright Foto: Peter Clayton. Champollions Name in demotischer Schrift aus J.-F- Champollion, *Lettre à M. Dacier* in *Académie des Inscriptions*, Bd. 25, 1921-22.
31 «Tableau des Signes Phonétiques», Okt. 1822. Faksimile in J.-F. Champollion, *Lettre à M. Dacier* in *académie des Inscriptions*, Bd. 25, 1921-22.
32 Der Tempel von Abu Simbel, eingeweiht 1256 v. Chr. Copyright Foto: Peter Clayton.
33 Sechs Kartuschen von Ramses II. Stich aus J.-F. Champollion, *Précis du Système Hieroglyphique des Anciens Egyptiens*, 1828.
34 Deckel von Tutenchamuns Alabasterschatulle, Theben, 14. Jh. v. Chr. Ägyptisches Museum, Kairo. Miniatursarg für Tutenchamuns Eingeweide, Theben, 14. Jh. v. Chr. Ägyptisches Museum, Kairo. Foto: Griffith Institute, Ashmolean Museum, Oxford.
35 Deckel einer Schatulle mit dem Namen Tutenchamuns, Theben, 14. Jh. v. Chr. Ägyptisches Museum, Kairo. Foto: Griffith Institute, Ashmolean Museum, Oxford.

Kapitel 2
36 Tabelle der Schriften nach DeFrancis, *Visible Speech*, 1989.
37 Impressum des *Maitre Phonétique*, 1914.
38 Amerikanische Taubstummenzeichen nach Scott K. Liddell, *American Sign Language Syntax*, Mouton de Gruyter, Den Haag 1980.
40 George Bernard Shaw. Foto: Irische Tourismusbehörde.
41 Schild in Soho, London. Foto: Rob Campbell. Auszug aus einem physikalischen Text mit freundl. Erlaubnis von F. N. H. Robinson.
42 Rebus aus G. Palatino, *Libro Nuovo*, ca. 1540. Rebusbrief von Lewis Carroll, ca. 1869, nach Evelyn M. Hatch, *A Selection from the letters of Lewis Carroll to his Child-Friends*, 1933. Sumerische Tafel, ca. 3000 v. Chr. Abbildung aus A. A. Vaiman, *Über die protosumerische Schrift. Acta Antiqua Academiae Scientiarum Hungaricae* 22, 1974.
43 Samuel Pepys. Schnitt nach S. Pepys, *Memoires Relating to the State of the Royal Navy*, 1690. Die letzte Seite aus Samuel Pepys Tagebuch, 1669. The Master and Fellows of Magdalene College, Cambridge.
45 Anzeige in *l'orizzont*. It-Tlietla, 20. Sept. 1994. Osmanisches Alphabet nach David Diringer, *The Alphabet*, London 1968.
46 Inschrift auf der Staute des Darius, Susa, 6.-5. Jh. v. Chr. Archäologisches Museum, Teheran.
47 Sumerisch-akkadische Tafel, ca. 1750 v. Chr. Abbildung aus M. Civil und R. Biggs, *Notes sur des textes sumériens archaiques, Revue d'Assyirologue*, 60, 1966. Menge mit Fahnen auf dem Ölberg, Jerusalem, 1918. Foto: Imperial War Museum. Widmung von Mao Zedong, ca. 1953, aus DeFrancis, *The Chinese Language*, 1984.
48 Reispflanzung in China. Foto aus Gerhard Kiesling und Bernt von Kügelgen, *China*, Verlag Neues Leben, 1957.
49 Eine Frau betet vor dem Schriftzeichen «fo». Copyright: Wang Miao/ANA, Paris.
50 12 Zeichen (oben) aus DeFrancis, *The Chinese Language*, 1984. 18 Zeichen nach *Reading the Past*, British Museum Press, 1990, Copyright Britisches Museum.
51 M. C. Escher, *Metamorphosis III* (Detail). Holzschnitt, 1967-68. Copyright M. C. Escher/Cordon Art-Baarn-Holland.

Kapitel 3
52 Handabdruck und Punkte in einer Höhle, Pech Merle. Foto: Jean Vertut.
53 Bison mit Zeichen, Marsoulas, Frankreich. Zeichnung von H. Breuil aus *Four Hundred Centuries of Cave Art*, Montignac 1952. Eingeritztes Pferd, Les Trois Frères, Frankreich. Zeichnung von H. Breuil.
54 Zollbeamte. Stich nach einem Fenster aus dem 15. Jh. in der Kathedrale von Tournai. Sammlung Mansell. Adlerknochen aus Le Placard, Westfrankreich, um 13.500 v. Chr. Copyright Alexander Marshack, *The Roots of Civilization*, Moyer Bell Ltd., 1991. Kerbstock des britischen Schatzministeriums. Mit freundl. Erlaubnis der Bank von England.
55 Kupe, Torres-Straßen-Inseln. Copyright Britisches Museum. Inkabeamter mit Quipu. Stich in G. Poma *Nueva Crónica*, 1613. Quipu, Peru. Copyright Britisches Museum.
56 Verzeichnis der Namen von 84 Familien der Gruppe von Big Road, Oglala Sioux, Dakota. Zeichung, vor 1883. Staatliches anthropologisches Archiv. Smithsonian Institution, Washington. Brief eines Cheyenne-Vaters. Abbildung aus G. Mallery, *Picture Writing of the American Indians*, 1893.
57 Jukagirischer Liebesbrief. Abbildung nach Schargorodskij, 1895.
59 Tonmarken, Susa, um 3300 v. Chr. Mit freundl. Erlaubnis des Louvre, Paris. Leonard Wooley bei Ausgrabungen in Ur, 20er Jahre. Foto: Britisches Museum.
60 Bulla mit sechs Zeichen, Uruk. Louvre, Paris. Copyright Foto: R. M. N.
61 Bulla mit sieben Zeichen, Uruk. Louvre, Paris. Copyright Foto: R. M. N. Bulla mit Keilschrift, Nunsi, um 1500 v. Chr. Mit freundl. Erlaubnis von Ernst Lacheman. Bulla und Röntgenbild, Susa, Uruk. Mit freundl. Erlaubnis des Louvre, Paris.

Kapitel 8
144 Zebu-Siegel, Mohendscho-daro, 2500-2000 v. Chr. Foto: Erja Lahdenpera für die Universität Helsinki. Copyright Staatl. Museum von Indien.
146 Priesterkönig, Mohendscho-daro, um 2000-1750 v. Chr. Museum von Pakistan, Karachi.
147 Siegel aus Mohendsch-daro. Fotos: Erja Lahdenpera für die Universität Helsinki. Copyright Archaelogical Survey of India.
148 Zeichnung (rechts) aus *World Archaelogy*, Febr. 1986.
149 Kretische Siegel aus A. Evans, *The Palace at Minos*, Bd. IV, 1935.
150 Phaistos-Diskos, Kreta, nicht später als ca. 1700 v. Chr. Archäologisches Museum Iraklion.
151 Proto-elamische Tafel. Louvre, Paris. Tafel mit Widmung in zwei Schriften, Susa, um 2200 v. Chr. Louvre, Paris.
153 Goldtafeln, Pyrgi, um 500 v. Chr. Museo di Villa Giulia, Rom. Foto: Scala
154 Spiegel, etruskisch, 3. Jh. v. Chr. Etruskische Gemmen. Herkules um 400 v. Chr., Achilleus 500-400 v. Chr. Zeichnungen nach *Reading the Past*, 1990. Copyright Britisches Museum. Sarkophag der Seianti Hanunia Tlesnasa, Chiusi, um 150 v. Chr. Copyright Britisches Museum.
155 Rongorongo-Brett, Osterinsel. Copyright Britisches Museum.

Teil III
156 Sockel der Trajan-Säule, Rom. Foto: J. C. N. Coulston.

Kapitel 9
158 Marktplatz in Aleppo. Foto: Michael Jenner.
159 Illustrationen aus Rudyard Kipling, *Just So Stories*, 1902.
160 Sandsteinsphinx. Serabit el-Khadim, Sinai, 15. Jh. v. Chr. Copyright Britisches Museum. Inschriften aus William Foxwell Albright, *The Proto-Sinaitic Inscriptions and their Decipherment, Harvard Theological Studies*, Bd. 22, 1966. Copyright 1966: Präsident und Fellows des Harvard College. Genehmigter Nachdruck.
162 Literarische Tafel, Ugarit, ca. 14. Jh. v. Chr. Copyright Britisches Museum. Zweisprachiges Siegel von Mursilis III., Ugarit. Hirmer Fotoarchiv.
163 Bronzestatue eines Gottes, Ugarit. Copyright Britisches Museum. Silberstatuette, Ugarit, 15.-13. Jh. v. Chr. Museum Aleppo. Schultafel. Zeichnung von C. Virolleaud in *Le Palais Royal d'Ugarit*, Bd. II, 1957.
164 Phönizisches Schiff auf Wandrelief im Palast des Sencherib (705-618 v. Chr.), Ninive. Stich in A. H. Layard, *Monuments of Niniveh*, 1949. Ostrakon von Isbet Sartah. Zeichung aus F. M. Cross, *Bulletin of the American School of Oriental Research*, Nr. 238, 1980. Inschrift in Byblos. Abb. aus M. Dunand, *Byblia Grammata*, 1945.
165 Phönizische Inschrift auf einem Stein (oben), Idalion, 391 v. Chr. Copyright Britisches Museum. Inschrift (Mitte) aus Donner und Röllig, *Kanaanische und Aramäische Inschriften*, 1969. Inschrift (unten) aus M. Lidzbarski, *Ephemeris für semitische Epigraphik III*, 1915.
167 Griechische Inschrift auf Kalkstein, 6. Jh. v. Chr. Copyright Metropolitan Museum of Art, Rogers Fund, 1916 (16.174.6). Attischer Krug mit Inschrift, 8. Jh. v. Chr. Staatliches Museum Athen. Foto: DAI, Athen.

Kapitel 10
168 «Bucchero»-Krug in Form eines Hahns, Viterbo, 7.-6. Jh. v. Chr. Metropolitan Museum of Art, Fletcher Fund, 1924.
171 Seite des Buches von Kells, vor 807 n. Chr. Mit freundl. Erlaubnis des Trinity College, Dublin. Seite des Evangeliars von Zar Iwan Alexander, Bulgarien, 1355-56. Mit freundl. Erlaubnis der Britischen Bibliothek.
172 Schriftrolle vom Toten Meer. Titelseite des Handbuchs der Disziplin, Mitte des 1. Jh. n. Chr. Palästinisches Archäologisches Museum.
173 Schreibzeug, 19. Jh. Mit freundl. Erlaubnis des Isaac Kaplan Old Yishuv Court Museums, Jerusalem.
174 Detail aus dem Koran, Irak, 1304. Shi'ah-Gebet. Kalligraphie von Muhammad Fatiyab, Anfang des 19. Jh. Museum für Naturgeschichte, Paris. Weinschale mit kufischer Schrift, Seldschuk, Anfang des 11. Jh. Copyright Britisches Museum.
175 Filmplakat von Satyajit Ray, 1960. Mit freundl. Erlaubnis von Sadyajit Ray. Fragment eines Pfeilers mit dem Edikt des Asoka, Zentralindien, 3. Jahrtausend v. Chr. Copyright Britisches Museum. Teil der sog. Velvikudi-Gabe, Kupfertafel, Madakulam, 769-70 n. Chr. Mit freundl. Erlaubnis der Britischen Bibliothek.
176 König Sejong erklärt Hangul. Modernes Faksimile. Mit freundl. Erlaubnis der Britischen Bibliothek.
178 Runenschilder von Kaufleuten, Bergen, 12. Jh. Universitätsmuseum nationaler Antiquitäten, Oslo.
179 Hunterston-Brosche, Anfang des 8. Jh. Copyright Staatliche Museen Schottlands, 1995. Ring, Lancashire, 9. Jh.. Copyright Britisches Museum. Franks-Urne, Elfenbeinschatulle, um 700. Copyright Britisches Museum.
180 Porträt Sequoyas von Charles Bird King, Anfang des 19. Jh. Kongreßbibliothek, Washington. Cherokesen-Alphabet von 1821. Mit freundl. Erlaubnis der amerikanischen Tourismusbehörde.
181 Briefe von Geoffroy Tory, *Champ-fleury auquel est contenu l'art et la science de la vie vraie proportion des lettres*, 1529.

Kapitel 11
182 Schülerin im Kalligraphie-Unterricht in der Mittelschule von Kanton. Foto: Rupert Harrison. Camera Press, London.
183 Pauszeichnung von Orakelknochen aus der Regierungszeit von Wu Ting, um 1200-1180 v. Chr.
184 Abbildungen aus J. F. Billeter, *The Chinese Art of Writing*, Editions d'Art Albert Skira S. A., Genf 1990.
185 Pauszeichnung einer Inschrift auf einem Bronzegefäß, China, westliche Zhou-Perode, 1050-771 v. Chr. Copyright Britisches Museum. Schriftzeichen aus DeFrancis, *The Chinese Language*, 1984.
187 Seiten aus dem Xinhua-Wörterbuch, 1990.
188 Foto in W. E. Soothill, *A Mission in China*, 1907.
192 Tintenstein, Provinz Hopei. Privatsammlung. Chinesische Kalligraphie-Pinsel. Privatsammlung. Aus J. F. Billeter, *The Chinese Art of Writing*, Editions d'Art Albert Skira S. A., Genf 1990.
193 Chen Hongshou, «Die vier Freuden des Nan Sheng-lu». Copyright Foto: Wettstein & Kauf, Museum Rietberg, Zürich.
194 Aus J. F. Billeter, *The Chinese Art of Writing*, Editions d'Art Albert Skira S. A., Genf 1990.
195 Das Schriftzeichen «shou» von Wu Changshuo, 1923. Aus J. F. Billeter, *The Chinese Art of Writing*, Editions d'Art Albert Skira S. A., Genf 1990.
196 Schulklasse in China. Copyright Sally und Richard Greenhill, London.
197 Chinesische Schreibmaschine. Foto: B. Lang. Detail aus einem Stadtplan von Peking. Copyright RV Reise- und Verkehrsverlag. Copyright der Karte: Geo Data.

Kapitel 12
198 Seite aus *Kojiki, Ancient History of Japan*, vollendet 712. Kopie gedruckt 1803. Mit Genehmigung der Britischen Bibliothek.
200 Japanische Paukschule. Foto: Jung Kwan Chi. Camera Press, London.
204-5 «Der Brief im Wind». Japanischer Holzschnitt von Torii Kiyohiro. Copyright Britisches Museum. Japanische Cornflakes-Packung, 1985. Kellog Company of Great Britain Ltd.
208 Straßenschild. Staatl. japanische Tourismusbehörde. Kanji aus J. Marshall Unger, *The Fifth Generation Fallacy*, Oxford University Press, New York 1987.

Kapitel 13
210 Hinweiszeichen des Instituts für graphische Künste für das US-Transportministerium.
212 Coca-Cola-Logos. Foto: Mit freundl. Erlaubnis der Coca Cola Company Great Britain and Ireland. Coca Cola und Coke sind Warenzeichen.
Symbole für die olympischen Spiele 1972 von Otl Aicher. Copyright erco Leuchten GmbH 1976.
213 Zigeuner- und Landstreicherzeichen aus Albertine Gaur, *A History of Writing*, Britische Bibliothek, revidierte Aufl. 1993
214 Plakat für *Schindler's List*. Copyright 1993 Universal City Studios, Inc. & Amblin Entertainment, Inc.
215 Inschrift von Ralph Beyer, 80er Jahre. Mit freundl. Erlaubnis von Ralph Beyer.
216 Diagramm auf einer Plakette in *Pioneer 10*, 1972. Foto: NASA. Höhlenmalerei (Fuchs), Font de Gaume. Zeichnung von H. Breuil in *Four Hundred Centuries of Cave Art*, Montignac 1952.

Register

Kursive Seitenzahlen weisen auf eine Abbildung hin.